高校社科文库 | 教育部高等学校社会科学发展研究中心
University Social Science Series

汇集高校哲学社会科学优秀原创学术成果
搭建高校哲学社会科学学术著作出版平台
探索高校哲学社会科学专著出版的新模式
扩大高校哲学社会科学科研成果的影响力

科学发展观的理论与实践研究

Research on the Theory and Practice of Scientific Concept of Development

王云兰
邱 琳 / 著
孙寅生

光明日报出版社

图书在版编目（CIP）数据

科学发展观的理论与实践研究 / 王云兰，邱琳，孙寅生著． --北京：光明日报出版社，2011.5（2024.6重印）
（高校社科文库）
ISBN 978-7-5112-1041-8

Ⅰ．①科… Ⅱ．①王…②邱…③孙… Ⅲ．①社会主义建设模式—中国—文集 Ⅳ．①D616-53

中国版本图书馆 CIP 数据核字（2011）第 043070 号

科学发展观的理论与实践研究
KEXUE FAZHANGUAN DE LILUN YU SHIJIAN YANJIU

著　　者：王云兰　邱　琳　孙寅生	
责任编辑：刘书永　宋　悦	责任校对：罗　中　李剑楠
封面设计：小宝工作室	责任印制：曹　净

出版发行：光明日报出版社
地　　址：北京市西城区永安路 106 号，100050
电　　话：010-63169890（咨询），010-63131930（邮购）
传　　真：010-63131930
网　　址：http://book.gmw.cn
E – mail：gmrbcbs@gmw.cn
法律顾问：北京市兰台律师事务所龚柳方律师
印　　刷：三河市华东印刷有限公司
装　　订：三河市华东印刷有限公司
本书如有破损、缺页、装订错误，请与本社联系调换，电话：010-63131930

开　　本：165mm×230mm			
字　　数：279 千字		印　张：15.5	
版　　次：2011 年 5 月第 1 版		印　次：2024 年 6 月第 2 次印刷	
书　　号：ISBN 978-7-5112-1041-8-01			
定　　价：68.00 元			

版权所有　　翻印必究

目　录

绪　论　/1

第一章　关于发展的世界观和方法论的集中体现　/6
一、在全面建设小康社会的过程中解决矛盾集合的需要　/6
二、唯物辩证法强调用联系、发展、全面、矛盾的观点看问题　/7
三、体现了人民是历史发展主体的观点　/8
四、体现了马克思主义高度重视发展生产力的观点　/13
五、体现了马克思主义认识论的基本观点及其精华　/14
六、体现了遵循自然、社会发展的客观规律的观点　/15
七、科学发展观体现了我国发展观的与时俱进　/16
八、体现了马克思主义关于人的全面发展的观点　/17
九、科学发展观是人的发展与自然发展的辩证统一　/18
十、体现了真理和价值、合规律性与合目的性的辩证统一　/20

第二章　科学发展观的根本内容　/22
一、科学发展观的第一要义是发展　/22
二、科学发展观的目标指向是动力、平衡、质量的有机统一　/23
三、科学发展观的本质是发展必须遵循科学规律　/23
四、科学发展观的核心是以人为本　/24
五、科学发展观的基本要求是全面、协调、可持续发展　/25
六、科学发展观的根本方法是统筹兼顾　/26
七、科学发展观的目标是促进社会主义现代化建设
　　既快又好地发展　/27

第三章 一脉相承又与时俱进的科学理论 /29
　　一、从科学发展观的提出与形成看一脉相承和与时俱进 /29
　　二、从科学发展观的核心看一脉相承和与时俱进 /33
　　三、从社会主义本质论看一脉相承和与时俱进 /40

第四章 科学发展观的理论和实践意义 /60
　　一、科学发展观的理论意义 /60
　　二、科学发展观的实践意义 /68

第五章 以求真务实的精神推动科学发展 /79
　　一、求真务实与"科学发展论"的内在统一 /79
　　二、求真务实在"科学发展论"理论创新中起着
　　　　承上启下的作用 /82
　　三、求真务实是落实科学发展观的指导思想 /83
　　四、坚定不移地推动科学发展必须大力弘扬求真务实精神 /84
　　五、以求真务实的精神推动科学发展关键是要抓好
　　　　党的自身建设 /86

第六章 科学发展实现社会和谐 /88
　　一、社会和谐是人类文明进步的表现 /88
　　二、走向社会和谐的途径是科学发展 /92
　　三、科学发展要求落实以人为本，加强政治文明和
　　　　精神文明建设 /93
　　四、科学发展要求把发展作为第一要务，加强社会主义
　　　　物质文明建设 /102
　　五、科学发展要求统筹兼顾，加强生态文明建设 /103

第七章 科学发展观与新时期党的建设 /109
　　一、科学发展观对于党的建设的重要意义 /109
　　二、在党的建设实践中切实贯彻落实科学发展观 /111

第八章　贯彻科学发展改善民生推进社会建设　/ 120
一、贯彻科学发展改善民生推进社会建设的重要意义　/ 120
二、贯彻科学发展改善民生推进社会建设的内容　/ 123
三、贯彻科学发展改善民生推进社会建设的重要举措　/ 138

第九章　营建实现科学发展的文化环境　/ 143
一、营建实现科学发展的文化环境的重要意义　/ 143
二、营建实现科学发展的文化环境的主要内容　/ 144

第十章　建设创新型国家促进科学发展　/ 157
一、贯彻和落实科学发展观的重大战略——建设创新型国家战略抉择的重要意义　/ 158
二、建设创新型国家促进科学发展的主要问题　/ 160

第十一章　发展循环经济践行科学发展　/ 177
一、发展循环经济对促进科学发展的重要意义　/ 177
二、发展循环经济促进科学发展的相关问题　/ 184

第十二章　构建实现科学发展的运行机制　/ 195
一、建立实现科学发展运行机制的必要性　/ 195
二、如何建立贯彻落实科学发展观的运行机制　/ 197

第十三章　坚持科学发展应对世界局势　/ 226
一、坚持科学发展化解世界金融危机　/ 226
二、坚持科学发展影响世界政治格局　/ 234
三、坚持科学发展应对世界军事竞争　/ 235

后　记　/ 238

绪 论

发展是有史以来人类实践的历史性课题，也是世界各国群雄竞争的时代性课题。当今世界正在经历深刻变革，全球范围内经济实力和综合国力的较量空前激烈。放眼世界，国家兴衰的历史表明，抓住机遇加快发展，落后的国家和民族就可能实现跨越式发展，成为先进国家；丧失发展机遇，原本强盛的国家和民族就可能成为落后的国家。能不能抓住新机遇，实现新发展，是对我们党的执政能力的重大考验，也是对我们民族凝聚力和创造力的重大考验。紧紧抓住并切实用好重要战略机遇期，掌握发展的主动权，发展壮大自己，是我们立于不败之地的根本所在。发展是解决中国一切问题的关键，发展对于全面建设小康社会、加快推进社会主义现代化，对于开创中国特色社会主义事业新局面、实现中华民族伟大复兴，具有决定性意义。

面对当今世界的迅速发展变化及中国的国情，党中央提出科学发展观，树立和坚持以人为本，全面、协调、可持续发展的理念，是对当前及未来世界历史大变动、大发展、大转折的清醒认识，是从我国国情出发，适应现代化建设的需要，遵循发展的客观规律，吸取人类文明的新成果，着眼优化发展理念，丰富发展内涵，以破解发展难题提出来的，是妥善应对我国经济社会发展关键时期可能遇到的各种风险和挑战的正确选择。科学发展是在科学发展观理论的指导下进行社会实践的过程与结果，是遵循客观规律的发展，是发展的真理性和价值性的内在统一。

本书把科学发展观等重大战略思想统称为"科学发展论"。"科学发展论"整个理论是相互贯通、相互联系的，包括科学发展、社会和谐、和平发展，涵盖党建、政治、经济、科技、文化、社会建设、运行机制及其战略举措。科学发展论"理论体系的内在逻辑联系在于：科学发展观围绕发展这个中国特色社会主义主题，科学务实地回答了为什么要发展、为谁发展、靠谁发展、如何发展，以及发展成什么样的状态等一系列有关发展的重大课题，是全面建设小康社会与构建社会主义和谐社会的科学指南；构建社会主义和谐社会是落实科学发展观解决阻碍社会和谐的矛盾和问题的内在要求、目标指向及重大战略部署；加强党的执政能力建设和先进性建设是树立和落实科学发展观努力构建社会主义和谐社会的根本政治保障；社会主义核心价值体系是落实科学发展观坚持以人为本团结全党全国各族人民共同奋斗、全面建设小康社会、构建社会主义和谐社会的思想道德基础；坚持改革开放，增强自主创新能力、建设创新型国家，积极推进理论创新、制度创新、科技创新是贯彻落实科学发展观的内在要求，是为不断创新充满活力的体制机制以解放和发展社会生产力，为实现科学发展、社会和谐，为发展中国特色社会主义提供动力支持。要实现、保障科学发展，还必须构建实现科学发展的运行机制。

在新的历史条件下，为了促进中国的发展，把中国特色社会主义事业推向前进，以胡锦涛为总书记的党中央高举中国特色社会主义伟大旗帜，与时俱进、开拓进取，在推进中国特色社会主义事业的伟大实践中及马克思主义中国化进程中提出了以科学发展观作为统领中国特色社会主义经济社会发展全局的重大战略思想和指导方针，以构建社会主义和谐社会完善全面建设小康社会的发展目标，以改革创新的精神加强党的执政能力建设和先进性建设全面推进党的建设新的伟大工程，以求真务实作为思想和作风保障，以增强自主创新能力、建设创新型国家作为国家发展战略的核心及提高综合国力的关键，以社会主义核心价值体系作为思想道德基础和精神动力，以全面落实依法治国基本方略，加快建设社会主义法治国家来实现社会公平正义促进科学发展、社会和谐；以坚持走和平发展道路营造良好的国际环境，形成了一个相互贯通、相互联系、有机统一的思想理论体系，这一思想理论体系，是对中国特色社会主义理论的创新和发展，是中国特色社会主义这一主题在社会主义现代化建设、执政党建设和国际战略上合乎逻辑的展开所形成的在理论上相互联系在实践上良性互动的统一整体。科学发展观以唯物史观为依据，创新了发展的世界观，以唯物辩证法为基础，创新了发展的方法论。党的十七大报告指出，科学发展观，是对党的三代中央领导集体关于发展的重要思想的继承和发展，是马克思主义关于发展的世界观和方法论的集中体现，是同马克思列宁主义、毛泽东思想、邓小平理论和"三个代表"重要思想既一脉相承又与时俱进的科学理论，是我国经济社会发展的重要指导方针，是发展中国特色社会主义必须坚持和贯彻的重大战略思想。

在学习实践科学发展观的今天，之所以萌生了写一本关于科学发展观的书是因为深刻认识到在当代中国贯彻落实科学发展观的重要性和紧迫性。不符合科学发展观要求的一些做法会给国家和人民带来损失。诸如：一些城市，拆"四星"级宾馆建"五星"级饭店，使一些刚建三年五年或十年八年正值"少年"或"青春期"的大楼或基础设施被拆掉，浪费了国家资源，浪费了人力物力财力；经济建设地区之间、城市之间、甚至单位之间盲目攀比、东施效颦、邯郸学步、不顾客观实际，结果是不得不下马造成半拉子工程或者改弦易辙，造成重大损失；重复建设与项目雷同，给有限的国家财力、资源造成负担，使经济结构不合理，使个别产业产能过剩，也使有限的社会资源发生严重流失，或在对外竞争中内部互相挤压，搞"窝里斗"，给外商以各个击破的可乘之机；科学发展观强调全面协调可持续和统筹兼顾，但是目前我国外贸依存度约60%，其中一些沿海地区甚至达到100%，当外部需求急剧萎缩时就会引发国内经济增长下滑。经济发展对外依存度过高，过分依赖外贸、外资、外企，经济发展就会受制于人；缺乏可持续发展意识，为"政绩"不惜环境、生态、资源遭到严重破坏，这是"以官为本"来取代科学发展观的"以人为本"，缺乏承接性和连续性。一些地方路修来修去，好好的路要毁了再重修，压坏的路却无人问津。市政建设缺乏统一长远规划和协调，水管、煤气管、暖气管等各搞各的，经常"开膛破肚"，重新修路，给行人造成拥挤、给资源造成浪费、给环境造成污染。或者另起炉灶，造成半拉子工程，劳民伤财；发展规划修修改改，平时疏于监管，违规建设、环境污染开始不管不问，等到出现问题，"炸楼"搞得轰轰烈烈，罚款罚得理直气壮；个别官员为官一任造"负"一方，铺摊子上项目，银行不良贷款增加，最终只是助长了房价，与中央的宏观调控背道而驰，南辕北辙，抹掉了城市特有的历史文化风貌，或者盲目投资，连成本都收不回来，起"负"作用。如此等等，使得在社会生活中，由于决策的失误给社会发展带来负面影响，归根结底，这些都是不能贯彻落实以人为本的科学发展观所造成的结果。党要科学执政，就要提高科学决策能力，提高科学决策能力，就要落实科学发展观，切实把发展的重点转移到深化改革、优化结构、提高质量和效益、转变经济增长方式上来，坚持走科技含量高、经济效益好、资源消耗低、环境污染少、人力资源优势得到充分发挥的新型工业化道路。

"科学发展论"理论的相互贯通表现在：落实科学发展观，构建社会主义和谐社会，是把立党为公、执政为民的宗旨以求真务实的精神体现在经济社会科学发展的全过程、各方面，体现了新一届中央领导集体的执政理念；加强党的执政能力建设与加强党的先进性建设是落实科学发展观以构建社会主义和谐社会的内在要求；坚持和平发展战略是我们党在求真务实思想路线指导下不断探求大国崛起的内在规律和历史经验所得出的必然结论，同时也是坚持科学发展观和构建社会主义和谐社会在对外关系方面合乎逻辑地展开；走新型工业化道路，大力发展循环经济，建设资源节约型和环境友好型社会，实施人才强国战略，提高自主创新能力、建设创新型国家，切实改善民生，建立社会主义核心价值体系，建设社会主义新农村是落实科学发展观以构建社会主义和谐社会的重大举措。全面建设小康社会与和谐社会建设是一个包括党的建设、政治建设、经济建设、文化建设、生态建设、社会建设在内的系统工程，科学发展观则是全面建设小康社会与构建社会主义和谐社会建设的"系统论"，是包括发展指导思想、宗旨、方向和目标、实现途径与评价标准在内的一整套发展理论，二者是紧密联系并且融为一体的。

科学发展观所揭示的底蕴在于：人类文明进步是生态文明、物质文明、精神文明、政治文明优化协调发展的过程，是以人为本，全面、协调和可持续发展所达到的社会进步状态——和谐社会。和谐社会是一种文明状态，并且体现了人类文明、人类社会的整体进步状态，体现了人类在政治、经济、文化、生态方面的所有进步，体现了科学发展观的内在要求与逻辑结论。世界金融危机印证了科学发展观的科学性和真理性，是对科学发展观真理性之反证。危机的爆发有其错综复杂的原因，但从根本上讲，是违背发展客观规律的结果。科学发展观之所以"科学"，就是因为它透过历史长河发展进程的滚滚烟雾，全面地、辩证地、系统地揭示了发展的规律，理性地纠正了发展的迷失，指明了正确的发展道路。为"认识和利用自然规律"、"从必然王国进入自由王国"构建社会主义和谐社会提供了途径和指南。在应对和化解世界金融危机中，科学发展观彰显了真理的光辉和力量。与所揭示的底蕴相联系，科学发展观至少有四个宗旨：一是寻求发展的动力，与之相对应的是建设创新型国家和在科学发展观的指导下进行改革，实施人才强国战略和科教兴国战略；二是寻求发展的质量，相应的是构建资源节约、环境友好型社会，实现人口、资源、环境、发展四位一体，统筹发展；三是寻求发展的公平，实现社会公正，构建和谐社会，解决机会不平等，使发展成果惠及全体社会成员；四是建构以民主法治为核心的"善政体制"，让人民依法实行民主选举、民主决策、民主管理、民主监督，保障人民的知情权、参与权、表达权和监督权，践行"以人为本"，保障发展为了人民、发展依靠人民、发展成果由人民共享。

"科学发展论"这个理论是分层次的。包括：指导发展的世界观和方法论是第一层次；指导发展的若干重大战略思想是第二层次；指导发展的实践措施是第三层次。科学发展观贯穿于三个层次。第一层次诸如：以人为本，统筹兼顾。第二层次诸如：构建社会主义和谐社会和加强党的执政能力建设与加强党的先进性建设以及和平发展战略。第三层次诸如：建设社会主义新农村，是落实科学发展观，使城乡全面、协调发展的重要举措；建设创新型国家，是落实科学发展观，实现国家科技经济振兴，为全面、协调、可持续发展提供科技支撑，走内涵型、新型工业化生态文明发展模式的必然选择与重大举措；发展循环经济和知识经济促进科学发展，建设资源节约型和环境友好型社会，是落实科学发展观，实现可持续发展的重要举措。

在"科学发展论"中，科学发展观与构建社会主义和谐社会是着眼于"治国"，加强党的执政能力建设与加强党的先进性建设是着眼于"治党"。如果说"三个代表"重要思想是着眼于发展寓治国于治党的理论，那么，"科学发展论"则是着眼于发展寓治党于治国的理论。科学发展论从如何发展的角度阐述了新的执政理念和要求，把发展与党的建设紧密联系起来，把能否科学发展、科学执政作为检验执政能力、执政水平和执政绩效的重要指标。这从科学执政、治国的角度对治党——"建设一个什么样的党，怎样建设党"，以及如何保持党的先进性提出了新要求。"科学发展论"理论体系包括科学发展、社会和谐、和平发展，涵盖党建、政治、经济、科技、文化、对外政策及其战略举措，体现了中国特色社会主义理论的创新和发展，体现了目的和手段的统一，合目的性与合规律性的统一，体现了落实科学发展观要建设廉洁政府、服务政府、责任政府、法治政府、诚信政府的内在要求，在新的时代条件下系统回答了实现什么样的发展、怎样发展等重大理论和实践课题。

第一章

关于发展的世界观和方法论的集中体现

当今世界是一个迅速发展,激烈变化的时代,只有运用哲学思辨,发挥哲学所具有的批判、反思、前瞻的认识功能,才能透析现象,把握本质。所以我们需要哲学的视角与方法,从事物的根柢处思考问题,知源明流,才能洞察事物的发展。一个没有深厚的哲学底蕴,缺乏哲学头脑的民族必将迷失自己,不知己为何物,不能反思自己的过去,正视自己的现在,预见和把握自己的未来,因而绝不会有远大的前程。一个只有进入哲学自觉,不仅探究客观规律并且遵循和恪守,而且能够高度自律的民族,才能高瞻远瞩,才能预见障碍、才能克服困难与规避风险,才能使国家的发展遵循规律,有理性光辉的指引,从而有远大的前程。科学发展观包含了人类文明进步的理性化目标及与时俱进的哲学观念,丰富和发展了中国特色社会主义理论体系,是马克思主义关于发展的世界观和方法论的集中体现,具有非常坚实的理论基础和丰富的哲学内涵。

十七大报告指出:科学发展观是关于发展的世界观和方法论的集中体现。这个命题表明,科学发展观首先是一个哲学问题。那么,什么是科学发展观的哲学基础呢?科学发展观的哲学基础主要是唯物辩证法和历史唯物主义关于发展的观点。纵观中国发展的历程,马克思主义哲学思维方式在中国发展中具有思想纠正器的作用。改革开放的伟大历程就是从"实践是检验真理的惟一标准"的大讨论开始的。改革开放以来,我国发展所取得的成就得之于哲学对解放思想、实事求是的强调,而发展中所产生的失误,其思想根源就是片面的哲学思维方式:搞"一点论",把重点当成惟一。要正确处理我国发展过程中出现的一系列问题,必须确立正确的哲学思维方式。

一、在全面建设小康社会的过程中解决矛盾集合的需要

提出和贯彻落实科学发展观是在全面建设小康社会的过程中解决矛盾集合

的需要。唯物辩证法的矛盾概念是我们认识世界的科学工具，辩证思维的实质就是按照事物的矛盾本性去思考问题，发现真理，解决矛盾。矛盾范畴不仅反映了事物内部对立同一的本质联系，而且揭示了事物发展的机制。要理解事物的发展，就要理解事物的内部矛盾与外部矛盾的关系。就整个世界而言，一切矛盾都是世界的内部矛盾，世界本身就是它自己运动的原因。但就某一具体事物的发展过程而言，又有内部矛盾与外部矛盾之分。某一事物自身所包含的诸要素之间的对立统一是内部矛盾，这一事物与其他事物的对立统一是外部矛盾。在现代，内部矛盾与外部矛盾的关系又可称为系统与环境的关系。由于我国社会的主要矛盾是人民群众日益增长的物质文化需要同相对落后的社会生产之间的矛盾。为了解决这个主要矛盾，必须以经济建设为中心，大力发展生产力，把发展作为党执政兴国的第一要务，不断增强我国的综合国力。但是在谋求发展的进程中，又伴随和伴生着一系列矛盾，影响和制约着这个主要矛盾的解决及我国经济的可持续发展。提出和树立科学发展观，是全面建设小康社会的必然要求，是我们运用矛盾分析法解决经济、科技、社会、人口、资源、环境等一系列问题所得出的必然结论。正如毛泽东所指出的："这个辩证法的宇宙观，主要地就是教导人们要善于去观察和分析各种事物的矛盾的运动，并根据这种分析，指出解决矛盾的方法。"①

二、唯物辩证法强调用联系、发展、全面、矛盾的观点看问题

科学发展观体现了用联系、发展、全面、矛盾的观点看问题的唯物辩证法。发展观是关于发展的本质、目的、内涵和要求的总体看法和根本观点，决定了经济社会发展的总体战略和基本模式，对经济和社会发展实践具有根本性和全局性的重大影响。根据邓小平关于发展的理念，适应全面建设小康社会的需要，针对我国现代化建设进程中所存在的突出问题，党的十六届三中全会提出以人为本，全面、协调、可持续的发展观，提出"五个统筹"的指导方针。这是联系、发展、全面的哲学观点在现代化建设及全面建设小康社会进程中的贯彻。

唯物辩证法的基本观点是用联系的、发展的和全面的观点考察一切事

---

① 《毛泽东选集》第1卷［M］，人民出版社，1991年，第304页

物，它认为世界上一切事物和现象都是互相联系、互相制约和不断运动、不断发展的，而事物最根本的联系是矛盾的关系。科学发展观体现了用联系、发展、全面观点去看问题的唯物辩证法。掌握辩证思维方法才能真正理解党中央提出的科学发展观，理解"五个统筹"的指导方针。只有深刻懂得辩证思维的实质，理论联系实际、实事求是，求真务实、提高认识水平，才能戒掉形而上学的片面性，用联系、发展、全面的观点看问题。我们现代化建设的目标不光是经济更加发展，还要民主更加健全、科教更加发达、文化更加繁荣，生态更加良好，社会更加进步、精神更加富足，全民的生活质量得到很大提高。

唯物辩证法认为，世界是普遍联系的，任何事物的发展必然与其他事物相互影响、相互制约，只有协调好各方面关系，才能实现健康发展，否则，只能是单一的畸形发展。要实现全面发展，就必须立足新的历史起点，处理好由发展的阶段性特征所伴生的新矛盾和新问题，因此，协调发展是实现全面发展的正确道路和政策途径。在我国现代化建设的进程中，城市和乡村、东部和西部、经济和社会、人和自然、自力更生和对外开放，也都是一个个矛盾统一体。它们有相互排斥的方面，也有相互依存的方面。只看到相互排斥的方面而否认相互依存的方面，或者只注意到彼方对此方的依存而忽视此方对彼方的依存，都是片面性。片面性的认识和做法会导致发展的失衡，从而影响整个社会全面、协调、可持续的发展。

马克思主义认为，在人类的视野中，物质世界的联系和发展是一个在空间中展开的系统和在时间上不断延伸的过程。在这个过程中，随着人们认识的不断深化，人们对世界的认识更深刻、更全面、更科学。随着对我国现代化建设的全面展开及对这一问题的深入认识，党中央站在时代的前列，提出了以人为本，全面、协调、可持续发展的科学发展观。

三、体现了人民是历史发展主体的观点

科学发展观体现了历史唯物主义关于人民是历史发展主体的观点。马克思主义唯物史观认为，人民群众是历史活动的主体，是历史的创造者，是社会发展变革的决定力量。人民也是社会历史的价值主体，社会发展进步的成果应当由全体人民来享有。"科学发展观，第一要义是发展，核心是以人为本，基本

要求是全面协调可持续，根本方法是统筹兼顾。"① 科学发展观的核心是以人为本，科学发展观强调以人为本，就是坚持党的全心全意为人民服务的宗旨，就是坚持立党为公，执政为民，就是代表最广大人民的根本利益。以人为本，就是要"一切为了群众"，就是要把人民的利益作为一切工作的出发点和落脚点，不断满足人们的多方面需求和促进人的全面发展，让发展的成果惠及全体人民。另一方面，以人为本，也体现出"一切依靠群众"，充分调动人民群众的积极性。

马克思主义认为，人的社会实践作为能动的创造性活动，在创造外部世界的同时，也创造着人自身，发展着人自身。实践是人的本质力量对象化的活动。实践的发展也就是人自身本质力量的发展，是人的创造力的发展。只有发挥人的主观能动性，努力地去探索事物的本质，探求客观事物的相互联系和影响，并不断用新的方法解决新的问题，实现社会有机体自觉调节，实现合规律性与合目的性的内在统一，实现社会发展与人的发展辩证统一，才能使社会不断进步。

1. 社会有机体自觉调节中的"以人为本"

改革开放的总设计师邓小平认为，社会主义要赢得与资本主义相比较的优势，必须大胆吸收和借鉴人类社会创造的一切文明成果，吸收和借鉴当今世界各国包括资本主义发达国家的一切反映现代社会化生产规律的先进经验、管理方法，这就要实行对外开放。要推动社会的发展，使中国迅速的发展起来，就要调动人的积极性、主动性、创造性，就要实行改革。为什么要实行改革开放？一句话，为了促进中国的发展，实现国家强盛、人民富裕。判断"改革开放"对不对的标准是"三个有利于"标准。"三个有利于"标准是以人民为价值主体和评价主体的，内在地蕴涵着"以人为本"的思想。在"三个有利于"标准中，人民利益标准是最高的价值标准。发展生产力，发展经济，增强综合国力，都是为了维护和实现人民群众的根本利益，是"以人为本"原则的体现。

通过改革开放，通过社会有机体的自觉调节，中国特色社会主义显示出蓬勃的生机，社会主义市场经济体制得以建立，并取得举世瞩目的现代化建设成就。随着我国的改革开放不断深入和扩大，我国的综合国力和人民生活水平显

---

① 胡锦涛：《坚定不移走中国特色社会主义伟大道路　为夺取全面建设小康社会新胜利而奋斗》（在中央党校省部级干部进修班上的讲话），新华社北京 2007 年 6 月 25 日电

著提高，增强了我国自力更生的能力。但是，也应当看到，改革开放以来，在中国经济与社会迅猛发展的同时，一系列问题也凸显出来：资源问题、环境问题、社会公正、社会保障、协调发展等问题也日益成为人们关注的焦点。

针对这些问题和矛盾，针对以"利用外资金额"大小或以GDP增长速度来判断发展成就与政绩，忽视寻求发展的根本目的在于满足人们的多方需求和实现人的全面发展的倾向，中央适时地提出科学发展观，是从现时代中国和世界发展所面临的新情况出发对唯物史观的运用和发展，是社会有机体的进一步自觉调节。

从历史唯物主义的视野来看，为什么要提出科学发展观？这是我们对历史唯物主义全面、系统理解的结果。恩格斯曾经说过：根据唯物史观，历史过程中的决定性因素归根到底是现实生活的生产和再生产，无论马克思或我都从来没有肯定比这更多东西。但是恩格斯更强调指出：如果有人在这里加以歪曲，说经济因素是唯一决定性因素，那么他就把这个命题变成毫无内容的、抽象的、荒诞无稽的空话。因此，仅仅强调经济发展在社会历史发展中的决定性，搞GDP崇拜，忽略人的价值需求和主体创造，忽略历史发展的合力因素，忽视历史活动的主体，不仅会使社会畸形发展，而且从长远来说，不能保证经济社会发展的可持续性。从西方工业化和现代化的历程来看，世界上越来越多的有识之士已清醒地认识到西方社会发展中所出现的种种问题。从梅多斯等人提出增长极限论到新发展观以及发展经济学所提出的围绕选择、权利与福利的发展观，从发展哲学的角度来看，都是在自觉或不自觉地认同"经济因素不是唯一决定性因素"、"社会发展应关注人本身"等唯物史观的基本观点，一句话，就是要坚持"以人为本"。

因此，以胡锦涛为总书记的新一届中央领导集体提出"以人为本"的科学发展观，是以唯物史观为指导，坚持社会发展合规律性和合目的性的统一，坚持人的发展与社会发展互为前提和基础这一辩证关系，将自然、经济、社会看作是一个复杂的运行系统，通过对人口、资源、环境、发展关系的深刻把握所得出的科学结论，并且在理论和实践上，通过社会有机体的自觉调节，不断纠正改革开放的方向与目标。这包括：

第一，改革开放对社会发展的促进作用，不仅要看经济增长和财富积累，而且要看这种经济和财富的增长是否是建立在人口、资源和环境的协调发展上，是否实现了社会公平，是否全体人民共享改革开放的成果？为此，必须辩证地认识和处理人口、资源、环境中的眼前和长远、局部和整体、历史和现实的关系,促使社会经济的协调发展。

第二,改革开放对社会发展的促进作用,不仅要看经济增长和财富积累,而且要看人与自然的和谐发展。为此,必须加强生态文明建设。沙尘暴肆虐、空气污染、松花江水污染、无锡自来水污染……都说明生态环境关系到人民群众的切身利益、关系到人民群众的身心健康、关系到社会的"公共安全"。为此,在改革中必须落实"以人为本"的科学发展观,通过制度创新、科技创新不断解决发展与人口、环境、资源之间的矛盾,以促进经济社会健康地发展,实现真正的发展;在对外开放中,要防止外国将高污染产业转移到中国"安营扎寨"。

第三,改革开放对社会发展的促进作用,不仅要看经济增长和财富积累,而且要看改革开放能否促进人的全面自由发展。马克思主义认为人的全面发展是先进生产力发展的主体决定性力量,是先进文化建设的根本内容,是实现最广大人民根本利益的最终目的。人是社会发展的主体,人是社会发展的目的,也是社会发展的动力,人的全面发展是马克思主义哲学的价值追求。要促进人的全面自由发展,就必须实践"以人为本",做到发展为了人民,发展成果由人民共享。江泽民指出:"党要承担起推动中国社会进步的历史责任,必须始终紧紧抓住发展这个执政兴国的第一要务,把坚持党的先进性和发挥社会主义制度的优越性,落实到发展先进生产力、发展先进文化、实现最广大人民的根本利益上,推动社会全面进步,促进人的全面发展。"① "三个代表"中,"代表中国最广大人民的根本利益",是其"以人为本"价值观的集中体现。

2. 社会发展与人的发展辩证统一中的"以人为本"

历史唯物主义认为,人的发展与社会发展互为前提和基础,两者构成了相辅相成的辩证统一关系。马克思主义认为,"在人类历史进程中,社会进步与人的发展是社会发展的两个方面,两者构成了相辅相成的辩证统一关系。一方面,社会进步是人的发展的客观前提;另一方面,人的全面发展是社会发展的目的、手段和动力"。②

在改革开放的进程中,把握人的发展与社会发展互为前提和基础的辩证关系,其目标指向是使人民群众共享改革开放的成果。"以人为本"就是要一方面通过改革开放,调动人民群众的积极性,促进社会的进步和发展,另一方面

---

① 《江泽民文选》第3卷,人民出版社,2006年,第538~539页
② 蔡永生:《马克思主义哲学原理》,高等教育出版社,2003年,第294页

使人民群众共享改革开放的成果，促进人的全面发展。人的全面发展主要涉及两个方面的内容，一是每个人的各种素质之间协调、全面发展，二是个人全面发展与社会全面发展的协调。"从操作性的角度看，促进每个人各种素质之间的全面发展，就是使每个人获得切实的经济、政治、文化和社会利益，就是要体现'四个尊重'：尊重劳动、尊重知识、尊重人才、尊重创造，切实保障公民的经济、政治、文化和社会方面的权利。坚决破除各种障碍，使一切有利于社会进步的创造愿望得到尊重，创造活动得到支持，创造才能得到发挥，创造成果得到肯定。"①

胡锦涛深刻指出："坚持以人为本，就是要以实现人的全面发展为目标，从人民群众的根本利益出发谋发展、促发展，不断满足人民群众日益增长的物质文化需要，切实保障人民群众的经济、政治、文化权益，让发展的成果惠及全体人民"。②

在改革开放的进程中，坚持以人为本，进一步确立了人在社会历史中的中心地位和人的全面发展的重要意义。社会历史就是人的活动史。没有人，社会将不复存在；没有人，就无所谓社会历史的进步。社会历史发展的目的是人的全面发展。人的全面发展是社会发展的目的、手段和动力。科学发展观的以人为本理念，否定了"以物为本"及"官本位"的观念，呼唤高度重视人的本质、需要、使命、尊严、权利。马克思恩格斯曾指出："历史不过是追求着自己目的的人的活动而已"。③ 一段时期，曾经自觉不自觉地把历史理解为社会运动过程，导致在经济社会发展过程中只见"社会"和"物"，不见"人"，人成了这些物质条件的附属，搞 GDP 崇拜，搞物化了的政绩标准，一些官员好大喜功，为出"政绩"，不惜损坏人民群众的根本利益。这种认识上的误区，不仅是对社会发展本质认识的偏差，而且也直接影响了人的全面发展和经济社会的协调发展。

科学发展观的本质和核心是以人为本。以人为本是人的发展与社会发展的辩证统一，这种辩证统一在社会运行上表现为：以人为本是社会发展的动力机制与平衡机制的结合点。以人为本，揭示了社会发展的动力机制。以人为本，才能激发社会活力，整合社会资源，使全国各族人民万众一心，同心同德，团

---

① 孙寅生：《构建社会主义和谐社会的哲学意蕴》，《中共贵州省委党校学报》2005 年第 1 期
② 《十六大以来重要文献选编》（上），中央文献出版社，2005 年，第 369 页
③ 《马克思恩格斯全集》第 23 卷 [M]，人民出版社，1972 年版，第 649 页

结协作，调动一切积极因素，把各种干扰、摩擦、内耗最大限度地减少，使"历史的合力"最大限度地发挥作用，为社会的发展提供不竭动力；以人为本，揭示了社会发展的平衡机制。以人为本，从人民群众的根本利益出发谋发展、促发展，促进人的全面发展，不断满足人民群众日益增长的物质文化需要，让发展的成果惠及全体人民，实现公平正义，才能解决社会冲突与矛盾，实现社会安定与可持续发展，实现发展促和谐与和谐促发展的良性互动。

马克思、恩格斯在《共产党宣言》中写道："代替那存在着阶级和阶级对立的资产阶级旧社会的，将是这样一个联合体，在那里每个人的自由发展是一切人的自由发展的条件。"以胡锦涛为总书记的新一届中央领导集体在新形势下继承和发展了《共产党宣言》所提出的在社会主义新社会关于人的自由、全面发展理论，提出了科学发展观，在治国理政中提出并坚持"以人为本"、"促进人的全面发展"，充分体现了马克思关于共产主义社会应当是"以每个人的全面而自由的发展为基本原则的社会形式"① 的思想。社会是人及其活动的集合体，人民群众是社会及其历史的创造者。社会的主体是人，离开人和人的实践活动，就没有社会和社会发展的内容。人的活动及其结果的目的和价值，就在于服务于人的存在和发展需要。发展是为了人，为了人在更好的环境中生活。因此，是否有利于人的存在和发展，是评价社会发展的应有价值尺度。鉴于此，党中央明确提出把努力促进人的全面发展作为当今中国经济发展的应有目标，并把这个目标的实现落实在社会生产力和社会经济、政治、文化全面、协调和可持续发展的基础之上。为此，党中央提出科学发展观，要"在大力推进经济发展的同时，更加注重加快社会建设及人与自然的和谐发展。把'以人为本'作为科学发展观的核心，"就是把马克思主义关于人与世界的物质统一性，以及人具有自觉意识和主观能动性的基本观点，贯穿于社会发展论之中"。②

四、体现了马克思主义高度重视发展生产力的观点

马克思主义认为，物质资料的生产是人类社会存在和发展的基础。物质的生产力，是一切社会向前发展的不可缺少的动力。马克思主义发展观最重要的

---

① 《马克思恩格斯全集》第 23 卷 [M]，人民出版社，1972 年，第 649 页
② 李慎明：《以人为本的科学内涵和精神实质》，中国社会科学 2007 年第 6 期

首先就是发展生产力，发展经济，解决好人民的物质文化生活需要。马克思指出：当一个社会的物质消费品极度匮乏的时候，人们必然会为争夺消费品而展开彼此的争斗，经济因素在社会历史发展中起最终决定作用。生产力是社会发展的最终决定力量，根据这一观点，在我国社会主义初级阶段，必须把发展看作第一要务。一个政党的先进性，也体现在是不是能够真正代表先进生产力发展的要求。革命是为了解放和发展生产力；执政、改革、建设，目的仍是要解放和发展生产力。由我国社会主义初级阶段的主要矛盾所决定，发展生产力是长期的根本任务。"发展是硬道理"，"发展是党执政兴国的第一要务"。科学发展观所强调的仍是"发展"，必须"以经济建设为中心"。但科学发展观蕴涵了推动社会经济全面发展以及与自然协调发展要坚持历史唯物主义与历史辩证法相统一的世界观和方法论，科学发展观的实质是实现经济社会更快更好的发展，它的根本要求是"五个统筹"。离开发展就无所谓发展观。发展首先要抓好经济发展。科学发展观的根本着眼点，就在于用新的思路实现更快更好的发展。

五、体现了马克思主义认识论的基本观点及其精华

科学发展观体现了马克思主义认识论的基本观点及其精华。马克思、恩格斯立足于实践，从科学的实践观出发来探讨发展问题，以立足于实践的思维方式和价值坐标来思考社会发展的本质和规律。实践是人所特有的存在方式，是主体和客体之间双向对象化的过程。社会发展是社会主体的需要与利益得到满足和价值目标不断实现的过程，社会发展又是具有客观规律的发展过程，客体具有对主体的制约作用。马克思的发展观赋予发展以价值性内涵，认为发展是同人的发展及其价值实现直接相关的问题，发展本身就包含着价值选择，是一个与价值相关的范畴。

当今环境恶化的状况向人类发出警告：人类在现实的生产和生活过程中，必须摒弃人征服自然的价值观，明确的树立起人与自然和谐，"天人合一"的价值观，并在实践活动中调整发展观念、生产观念、消费观念，大力发展循环经济和清洁生产，从而重新构建人与自然的和谐统一。

马克思主义哲学极为关注人类实践活动，关注"自己时代的现实世界"及其同自在世界的关系，指出"全部问题都在于使现存世界革命化"，"使现存世界革命化"，就是要使自然、社会良性运行和协调发展及人全面发展。又

说"动物的生产是片面的,人的生产是全面的""动物只生产自身,而人再生产整个自然界"。① 正因为人类实践活动的广阔性及对周围世界影响之深刻,其实践更需要科学的指导,更需要树立和落实科学发展观。以符合自然规律,以免产生违背自然规律的恶果。

"哲学家们只是用不同的方式解释世界,而问题在于改变世界"。② 这说明,"马克思主义认为十分重要的问题,不在于懂得了客观世界的规律性,因而能够解释世界,而在于拿了这种对于客观规律性的认识去能动地改造世界"。③ 党中央提出科学发展观,促进经济、社会、人与自然的全面和谐发展,这体现出高层决策在"发展思路"的上的大智慧,在发展理念上的大创新,在"发展实践"上的大变革,是执政理念的升华。科学发展观在总结过去经验的同时,充分考虑到未来发展可能面临的困难和问题,体现了马克思主义的历史和逻辑的统一。科学发展观既指出了社会发展的矛盾,又指出了实现矛盾对立面的转化,实施经济和社会其他方面协调发展的途径。在社会主义建设实践中,着眼于国际形势这个大背景,从国情出发,从社会发展存在的一系列相互关联的矛盾及其特征出发,提出了科学发展观,不仅旨在总结事物发展的规律,而且旨在发挥认识的能动作用,科学的改造客观世界,推进物质文明、政治文明、精神文明建设,搞好"五个统筹",全面建设小康社会,以实现从必然王国走向自由王国。

六、体现了遵循自然、社会发展的客观规律的观点

科学发展观体现了遵循自然、社会发展的客观规律的观点。马克思主义认为,世界是运动、变化、发展的,并且认为世界上一切事物的运动变化、发展都是有规律的。规律就是事物内部的、本质的、必然的联系,是事物发展过程中所表现出来的必然趋势和确定的秩序。人们认识的任务,就在于正确揭示事物发展的客观规律性,并遵循这种客观规律以指导人们正确地从事改造客观世界的实践活动。

恩格斯曾经指出:"我们不要过分陶醉于我们人类对自然界的胜利,对于

---

① 《马克思恩格斯全集》第42卷［M］,人民出版社,1980年,第96页
② 《马克思恩格斯选集》第1卷［M］,人民出版社,1995年,第61页
③ 《毛泽东选集》第1卷［M］,人民出版社,1991年,第292页

每一次这样的胜利,自然界都对我们进行报复。"① 他告诫我们要遵循自然规律,否则就会受到自然规律的惩罚。当今环境恶化、气候异常等,在一定程度上可以说是人类违背自然规律破坏生态平衡、污染环境所造成的恶果。提出科学发展观,就是要自觉地遵循客观规律,按客观规律办事,以促进自然、社会的良性运行和协调发展,促进人与自然的和谐发展。科学发展观的提出,是整合经济规律和自然规律后所创造出的更科学、更全面的新规律。

树立和落实科学发展观,从根本上说,就是要不断深化对经济发展与社会发展、局部发展与全局发展,人与自然和谐发展的规律性认识,提高科学决策水平,坚持以人为本,全面协调可持续的发展方向,从更大的系统、更广阔的视域来观察、处理发展问题。

七、科学发展观体现了我国发展观的与时俱进

恩格斯说:"我们的理论是发展着的理论"。② 这是马克思主义和一切科学理论的本质特征和必然要求。马克思主义作为时代发展的产物和精华,它不是僵化不变的学说,而是与时俱进的发展着的理论,它不断地吸收人类文明的先进的优秀的新成果,以丰富和发展自己。我们的发展观,是以马克思主义为指导的发展观,从逻辑和历史上都应是与时俱进的马克思主义发展观。科学发展观是我们党坚持马克思主义哲学原理,实践"三个代表"重要思想,准确把握社会经济发展的规律,实现中华民族伟大复兴的战略方针。它蕴涵了认识,分析和解决当代中国问题所遵循的科学世界观和方法论,是与时俱进的发展观。从三代领导核心对发展观的探索,到以胡锦涛为总书记的党中央提出科学发展观,无不体现着发展观的与时俱进。

发展观是一定时期经济与社会发展的需求,在思想观念层面的聚焦与反映。我国的发展观经历了从传统发展观到科学发展观的转变。实行这一转变有深刻的动因。解决经济发展过程中各种矛盾的需要推动着我们发展观的与时俱进。从国内来看,新中国建立以来,我国的经济增长虽然较快,但经济增长质量和效益不高一直是困扰我国经济发展的一个突出难题。从国际来看,经济全球化把中国的发展纳入世界的轨道,资源和生产要素在全球范围内进行有效配

---

① 《马克思恩格斯选集》第 4 卷 [M],人民出版社,1995 年,第 383 页
② 《马克思恩格斯选集》第 4 卷 [M],人民出版社,1995 年,第 681 页

置,激烈的国际竞争使综合国力此消彼长,科技进步日新月异。经济增长的核心是知识和信息,拼资源、拼投入、拼廉价劳力的粗放型经济增长方式只能维持经济短期的增长而不能实现长期稳定的发展,而且会使自然环境遭到破坏,恶化生存条件。

要做到与时俱进,就必须不断解放思想。在中国特色社会主义理论体系、邓小平理论、"三个代表"重要思想以及科学发展观等重大战略思想形成和发展过程中,都是以解放思想为前提、为法宝的。正是依靠和运用解放思想这个精髓,中国特色社会主义理论体系才能在不断解决新课题、实现新突破、开拓新境界,在实践中不断获得新的丰富和发展。把握了解放思想这个精髓,就从马克思主义的思想方法上把握了邓小平理论、"三个代表"重要思想以及科学发展观等重大战略思想之间既一脉相承又与时俱进的内在联系。实践永无止境,解放思想也永无止境。科学发展观的提出,体现了我国发展观的与时俱进。

八、体现了马克思主义关于人的全面发展的观点

科学发展观体现了马克思主义关于人的全面发展的观点。马克思主义认为人的全面发展是先进生产力发展的主体决定性力量,是先进文化建设的根本内容,是实现最广大人民根本利益的最终目的。人是社会发展的主体,人是社会发展的目的,也是社会发展的动力,人的全面发展是马克思主义哲学的价值追求。发展的最高目标是人的全面发展。在社会发展和人的发展、物的发展和人的发展的关系中,社会发展、物的发展是基础、前提,而人的发展是最高目标。这一基本思想要求我们:在经济发展、社会发展达到一定程度之后,我们应与时俱进地强调人的发展。根据这一观点,在我国发展中的代价日益突出、人民群众的需求层次日益提升的情境下,我们应把以人为本看作是科学发展观的核心,牢固树立以人为主体、以人为动力、以人为尺度、以人为目的的马克思主义科学理念,促进人的全面发展。

以人为本是我们党全心全意为人民服务根本宗旨的集中体现,也是贯穿中国特色社会主义理论体系各个组成部分的红线。科学发展观等重大战略思想的核心就是以人为本,强调群众利益无小事,要把解决民生问题放在首位,切实解决广大人民群众最关心、最直接、最现实的利益问题。贯彻中国特色社会主义理论,就要坚持以人为本,把尊重人、理解人、关心人贯彻始终,发挥人民

首创精神，发挥每个人的聪明才智和创造潜力，保障人民各项权利，走共同富裕道路，促进人的全面发展，做到发展为了人民、发展依靠人民、发展成果由人民共享。

科学发展观，是对党的三代中央领导集体关于发展的重要思想的继承和发展，是马克思主义关于发展的世界观和方法论的集中体现，是同马克思列宁主义、毛泽东思想、邓小平理论和"三个代表"重要思想既一脉相承又与时俱进的科学理论。毛泽东思想强调为人民服务；邓小平理论强调时刻关注最广大人民的利益和愿望，把人民赞成不赞成、高兴不高兴、拥护不拥护、答应不答应作为制定各项方针政策的出发点和归宿。"三个代表"重要思想把维护人民利益、实现人民愿望、满足人民需要作为根本出发点和落脚点，强调要努力使工人、农民、知识分子和其他群众共同享受到经济社会发展的成果。

在推进全面建设小康社会的进程中，要推动社会经济、政治、文化全面发展，要实现人与自然的和谐，都要靠人的全面发展。在科技革命迅猛发展、日新月异的今天，经济和社会的发展要依靠科技进步，科技进步要依靠创新，科技创新要依靠人才；政治文明的发展需要人们有较高的政治文明素养，有强烈的法治意识，公民意识和正确的权利义务观念；先进文化的发展，需要人们有较高的科技素养及正确的思想道德修养；健康文明生活的发展，需要有正确的价值观念、完善的人格品质和文明的行为方式……这一切都要靠人的全面发展。这一切都说明人是全面建设小康社会的主体，只有全面发展的人，才能真正成为小康社会的建设者。另一方面，人们越来越认识到，经济社会发展归根到底是为了人的全面发展。人的发展是人与自然、社会发展的辩证统一。人与自然应和谐相处，在人、自然、社会三者的良性互动之中实现共赢，在人与自然、社会的协调发展中，实现人的全面发展。因此，必须树立以人为本的科学发展观，在促进社会自然良性运行与协调发展的同时，实现人的全面发展。

九、科学发展观是人的发展与自然发展的辩证统一

马克思指出，实践是主体与客体之间具体而现实的双向对象化的过程。在这个过程中人类对人与自然关系的认识随着科学技术发展和社会文明进步不断深化。科学发展是主体与客体的辩证统一，主体是"人"，客体是指自然和社会环境。一方面，发展是为了人，为了人在更好的环境中生活。另一方面，发展要依靠人，要以人为本。因此，科学发展观体现了马克思主义主客体的辩证

统一思想,强调人与自然的协调与和谐,这体现了马克思主义的价值观与方法论的统一,人的发展与自然发展的辩证统一。

坚持和贯彻科学发展观,必须正确处理人的发展与自然发展的关系。一方面,要充分考虑人的全面发展,另一方面,要注重保护自然环境。

从资源消耗来看,从1990年到2001年的十多年间,我国石油消耗量增长100%,天然气增长92%,钢增长143%,铜增长189%,铝增长380%,锌增长311%,10种有色金属增长276%。随着中国成为"世界工厂",我国的钢材消费量已经达到大约2.5亿吨,接近美国、日本和欧盟钢铁消耗量的总和,约占世界总消费量的40%;水泥消费约8亿吨,约占世界总消费量的50%,电力消费已经超过日本,居世界第二位。中国油气资源的现有储量不足以满足将来的消费。

当前我国资源消耗的对外依存度已经很高。以2003年为例,我国消耗的铁矿石、氧化铝约50%,铝约60%,原油约34%,都要依靠进口解决。问题的严重性在于在资源严重短缺的情况下,资源、能源的浪费惊人。我国生产1美元GDP消耗的能源和原材料是美国的4倍,英法的7~9倍,日本的11倍。2003年,我国生产了世界GDP的4%,却消耗了世界能源和原材料的30%~40%,即能源、原材料的浪费是世界平均水平的8~10倍。

我国的环境问题也相当严峻:我国现有荒漠化土地面积267.4万多平方公里,占国土总面积的27.9%,而且每年还在增加1万多平方公里,近4亿人口的耕地和家园正受到荒漠化的威胁。近十几年来,全国耕地减少1亿亩,即每年以近一千万亩的速度递减;2004年全国烟尘排放总量为1095万吨;二氧化硫的排放量为2255万吨,居世界第一位,大大超过环境容量。全国酸雨面积已占国土面积的1/3,人民身体健康受到严重损害。我国目前的废水排放总量为439.5亿吨,超过环境总容量的82%;大量未经处理或不达标的废水直接排入江河湖库。饮用水安全受到威胁,生态用水匮乏。我国七大江河水系,劣五类水质占40.9%,75%的湖泊出现不同程度的富营养化;我国600多座城市中有400多座供水不足,其中100多个城市严重缺水,我国尚有3.6亿农村人口喝不上符合卫生标准的水。

在这样的发展背景下,必须牢固树立保护环境的观念,不以牺牲环境为代价去换取一时的经济增长,不以眼前发展损害长远利益,不以局部发展损害全局利益,牢固树立人与自然相和谐的观念,倍加爱护和保护自然,尊重自然规律,创建一个优美的自然生态和社会环境。

十、体现了真理和价值、合规律性与合目的性的辩证统一

科学发展观体现了真理和价值的辩证统一、合规律性与合目的性的辩证统一。提出科学发展观,就是要自觉地遵循客观规律,按客观规律办事,以促进自然、经济社会的良性运行和协调发展,促进人、社会与自然的和谐发展。成功的实践必然是以真理和价值的辩证统一为前提的。"按科学规律办事"和"满足人的需要"相结合,才能达到目的,获得成功。

要坚持合规律性和合目的性的统一,就必须把握发展变化的合规律性与合目的性辩证关系。人类社会的发展体现着人的目的性。人类社会和自然界一样具有客观规律性,但这种客观规律性的生成方式却是有着本质区别的。恩格斯指出:社会发展史却有一点是和自然发展史根本不相同的。在自然界(如果我们把人对自然界的反作用撇开不谈)全是没有意识的、盲目的动力,这些动力彼此发生作用,而一般规律就表现在这些动力的相互作用中。相反,在社会历史领域内进行活动的,是具有意识的、经过思虑凭激情行动的、追求某种目的的人,任何事情的发生都不是没有自觉的意图,没有预期的目的的。

社会发展的合目的性,内在于人类社会实践的本性。实践是社会历史的本质,而实践又是人类有目的、有意识的活动。实践是人的本质力量对象化的活动。实践的发展也就是人自身本质力量的发展,是人的创造力的发展。社会发展的决定因素是生产方式,根本动力是人的劳动实践创造活动,而人的劳动实践又是建立在人的目的指向和现实需要基础上的。社会是人创造并为人的生存与发展服务的,社会的政治、经济、文化、科技、教育、卫生等领域,都是人的多样化本质的社会延伸。

在我国实行改革开放的历史进程中,以胡锦涛为总书记的新一届中央领导集体提出的以人为本的思想,正是对社会实践活动中人的目的和需要的正确认识和把握。"以人为本"理念的提出不仅是当今中国社会的一种发展战略,而且富于哲学的意蕴和根据。"把以人为本作为科学发展观的核心,就是把马克思主义关于人与世界的物质统一性,以及人具有自觉意识和主观能动性的基本观点,贯穿于社会发展论之中"。① "以人为本"的思维方式要求我们在改革开放的实践中,在改革措施的出台上,在认识和解决一切问题时,都要与人的

---

① 李慎明:《以人为本的科学内涵和精神实质》,《中国社会科学》2007 年第 6 期

本质、需要、使命、尊严、权利及其利害关系联系起来，着力解决民生问题，改善人民生活，加强社会建设和生态文明建设，关心人民群众的衣食住行，使广大人民群众住有所居、学有所教、劳有所得、病有所医、老有所养，把是否对人有利是否符合人民群众的根本利益作为一切活动的根本出发点、最高评价尺度和最终归宿。

　　在改革开放的进程中，为什么要坚持"以人为本"？这是因为：只有高度重视人在社会活动的目的需求及其变化，才能使改革开放得到人民群众的拥护和支持。在新的历史时期，我们党是否真正代表了先进生产力的根本要求，是否真正代表着先进文化的前进方向，是否真正代表着最广大人民的根本利益，判定的最主要标准就在于我们改革的方针政策是否符合了人民的目的和愿望。人民赞成不赞成，拥护不拥护，满意不满意，是衡量我们工作、政绩的根本尺度。只有坚持以人为本，充分考虑到人民群众在当前阶段的实践目的、愿望和要求，尽可能地满足人的需要，才能激发人民群众建设中国特色社会主义的积极性和主动性，从而促进中国的发展。从根本上说，社会主义的生产目的就是满足人民不断增长的物质文化需要。

第二章

科学发展观的根本内容

科学发展观是以胡锦涛同志为总书记的当代中国共产党人坚持马克思主义基本原理,在深刻认识和总结国内外传统发展观经验教训的基础上,结合我国改革开放和现代化建设的实际,用辩证统一的观点来全面系统地认识发展问题的结果。科学发展观的第一要义是发展,核心是以人为本,基本要求是全面协调可持续发展。这三个方面是相互联系、有机统一的。科学发展观的根本内容,其实质就是:一个核心:以人为本。两个目标:就社会而言,是实现社会公正;就公民而言,是促进人的自由全面发展。三个发展理念:全面发展,协调发展,可持续发展。四个文明:物质文明、精神文明、政治文明、生态文明建设的协调并进。五个方针:即五个统筹,统筹兼顾。

一、科学发展观的第一要义是发展

邓小平提出"发展是硬道理",江泽民在十六大提出"发展是党执政兴国的第一要务"。胡锦涛在党的十七大报告中提出科学发展观的第一要义是发展,这是由于:我国处于并将长期处在社会主义初级阶段,要解决的社会主要矛盾是人民群众日益增长的物质文化需要同落后的社会生产之间的矛盾,因此,我们必须坚持以经济建设为中心发展自己,以满足人民群众日益增长的物质文化需要。所以,讲科学发展观首先要把发展这个理念确立起来。在社会主义初级阶段,发展始终是硬道理,经济建设始终是各项工作的中心,这一点必须明确。必须坚持用发展的办法解决前进中的问题,大力解放和发展社会生产力,不断增强综合国力,为实现社会全面进步和人的全面发展打下坚实的物质基础。

二、科学发展观的目标指向是动力、平衡、质量的有机统一

科学发展观的目标指向有三：一是寻求发展的动力机制，与之相对应的是建设创新型国家，在科学发展观的指导下深化改革开放，实施人才强国战略和建立人力资源强国；二是寻求发展的公平，即寻求发展的平衡机制，实现社会公正，构建和谐社会，解决机会不平等的一系列问题，改善民生，使发展成果惠及全体社会成员；三是提高发展的质量，相应的是构建资源节约、环境友好型社会，实现经济、科技、社会、人口、资源、环境的协调发展。

三、科学发展观的本质是发展必须遵循科学规律

科学发展观所要解决的是科学发展问题，解决好科学发展的问题，按照客观规律科学地领导中国特色社会主义的各项事业。科学发展的前提是必须尊重客观规律。人们对发展规律认识越深刻，经济建设的指导思想和实践就越符合客观规律，发展就越顺利，发展的效果就越好。尊重和把握客观规律，按照客观规律办事，是科学发展观本身的重要内涵。正确认识客观规律，尊重事物发展的客观规律，按事物发展的客观规律办事，在这个基础上，充分发挥人的主观能动性和创造性，积极推进社会的健康发展，这才是科学发展观。

知识、信息的利用，不仅能提高对物质与能源的利用效率，而且能实现物质资源在经济过程中的有效循环，减少生产过程对自然资源、劳动、资本的浪费。传统粗放型生产模式片面追求经济的快速增长、产品数量的扩张，是一种高消耗、高成本、低产出、低效益的发展。科学发展要求采取集约式、内涵式发展方式。具体地说，就是通过技术创新、制度创新和体制创新，节约资源，减少污染，实现生态效益、经济效益和社会效益的综合提高。科学技术的发展和经济全球化，不仅对于解决资源枯竭、环境污染、生态失调等自然生态问题，打造"绿色生产力"具有重要意义，而且对于实现生产要素在全球范围的有效配置具有积极作用；科学管理对于生产力要素的协调将发挥更大的作用，使同样的人力、物力、技术条件发挥最大效能，有利于生态效益、经济效益与社会效益的综合实现；对于生产者要素来说，将更强调人的智力因素。因此，科学发展观的发展要求必须尊重客观规律，普及科学知识，树立科学观念，提倡科学方法，弘扬科学精神；更加注重优化结构、提高效益、降低消

耗、减少污染；更加注重实现速度和结构、质量、效益相统一，更加注重经济发展和人口、资源、环境相协调，走集约型、内涵式发展道路。

四、科学发展观的核心是以人为本

科学发展观是以人为本的发展观。1998年诺贝尔经济学奖获得者阿马蒂亚·森指出，在发展中要以人为主体，以制度为载体，使人能动地获取机会、争取权利。科学发展观要求在发展中不仅要重视物的增长，而且特别要重视人的全面发展。重视解决扩大劳动就业，增加公民收入，提高福利水平，促进政治民主和政治参与，健全公共服务，提高教育、医疗和社会保障水平等与人的全面发展密切相关的问题，把提高人的生活福利、拓宽人的发展空间、维护人的发展权利作为经济发展的终极关怀。科学发展观发展的目标和终极目的都是为了人，是围绕人的生存、发展、享受需要提供充足的物质文化产品和服务，一切为了人民，一切依靠人民，一切为了人的全面发展。科学发展观是人与社会都全面发展的发展观，是人的全面发展推动经济社会全面发展的发展观，以人为本充分体现了马克思主义发展观的主要特征。随着改革开放的深入，与经济发展相伴随的社会发展的一些问题日趋突出，失业、贫困、社会保障、国民教育、公共卫生和医疗、社会分配的公正性等问题已开始困扰我们。社会公正已成为社会关注的热点问题。胡锦涛指出："必须注重社会公平，正确反映和兼顾不同方面群众的利益，正确处理人民内部矛盾，妥善协调各方面的利益关系。"①

以人为本的目标指向主要有：

促进人的全面发展。科学发展观克服了传统的"以物为本"发展观的局限性，把发展的终极关怀建立在以人为本的基础之上，促进人的全面发展；把人的全面发展看作是发展的最终目的和最强大的动力；把提高人的物质文化水平和健康水平作为发展的出发点和归宿。在经济发展过程中，始终以人的全面发展为基点去实现经济增长。

实现社会公正。社会公正具体体现在以下几个方面：第一，公民权利得到保障的原则。即在公民的生存权、就业权、受教育权、社会保障权、人身自由

---

① 胡锦涛：《在省部级领导干部提高构建社会主义和谐社会能力专题研讨班开班式上的讲话》，《人民日报》2005年2月20日

和安全等权利的行使能有保障。第二，公民参与的机会均等原则。即社会公正体现于公民对经济、政治、文化一切活动的平等参与和机会均等。第三，按贡献进行分配的原则。按贡献进行分配是社会公正的主要体现。第四，对弱势社会成员的救助原则。对在分配过程中处于不利地位的弱势群体给予必要的调剂和救助，也是体现社会公正的一个重要方面。

科学发展观充分体现了社会公正理论。从某种意义上说，科学发展观的提出就是为了更有效地解决社会公正问题。科学发展观所强调的区域协调发展、城乡协调发展，就是强调在发展中要顾及落后地区、农村地区的发展，要关注弱势群体，其实质是实现社会公平公正。这有利于社会资源的人人共享、普遍受益和共同富裕的社会发展宗旨，从而推动社会的进步和发展。

五、科学发展观的基本要求是全面、协调、可持续发展

科学发展观的发展是全面的发展。科学发展观克服了传统发展观的片面性，强调发展的全面性。在发展的目标上，以发展的全面性为出发点，要求在发展中兼顾整个社会包括物质文明、政治文明、精神文明、生态文明的全面发展和进步。而且这种全面发展和进步尤其强调人的全面发展和进步，因为我国改革的根本目的是造福于人民，促进所有人的全面发展，提倡的是共同富裕和社会的全面进步。在发展的评价制度上，以包括经济发展、政治发展、文化发展和人的发展在内的全面性的指标为衡量发展的标准；在发展的内容上，强调既要考虑经济指标的增长，又要考虑政治民主的发展、科技进步、教育发展、生态环境保护、社会结构的完善、文化的繁荣、收入分配的改善、人的素质的提高；在发展的手段上，强调提高可持续发展的能力，主张在技术进步的基础上，提高资源的循环再生能力；在发展的后果上，强调低代价发展，既实现发展的代内公平，又保证发展的代际公平。

科学发展观的发展是协调的发展。协调发展就是城乡之间、区域之间、国内发展和对外开放之间，生产关系和生产力之间、上层建筑和经济基础之间的协调发展；还是具备条件的地区、部门加快发展，不具备条件的地区、部门要创造条件发展的发展观。科学发展观在发展中强调坚持"统筹"和"协调"原则。一是强调统筹城乡协调发展，促进城市与乡村良性互动，逐步缩小城乡差距和改变城乡二元结构，既重视城市化和工业化，又重视农业和乡村经济社会的发展。二是强调统筹收入分配的协调发展。在坚持国民收入分配总格局合

理性的基础上，统筹考虑和谋划调整国民收入分配结构和财政支出结构，改善低收入阶层的收入状况，既要提高社会整体的丰裕程度，又重视解决丰裕中的贫困。三是强调统筹区域经济的协调发展，解决区域市场分割和区域经济发展差距，促进区域经济合理布局和协调发展，逐步缩小区域经济发展差距。四是强调统筹政府与市场的关系，在发挥市场调节和市场监督作用的同时，更要发挥好政府的社会管理和服务公共职能，把发展科技教育文化、促进城乡经营福利、提高人民生活健康水平、促进社会和谐安定作为重要任务。五是强调统筹国内发展和对外开放，充分利用国内国际两种资源、两个市场，实现内外优势互补，促进共同发展。

科学发展观的发展是可持续发展。可持续发展必须促进人与自然的和谐，实现经济发展和人口、资源、环境相协调，保证资源一代接一代地永续利用，保证人类一代接一代地永续发展。对于那些只管建设、不管保护，滥开发、不治理，只顾眼前的增长、缺乏长远的打算，重局部利益、轻整体利益的行业和部门，必须坚决制止其发展，引导其走上生产发展、生活富裕和生态良好的文明发展道路。科学发展观把经济发展的长期利益和短期利益结合起来，认为发展既不能简单地与增长画等号，也不能简单地理解为向自然的索取。强调人与自然之间的和谐性，在保护自然、尊重自然、并与自然和谐相处的过程中来实现经济增长与社会发展。在人与自然的关系上，反对以人为主体的单向性，强调在尊重和运用自然规律的基础上，爱护自然，自觉地保护自然；强调自然界的整体性和人对自然的依赖性。因此，科学发展观是以经济效益、社会效益和生态效益的有机协调，当前利益与长远利益、整体利益与局部利益、理性尺度与价值尺度的统一作为立足点的发展观。科学发展观指导下的发展工程，是一个庞大的系统工程。科学发展观内涵的几个方面是既有区别的，又是环环相扣、互相渗透、密不可分的，忽视哪一个原则都是不科学的。

六、科学发展观的根本方法是统筹兼顾

坚持统筹兼顾，就是既要总揽全局、统筹规划，又要抓住牵动全局的主要工作、事关群众利益的突出问题。统筹兼顾的内在逻辑联系在空间上是全面、协调，在时间上是可持续发展。科学发展观所要求的发展，本质上是和谐发展。统筹兼顾，体现了用联系、发展、全面观点去看问题的唯物辩证法，是中国社会主义建设实践经验的总结，是我们处理各方面矛盾和问题必须坚持的重

大战略方针。只有坚持发展的全面性,才能从生态、政治、文化、经济各个方面为和谐社会建设提供良好的生态环境、政治保障、精神支撑、物质基础;只有坚持发展的协调性,才能真正做到统筹兼顾,综合平衡,有效地化解和解决社会矛盾,促进社会和谐;只有坚持发展的可持续性,建设生态文明,才能为和谐社会的生生不息及人类文明的不断进步创造条件。在构建社会主义和谐社会的进程中,我国城乡二元经济结构的存在,地区发展的不平衡,经济的快速增长对资源、环境的压力日益加大等,这些都要求我们的发展要更加注重统筹兼顾,做到城乡协调发展、区域协调发展、经济社会协调发展、人与自然和谐发展,推进生产力和生产关系、经济基础和上层建筑相协调,推进经济、政治、文化、生态建设的各个环节、各个方面相协调。社会利益主体越多,领域越广,利益关系越复杂,就越要确立科学发展观的统筹兼顾理念,妥善处理当前各方面突出矛盾、协调好各种利益关系,实现全面、协调、可持续的发展。

统筹兼顾作为科学发展观的根本方法,深刻反映了科学发展观所集中体现的马克思主义关于发展的世界观和方法论,是辩证唯物主义思想方法在中国特色社会主义现代化建设中的实际运用,是我们深刻领会和正确运用科学发展观必须把握的精髓和关键。统筹兼顾要求把中国特色社会主义伟大事业和党的建设这一新的伟大工程作为一个整体,坚持以经济建设为中心,全面推进经济建设、政治建设、文化建设、社会建设和党的建设,把促进科学发展、社会和谐与加强党的建设有机统一起来,把握全局,审时度势,与时俱进,顺势而为,因势利导,以系统的方法谋划全局和长远,统筹安排。

七、科学发展观的目标是促进社会主义现代化建设既快又好地发展

落实科学发展观的目标是促进社会主义现代化既快又好地发展。"现代化"是指从传统的农业社会向近现代工业化社会的转化过程。改革开放以后,邓小平从中国具体国情出发研究现代化的问题,确立了三步走的发展战略,确定21世纪中叶实现中国的现代化的目标。改革开放30年来,我国取得了辉煌的成绩,人民生活总体上已达到小康水平,但我们目前的小康还是低水平、不全面、不平衡的小康。要建设一个高水平的、全面的、均衡的小康,就要在发展观上进行一次革命性的变革。促进我国现代化建设既快又好地发展,有利于全面小康社会的实现。在社会主义本质论的指导下,我国已经实现了前两步战

略目标,已经解决了10多亿人口的温饱问题。但在实现现代化的过程中,也出现了一系列问题,如城乡差距拉大、区域发展不平衡、经济社会发展不协调、资源环境压力加大等。这些问题的存在已经影响到了我国现代化的进程,影响到小康社会的全面实现。在这个关键时刻,我们党提出了科学发展观。科学发展观是全面建设现代化的科学指南,是实现全面小康社会战略目标的内在要求。落实科学发展观,尽快实现我国的现代化,要求必须刻不容缓地采取有效措施,切实把发展的重点转移到深化改革、优化结构、提高质量和效益、转变经济增长方式上来,坚持走科技含量高、经济效益好、资源消耗低、环境污染少、人力资源优势得到充分发挥的新型工业化道路。能不能用科学发展观统领经济社会发展全局,尽快实现经济结构转型和增长方式转变,使经济社会真正转到全面协调可持续的科学发展的轨道上来,是对我国能否实现现代化的新的考验。只有牢固树立和认真落实科学发展观,按照以经济建设为中心、以人为本、全面、协调、可持续发展的原则和要求,想问题、办事请、作决策,才能使低水平、不全面、发展很不平衡的小康向高水平的、全面的、均衡的小康方向发展,才能实现我国的现代化,才能真正做到在经济发展基础上促进社会全面进步,保证人民共享发展成果。只有以科学发展观为指导,辩证地认识和处理与发展相联系的各方面重大关系,发展才能有新思路,改革才能有新突破,开放才能有新局面,才能紧紧抓住和充分用好战略机遇期,解决前进道路上面临的矛盾和问题,顺利推进全面建设小康社会和整个现代化事业,不断提高人民生活水平,维护社会稳定,实现全面建设小康社会和现代化建设第三步战略目标,增强国防实力,维护国家安全,在风云变幻的国际局势中立于不败之地,使现代化建设顺利推进。

第三章

一脉相承又与时俱进的科学理论

一、从科学发展观的提出与形成看一脉相承和与时俱进

（一）科学发展观的提出

科学发展观是同毛泽东思想、邓小平理论和"三个代表"重要思想既一脉相承又与时俱进的科学理论。我们党对中国社会主义建设道路的探索高度重视，并提出了一系列重要思想。毛泽东思想是马克思主义的基本原理同中国革命的具体实践相结合的产物，是被实践证明了的关于中国革命和建设的正确理论原则和经验总结，是中国共产党集体智慧的结晶。毛泽东同志对中国社会主义建设道路的初步探索，为我党提供了宝贵的借鉴和宝贵的思想。毛泽东对中国社会主义建设道路的探索中提出的一些正确的思想和主张，对中国社会主义建设和发展具有长远的指导意义。在新中国建立后，毛泽东同志就在《论人民民主专政》、《关于正确处理人民内部矛盾》、《论十大关系》等文章中，系统论述了社会主义政治、文化建设问题及社会主义建设的统筹兼顾和多快好省问题。毛泽东的《论十大关系》，实质是提出了统筹兼顾问题。多快好省建设社会主义，指导思想是正确的，只是当时在实践和落实上，片面强调"快"。

邓小平理论初步回答了什么是社会主义、怎样建设社会主义的问题。改革开放后，邓小平同志提出要坚持两手抓、两手都要硬的方针，强调在搞好社会主义物质文明建设的同时，要搞好社会主义精神文明建设。邓小平理论是中国共产党人探索中国特色社会主义的重大理论成果。这一理论的形成，是中国特色社会主义形成的重要标志，体现了以邓小平为主要代表的中国共产党人对社会主义认识的最高水平，为中国特色社会主义发展奠定了坚实思想基础和理论基础。

"三个代表"重要思想指出,发展是我们党执政兴国的第一要务。"三个代表"重要思想强调,这种发展是在代表中国先进生产力的发展要求、代表中国先进文化的前进方向、代表中国最广大人民的根本利益相统一的基础上的发展。因此,贯彻落实"三个代表"重要思想,就要在经济、政治、文化以及人的全面发展即从以人为本的意义上来实现执政兴国的第一要务。江泽民同志强调社会主义社会是以经济建设为重点的全面发展、全面进步的社会,要促进社会主义物质文明、政治文明、精神文明协调发展,促进人的全面发展。由此可见,科学发展观与"三个代表"重要思想有着直接的内在联系,它就是"三个代表"重要思想在现代化建设中的具体体现,是"三个代表"重要思想在现代化建设中的贯彻落实。科学发展观就是从发展的视角来实践"三个代表"的重要思想。

在全面建设小康社会的发展阶段,以胡锦涛总书记为核心的党中央高举邓小平理论伟大旗帜,全面贯彻"三个代表"重要思想,求真务实,开拓创新,立足于对"什么是社会主义"的深入理解与把握,着眼于对"怎样建设社会主义"的实践操作与运用,解放思想、实事求是、与时俱进、开拓创新,提出了科学发展观这一关乎我们党和国家事业发展全局的重大战略思想。这是实现社会主义本质的全新理念,是巩固发展社会主义的必然要求。科学发展观的提出,是在借鉴国外社会发展的经验教训、吸取国外发展观和社会发展理论的有益成果的基础上,通过自觉的科学的理论创新而提出来的。这一理论的提出既有其客观依据,又有其理论源泉。科学发展观是实践的呼唤,是在社会实践和理论演化的过程中应运而生的。其客观依据是,改革开放以来,我国经济发展取得了举世瞩目的巨大成就,但也出现了一系列的矛盾和问题。

这些问题主要表现为:城乡区域差距拉大,就业压力日趋增大,资源短缺,生态环境遭到严重破坏,社会发展失衡等。

首先是城乡差距问题。在计划经济体制下就存在的社会发展二元结构,使中国在建立市场经济体制的起点上本身已经存在起步的落差。而近几年的经济尽管保持高增长的速度,但市场的不完善与转型速度不均衡加之有的地方公共政策意识上的淡漠,使中国的城乡差距不仅没有缩小,反而出现了扩大的趋势。这种差距典型地反映在人均收入比上,1990年城市与农村的人均收入比为2.2,而到2000年则上升为2.8。

其次是就业问题。就业率高低被世界上许多国家看作是衡量人类生存与发展的重要指标。一个国家没人失业是不可能的,但是失业率太高也不行,失业率太高会引发社会问题。一般来说，GDP的增高应拉动就业率，但我国恰恰相反，随着GDP的增长，我国的就业压力却越来越大。

第三是资源环境问题。中国经济的发展自20世纪90年代以来，经济增长速度年均在8%，使中国被称作"世界工厂"。与此同时，中国的大气和水质污染也越来越严重，在全国设立的753个观测点中未能达到最低水质环境标准的占44%。因煤炭燃烧而发生的硫氧化物是导致酸雨的重要原因，中国南部地区则普遍观测到酸雨。

第四是社会发展失衡问题，我国的发展是经济发展上去了，可社会事业发展严重滞后。这是重经济发展，轻社会发展的结果。讲经济发展的时候，指标清晰，讲社会发展的时候，多是些模糊语言，这就导致了经济与社会发展一条腿长，一条腿短，这样的社会是不均衡的社会，是不健康的社会。

科学发展观的理论源泉是马克思、恩格斯、列宁、毛泽东、邓小平、江泽民关于发展的理论。邓小平继承了马列主义、毛泽东思想，把马克思主义的发展理论应用于中国发展的实际，进一步丰富和完善了马克思主义的发展观。邓小平作为务实的政治家，认为中国发展道路的选择，应根据自身所拥有的资源、需求、文化特性、思维结构和行动方式，借鉴世界其他民族的发展经验，找出自身发展的模式和风格，具有中国特色。邓小平的发展观突出了以生产力为本位的发展思想，提出社会主义的根本任务是发展生产力，社会主义的发展必须以经济建设为中心，必须建立在比较快的速度和比较好的效益基础之上。以生产力为本位的发展思想，从根本上纠正了长期以来存在的发展观上的"左"的错误思想。以生产力为本位的发展观强调"发展是硬道理"。江泽民则是在邓小平的基础上，提出"发展是党执政兴国的第一要务"。正是在此基础上，中共十六届三中全会提出了科学发展观。

（二）科学发展观的形成

科学发展观是一种面向世界、面向未来，积极应对挑战，在发展中完善、促进中国发展，开创21世纪中国发展新纪元的全新发展观。同人类的任何认识一样，人们对发展的认识也经历了一个从不知到知，从知之不多到知之较多的历史发展过程。综观人类社会发展的历史，在不同的历史时期，不同的发展阶段，不同的国家和地区，基于生产力发展水平的差异和其他条件的限制等主客观原因，人们的发展观是不同的，甚至是相左的。世界各国在寻求发展的过程中，产生过许多发展理论，形成了不少发展模式。这些理论和模式曾在一定历史时期和一定程度上促进了这些国家和地区的经济发展和社会进步，积累了不少好的发展经验，也有不少教训。特别是20世纪以来，伴随着科技进步的浪潮，生产力获得了飞速发展，不断为全球经济注入新活力。而另一方面，人类社会在发展的过程中也为此付出了巨大的代价。一些国家尤其是一些发展中国家出现了"有增长无发展"、"无发展的增长"，甚至"恶性无序增长"的现象。科学发展观的形成正是在总结社会主义的经验教训，汲取发达国家发展教训的基础上形成的。

2003年7月1日，胡锦涛对发展的科学内涵进行了新的阐释。他认为："在社会主义初级阶段，我们党的根本任务就是发展生产力，发展是我们党执政兴国的第一要务。发展是以经济建设为中心、政治、经济、文化相协调的发展，是促进人与自然相和谐的可持续发展。中国共产党人要坚持以兴国为己任以富民为目标，走符合中国国情的社会主义发展道路，经过长时期的努力不断使经济更加和谐、民主更加健全、科教更加进步、文化更加繁荣、社会更加和谐、人民生活更加殷实，不断促进人的全面发展，不断向党的最终目标前进"。① 这里，明确强调经济建设是发展的中心，而发展必须具有全面的、协调的、可持续的和促进人的全面发展等方面的内在规定性。

在我国社会发展的关键时期，2003年10月党的十六届三中全会通过了《中共中央关于社会主义市场经济体制若干问题的决定》。《决定》提出要按照统筹城乡发展、统筹区域发展、统筹经济社会发展、统筹人与自然和谐发展、统筹国内发展和对外开放的要求，更大程度地发挥市场在资源配置过程中的基础性作用，为全面建设小康社会提供有力的体制保障。在完善社会主义市场经济的过程中，必须以邓小平理论和"三个代表"重要思想为指导，坚持以人为本，树立全面、协调、可持续的发展观，促进经济社会和人的全面发展。这样，就突出了这种新发展观的发展目的是以人为本，发展是全面的、协调的、可持续的。

在此基础上，2003年12月26日，胡锦涛在《在纪念毛泽东同志诞辰110周年座谈会上的讲话》中，阐释了科学发展的主要内涵和基本要求。他提出："实现全面建设小康社会的奋斗目标，不断开创中国特色社会主义事业新局面，关键是要抓好发展这个党执政兴国的第一要务，聚精会神搞建设，一心一意谋发展，不断发展社会生产力和增强综合国力。我们要坚持以经济建设为中

---

① 胡锦涛：《在"三个代表"重要思想理论研讨会上的讲话》，人民出版社，2003年版，第7~8页

心,坚持以人为本,树立全面、协调、可持续的发展观,统筹城乡发展、统筹区域发展、统筹经济社会发展、统筹人与自然和谐发展、统筹国内发展和对外开放,坚持走新型工业化道路,大力实施科教兴国战略、可持续发展战略和人才强国战略。推进经济结构的战略性调整,加强农业的基础地位,积极推进西部大开发,有效发挥中部地区综合优势,振兴东北地区等老工业基地,鼓励东部有条件的地区率先基本实现现代化。努力在经济社会协调发展的基础上促进人的全面发展,在开发利用自然中实现人与自然的和谐相处。"①

这段话全面、集中、系统地勾画出了科学发展的内涵和理论的基本框架。2004年2月,中共中央在中央党校举办了省部级主要领导干部"树立和落实科学发展观"专题研究班。在这次会议上,把"新发展观"正式称为"科学发展观",这标志着科学发展观的正式形成。

二、从科学发展观的核心看一脉相承和与时俱进

科学发展观的核心是以人为本。以人为本是我们党全心全意为人民服务的根本宗旨和执政理念的集中体现,也是贯穿中国特色社会主义理论体系各个组成部分的红线。中国特色社会主义理论体系,就是包括邓小平理论、"三个代表"重要思想以及科学发展观等重大战略思想在内的科学理论体系。从邓小平理论到"三个代表"重要思想,从"三个代表"重要思想到科学发展观的理论与实践,无不贯穿着以人为本这一核心思想。

(一)以人为本贯穿于邓小平理论

1. 以人为本是邓小平理论创立的出发点

以人为本的"人",指的是最广大人民群众。以人为本的"本",指的是一切工作的出发点和落脚点。以人为本有三层含义:把人当作主体,依靠人;把人当作目的,为了人;把人看作尺度,尊重人。也就是要做到:发展依靠人民,发展为了人民,发展成果由人民共享。邓小平理论创立的出发点是使全体人民摆脱贫穷,使人民群众过上"共同富裕"的生活,即"发展为了人民"。在改革开放初期,邓小平根据当时的具体情况,从人民群众的根本利益出发,提出"贫穷不是社会主义,社会主义要消灭贫穷",使广大人民群众过上好日

---

① 胡锦涛:《在纪念毛泽东同志诞辰110周年座谈会上的讲话》,人民出版社,2003年版,第16~17页

子。社会主义初级阶段的主要矛盾是人民日益增长的物质文化需要同落后的社会生产之间的矛盾，这个主要矛盾要求我们改革开放中的各项工作，都必须坚持以人为本，以满足人民群众日益增长的物质文化需要为目标，毫不动摇地坚持社会主义道路。为此，必须把发展生产力摆在首要位置，聚精会神搞建设、一心一意谋发展，各项工作都要有助于建设中国特色社会主义，都要有助于促进人民的幸福。

2. 以人为本是邓小平理论的价值取向与标准

邓小平提出：判断各方面工作的是非得失归根到底要以"三个有利于"为标准。"三个有利于"标准是以人民为价值主体和评价主体的，内在地蕴涵着"以人为本"的理念。"三个有利于"标准中，人民利益标准是最高的价值标准，人民利益标准是以人为本价值标准的体现。发展生产力、发展经济，增强综合国力，发展的终极目的都是为了维护和实现人民群众的根本利益。邓小平认为，人民是社会活动的价值主体，人民是社会活动的评判主体，强调时刻关注最广大人民的利益和愿望，把人民"拥护不拥护、赞成不赞成、高兴不高兴、答应不答应"作为制定各项方针政策的出发点和归宿。

"以人为本"体现了马克思主义历史唯物论的基本原理，反映了我们党立党为公、执政为民的本质要求。邓小平指出："社会主义的本质是解放生产力，发展生产力，消灭剥削，消除两极分化，最终达到共同富裕"。① 前两条突出了生产力目标，后三条强调的是人民利益目标，使人民过上衣食无忧、幸福美好的新生活。解放和发展生产力，是满足人的物质文化需要的物质基础，消灭剥削和消除两级分化、实现共同富裕是实现人的全面发展的制度保障和必要条件。马克思主义认为，共产主义的最终目的是实现人的自由而全面的发展。实现共同富裕，是走向人的自由而全面发展所必经的阶段。要实现共同富裕，除了解放和发展生产力，不断增加社会财富外，从生产关系来说，还有一个消灭剥削，消除两极分化，使社会发展的成果为全体人民所享有的问题，即实现"以人为本"的发展目标，这始终是贯穿于邓小平理论的价值取向与价值标准。

3. 以人为本贯穿于改革开放的理论与实践

改革开放的总设计师邓小平认为，社会主义要赢得与资本主义相比较的优势，必须大胆吸收和借鉴人类社会创造的一切文明成果，吸收和借鉴当今世界

---

① 《邓小平文选》第3卷，人民出版社1993年版，第373页

各国包括资本主义发达国家的一切反映现代社会化生产规律的先进经验、管理方法，这就要实行对外开放。要推动社会的发展，使中国迅速地发展起来，就要调动人的积极性、主动性、创造性。为此，就要从根本上改变束缚我国生产力发展的经济体制和其他方面的体制，就要实行改革。为什么要实行改革开放？一句话，是顺应时代主题和人民愿望的要求，吸收人类文明的一切优秀成果，促进中国的发展，实现国家强盛、人民富裕。通过改革开放，解放和发展生产力，实现国家现代化，增强综合国力，都是为了维护和实现人民群众的根本利益，是"以人为本"原则的体现。把改革作为促进发展的动力，调动人民群众的积极性、主动性、创造性，也是在践行"发展依靠人民"这一"以人为本"的思想。以人为本的价值观始终贯穿在中国特色社会主义的发展理论中，并在改革开放的实践中不断得到深化与落实。

（二）以人为本贯穿于"三个代表"重要思想

1. "三个代表"重要思想的价值取向是以人为本

"三个代表"重要思想系统概括了我们党对社会主义建设规律的探索成果，把坚持党的领导与中国特色社会主义实践有机地统一起来，将治国理政与从严治党紧密结合，把坚持党的先进性与发展先进生产力、发展先进文化、实现最广大人民的根本利益、促进人的全面发展有机地结合起来。其中，"代表中国最广大人民的根本利益"，是其"以人为本"价值观的集中体现。这一执政思路内在的包含了党执政的价值目标——发展为了人民，发展成果由人民共享的实践要求。江泽民指出："党要承担起推动中国社会进步的历史责任，必须始终紧紧抓住发展这个执政兴国的第一要务，把坚持党的先进性和发挥社会主义制度的优越性，落实到发展先进生产力、发展先进文化、实现最广大人民的根本利益上，推动社会全面进步，促进人的全面发展。"①

2. "三个代表"重要思想的终极目标蕴涵了"以人为本"

党的十三届四中全会以后，在改革开放的历史进程中，以江泽民为代表的中国共产党人，创立了"三个代表"重要思想，强调把发展作为党执政兴国的第一要务，坚持用发展的办法解决前进中的问题，提出建立社会主义市场经济体制，实施依法治国、科教兴国、可持续发展、西部大开发等重大战略，不断推进社会主义物质文明、政治文明和精神文明建设，促进人的全面发展。为

---

① 《江泽民文选》第3卷，人民出版社2006年版，第538~539页

了促进人的全面发展,"三个代表"重要思想强调把实现人民愿望、满足人民需要、维护人民利益作为根本出发点和落脚点,强调要努力使工人、农民、知识分子和其他群众共同享受到经济社会发展的成果,充分体现了以人为本的价值理念。江泽民一方面把发展作为党执政兴国的第一要务,把发展先进生产力放在首位,另一方面又将人的全面发展看成是"马克思主义关于社会主义新社会的本质要求。"把人的全面发展与社会的全面进步紧密联系起来,将人的全面发展作为社会发展的终极目标,蕴涵了以人为本的价值理念。

3. "三个代表"重要思想体现了以人为本的三层含义

江泽民在阐述"三个代表"重要思想时,深刻地指出"全心全意为人民服务,立党为公、执政为民是我们党同一切剥削阶级政党的根本区别,任何时候我们都必须坚持尊重社会发展规律和尊重人民历史主体地位的一致性,坚持为最崇高理想而奋斗与最广大人民谋利益的一致性。"这体现了"发展为了人民"的以人为本思想,明确了发展必须坚持的出发点、动力、主体、宗旨。以江泽民为核心的第三代领导集体,为什么提出代表先进生产力的发展要求?就是要不断推动社会生产力的解放和发展,特别是推动先进生产力发展。"代表先进生产力的发展要求",关键在于能否将人民群众作为推动历史前进的主体,并使生产关系适合生产力的发展从而调动起人民群众的积极性、主动性、创造性。将人民群众作为推动历史前进的主体,是"发展依靠人民"以人为本思想的体现。代表先进文化的前进方向,就是要促进全民族思想道德素质和科学文化素质的不断提高,促进人的全面发展,进而促进中国社会全面进步和发展。归根到底,就是要实现好、发展好、维护好人民群众的根本利益,实现"发展成果由人民共享"、"发展依靠人民"的以人为本发展理念。

(三) 以人为本贯穿于科学发展观的理论与实践

1. 以人为本是科学发展观的核心

党的十七大报告指出:"科学发展观,第一要义是发展,核心是以人为本,基本要求是全面协调可持续,根本方法是统筹兼顾。"这一精辟概括,深刻揭示了科学发展观的科学内涵和精神实质。以人为本之所以是科学发展观的核心,是因为科学发展观始终贯穿着以人为本的原则和理念:在为谁发展上,科学发展观强调发展为了人民;在靠谁发展上,科学发展观强调发展依靠人民;在发展成果如何分配上,科学发展观强调发展成果由人民共享,走共同富裕的道路,把发展取得的丰硕成果,体现并服务于人民的生活质量和健康水平上，体现并服务于人民过上幸福生活上，体现并服务于人民的思想道德素质和科学文化素质不断得到提高上，体现在充分保障人民享有的经济、政治、文化、社会等各方面权益上，让发展的成果惠及全体人民。

虽然发展是硬道理，但是如何发展、怎样发展才是科学的——是我们在发展的实践中必须予以明确回答的问题。以人为本的科学发展观，从人民群众的根本利益出发，在遵循客观规律的基础上，给出了正确的答案。科学发展观的一切内容，从要不要发展、发展的各个领域、各个环节、发展的依靠力量到如何发展、发展的目的等都是围绕以人为本这个本质规定来展开的，都要服从和服务于这个本质规定。社会是人创造并为人的生存与发展服务的，社会的政治、经济、文化、科技、教育、卫生等领域，都是人的多样化本质的社会延伸。全面、协调、可持续发展，就是为了满足人的多方面需要。以人为本作为科学发展观的核心，贯穿在经济、社会发展的各个方面，体现在经济社会发展的各个领域和各个环节，并贯通于发展的全过程。把以人为本放在规划和实践发展的核心位置，确保其成为全部工作的出发点、落脚点和评价标准，是对"三个有利于"标准的继承和发展。

以人为本理念的提出不仅是当今中国社会的一种发展战略，而且富于哲学的意蕴和根据。"把以人为本作为科学发展观的核心，就是把马克思主义关于人与世界的物质统一性，以及人具有自觉意识和主观能动性的基本观点，贯穿于社会发展论之中。我们党将以人为本为核心的科学发展观作为具体工作的指导思想，正是出于对全体人民幸福生活的高度关注，是以所有人的自由发展为最终目标的。"①

2. 以人为本是实现人的全面发展的内在要求

胡锦涛深刻指出："坚持以人为本，就是要以实现人的全面发展为目标，从人民群众的根本利益出发谋发展、促发展，不断满足人民群众日益增长的物质文化需要，切实保障人民群众的经济、政治、文化权益，让发展的成果惠及全体人民。"② 坚持中国特色社会主义理论体系，就要坚持以人为本，牢固树立以人为主体、以人为动力、以人为尺度的理念，把尊重人、理解人、关心人贯彻始终，发挥人民群众首创精神，发挥每个人的聪明才智和创造潜力，保障人民各项权利，走共同富裕道路，促进人的全面发展。

---

① 李慎明：《以人为本的科学内涵和精神实质》，中国社会科学 2007 年第 6 期
② 《十六大以来重要文献选编》（上），中央文献出版社，2005 年版，第 369 页

以人为本是实现人的全面发展的内在要求。因为只有坚持以人为本，坚持人民在中国特色社会主义事业中的主体地位，充分调动人民群众的积极性、主动性、创造性，把解决民生问题放在重要位置，切实解决广大人民群众最关心、最直接、最现实的利益问题，把人民群众的利益实现好、维护好、发展好，使人民群众的经济、政治、文化、社会权益得到切实的保障，才能促进人的全面发展。"以人为本"理念的提出，将马克思主义"人的全面发展"理论贯穿于当代中国社会发展的理论与实践，突出了人的主体地位和作用。人是社会发展的主体。人的解放和自由而全面发展是社会进步的最高目标。中国特色社会主义事业是全国各族人民实现自己利益、创造美好生活的共同事业，是亿万人民群众广泛参与的创造性事业。为此，坚持以人为本就要把优先发展教育，建设人力资源强国，努力造就世界一流科学家和科技领军人才，培养创新人才，贯彻尊重劳动、尊重知识、尊重人才、尊重创造的方针，激发各类人才创造活力和创业热情，使全社会创新智慧竞相迸发、各方面创新人才大量涌现作为国家实现跨越式发展的精神动力和智力支持。

3. 把握以人为本是落实科学发展观的关键

改革开放以来，在中国经济与社会迅猛发展的同时，一系列问题也凸显出来：资源问题、环境问题、社会公正、社会保障、协调发展等问题也日益成为人们关注的焦点。而要解决这些问题，必须树立"以人为本"的理念，把握以人为本是落实科学发展观的关键所在。以人为本的精神实质在于：以人为本的思维方式要求我们在认识和解决一切问题时，在落实科学发展观的过程中，都要与人的本质、需要、使命、尊严、权利及其利害关系联系起来，着力解决民生问题，改善人民生活，加快推进以改善民生为重点的社会建设，关心人民群众的衣食住行，使广大人民群众住有所居、劳有所得、学有所教、病有所医、老有所养，把是否对人有利是否符合人民群众的根本利益作为一切活动的根本出发点、最高评价尺度和最终归宿，把发展问题提到体现社会公平正义，体现人的全面发展和社会的全面发展以及资源环境的可持续发展的高度。

在改革开放的实践中，作为科学发展观的本质和核心，以人为本就是"在经济发展的基础上，不断提高人民群众物质文化生活水平和健康水平；就是要尊重和保障人权，包括公民的政治、经济、文化权利；就是要不断提高人们的思想道德素质、科学文化素质和健康素质；就是要创造人们平等发展、充分发挥聪明才智的社会环境。"①

以人为本思想的提出,反映了我们党在执政理念上和对社会发展规律把握的深化。一段时期,一些地方,一些人由于对发展的误解与迷失,导致在经济社会发展过程中只见"物",不见"人",人成了这些物质条件的附属,搞GDP崇拜,搞物化了的政绩标准,一些官员好大喜功,为出"政绩",不惜损坏人民群众的根本利益和长远利益。这种认识上的误区,不仅是对社会发展本质认识的偏差,而且也直接影响了人的全面发展和经济社会的协调发展。因此,把以人为本确立为科学发展观的核心,是抓住了当前中国社会发展中诸如生态环境恶化、城乡发展不平衡、贫富差距扩大、分配不公、安全事故等的矛盾症结所在。主张发展应"以人为本",集中体现了我们党在发展问题上的根本立场和价值标准,突出了发展的人本性要求,指引着我们党自觉地站在人民大众的立场上实现发展目标,努力实现经济、社会、文化、政治、人与自然的和谐发展。落实以人为本,经济建设要着眼于改善人民生活、提高人民生活水平;政治建设要着眼于保障人民当家作主的合法权益;文化建设要着眼于人民群众精神文化需要,丰富人民的精神世界;社会建设要着眼于协调好各方面利益关系,关注并解决好民生问题,着重解决好就业、收入分配、社会保障、看病、子女上学、生态保护等一些人民群众最关心、最急迫需要解决的实际问题,促进社会的和谐发展。

2006年4月21日胡锦涛在美国耶鲁大学演讲时指出:"今天,我们坚持'以人为本',就是坚持发展为了人民,发展依靠人民,发展成果由人民共享,关注人的价值、权益和自由,关注人的生活质量、发展潜能和幸福指数,最终是为了实现人的全面发展。"② 这充分体现了马克思主义实践观关于人在社会中的地位、作用、以及实践的根本目的的重要思想。在发展中"关注人的价值、权益和自由",就要坚持尊重人民的民主权利,保障人民经济、政治、文化、社会权益,走共同富裕道路,促进人的全面发展;"关注人的发展潜能",就要加强人力资源能力建设,为此,就要把落实"人才强国战略",抓好以高层次人才和高技能人才为重点的各类人才队伍建设,提高自主创新能力、建设创新型国家,作为国家发展战略的核心和提高综合国力的关键;"关注人的生

---

① 温家宝:《提高认识,统一思想,牢固树立和认真落实科学发展观》[N],人民日报,2004年3月1日

② 胡锦涛在美国耶鲁大学的演讲(2006年4月21日),新华网

活质量和幸福指数",就要深刻理解以人为本的内涵和精神实质,牢记党的根本宗旨,在一切工作中,按照立党为公、执政为民的要求,做到权为民所用、情为民所系、利为民所谋,在改革开放的实践中,在促进发展的进程中,始终同人民群众心连心,关注人民群众的衣食住行,为人民群众创造美好幸福的新生活。

三、从社会主义本质论看一脉相承和与时俱进

科学发展观,是同马克思列宁主义、毛泽东思想、邓小平理论和"三个代表"重要思想既一脉相承又与时俱进的科学理论,是我国经济社会发展的重要指导方针,是发展中国特色社会主义必须坚持和贯彻的重大战略思想,是与时俱进的马克思主义发展观。科学发展观与社会主义本质论是一脉相承的,社会主义本质论是科学发展观坚实的理论根基,科学发展观是对社会主义本质论的深化和发展。

(一)科学发展观和社会主义本质论是相互依存的

1. 科学发展观是社会主义本质论实现的必然要求

只有坚持科学的发展观,以科学发展观为指导,辩证地认识和处理与发展相联系的各个方面重大关系,发展才能有新思路,改革才能有新突破,开放才能有新局面,也才能紧紧抓住战略机遇期,顺利实现既定的战略目标。也只有这样,社会主义的优越性才能充分表现出来,社会主义的本质才能充分体现,才能增强社会主义对人们的吸引力。邓小平的社会主义的本质论包括紧密相连的两个方面:一是社会主义的最终目标是,建立消灭剥削,消除两极分化,最终达到共同富裕。二是这一目标是要通过解放生产力,发展生产力的途径来实现的。以人为本的科学发展观,强调统筹城乡发展,统筹区域发展,关注社会的公平公正;强调发展的目的是实现人的全面发展。这是实现社会主义本质论所强调的消灭剥削,消除两极分化,实现共同富裕的基本要求。社会主义本质论强调的解放生产力,发展生产力,科学发展观强调坚持以人为本,全面、协调、可持续的发展观,促进经济和社会的全面发展。要想实现更好、更快地发展生产力,保持发展的速度与效益的统一,就必须坚持科学的发展观。因此,科学发展观是实现社会主义本质论的必然要求。

2. 社会主义本质论是科学发展观产生的前提和基础

从制度的角度来讲,社会主义本质论回答了什么是社会主义的问题。只有

搞清楚了"什么是社会主义"的问题,才能搞清楚"怎样建设社会主义"的问题,才可能有科学发展观,才能认识到社会主义社会应该是也必须是以人为本、持续、协调、全面发展的社会。也只有在"消灭剥削,消除两极分化,最终达到共同富裕"的社会主义社会里,才能真正地坚持科学的发展观。在一个存在剥削,两极分化,贫富悬殊的社会里,是不可能坚持科学发展的。因为资本主义社会的发展,考虑的只是少数剥削者的利益,眼前利益,不考虑全体老百姓的整体利益,整个社会的长远利益,也就谈不上以人为本,全面、协调、可持续的发展。

(二)科学发展观是对社会主义本质论的继承

尽管时代在前进,国家在发展,目标也在不断提高,但一些基本的东西总是具有连贯性的。这种连贯性在社会主义本质论和科学发展观上主要体现在以下几个方面。

1. 科学发展观继承了社会主义本质论关于发展的思想

邓小平的社会主义本质论核心是强调发展。社会主义的本质,是解放生产力,发展生产力,消灭剥削,消除两极分化,实现共同富裕。解放生产力和发展生产力是社会主义的根本任务,是发展是硬道理的理论基础和集中体现。邓小平指出:"社会主义人与社会的全面发展,只能而且必须建立在高度发达的社会生产力基础之上",为此他提出:"贫穷不是社会主义,发展太慢也不是社会主义"。"社会主义的主要任务是发展生产力,使社会物质财富不断增长,人民生活一天天好起来,为进入共产主义创造物质条件,不能有穷的共产主义,同样也不能有穷的社会主义。坚持社会主义的发展方向,就要肯定社会主义的根本任务是发展生产力,逐步摆脱贫穷,使国家富强起来,使人民生活得到改善,没有贫穷的社会主义。社会主义的特点不是穷,而是富,但这种富是人民共同富裕。"① 他还指出:"社会主义的优越性归根到底要体现在它的生产力比资本主义发展的更快一些、更高一些,并且在发展生产力的基础上不断改善人民的物质文化生活"。② 邓小平的社会主义本质论就是以发展生产力为本位的发展观。作为一个伟大的马克思主义者,邓小平深知中国是一个经济文化比较落后的发展中大国,要实现现代化首先必须发展生产力。因此,发展生产力成为邓小平观察、分析和解决中国一切问题的基本原则和理论依据,是贯穿

---

① 《邓小平文选》第3卷,人民出版社,1993年版,第264~265页
② 《邓小平文选》第3卷,人民出版社,1993年版,第63页

邓小平全部发展思想的核心。因为没有生产力的发展，社会主义就无优越性可言。抓住了解放和发展生产力这个社会主义的根本特性，也就抓住了社会主义战胜资本主义的法宝，并且社会主义本质论的消灭剥削，消除两极分化，实现共同富裕也是要通过解放生产力和发展生产力来实现的。发展生产力是压倒一切的中心任务，是解决中国一切问题的关键。邓小平之所以如此强调发展生产力，其根本原因就在于他对经济的决定性作用的科学认识和深刻把握。历史唯物主义认为，生产力的发展是社会进步的前提和基础，在社会发展中起决定作用。"人们在自己生活的社会生产中发生一定的、必然的、不以他们的意志为转移的关系，即同他们的物质生产力的一定发展阶段相适合的生产关系。这些生产关系的总和构成社会的经济结构，既有法律和政治的上层建筑竖立其上，并有一定的社会意识形式与之相适应的现实基础。"①

马克思主义认为，社会物质生活的生产方式制约着整个社会生活的过程，而生产方式中的物质生产力则是社会存在与发展的最终决定力量。因此，邓小平认为，在社会主义国家，一个真正的马克思主义政党在执政以后，一定要致力于发展生产力，并在这个基础上逐步提高人民的生活水平。社会主义本质论是以发展生产力为本位的发展观，是邓小平发展观的核心。因此绝不能离开生产力标准去抽象地谈论社会主义的发展。

科学发展观继承了社会主义本质论强调发展的思想。科学发展观的精神实质是实现经济社会又快又好地科学发展。科学发展观是用来指导发展的。坚持用科学发展的办法解决前进中的问题，这是改革开放以来我们的一条重要经验。确保实现全面建设小康社会的宏伟目标，最根本的是要坚持发展是硬道理的战略思想，把科学发展作为解决中国一切问题的关键，坚持以经济建设为中心，聚精会神搞建设，一心一意谋发展。胡锦涛指出："科学发展观是用来指导发展的，不能离开发展这个主题，离开了发展这个主题就没有意义了。发展首先要抓好经济发展。我国正处于并将长期处于社会主义初级阶段，在国际综合国力竞争日益激烈的形势下，坚持以经济建设为中心紧紧抓住和切实用好重要战略机遇期，大力解放和发展社会生产力，对我们这样一个发展中大国加快实现现代化具有重要战略意义。"②

---

① 《马克思恩格斯选集》第2卷，人民出版社，1995年版，第32~33页

② 胡锦涛：《在中央人口资源环境工作座谈会上的讲话》，2004年3月10日，《人民日报》2004年4月5日

温家宝同样指出:"科学发展观的实质是要实现经济社会更快更好地发展。发展观的第一要义是发展,离开发展,就无所谓发展观。坚持科学发展观,其根本着眼点是要用新的发展思路实现更快更好地发展。"①

发展观是关于发展的本质、目的、内涵及其要求的总体看法和根本观点。讲发展观,不是为了影响发展,而是为了更快更健康地发展。在任何时候任何情况下,我们都要仅仅抓住经济建设这个中心不放松,坚定不移地推动经济持续快速协调健康发展。在新的历史条件下,科学发展观重新界定了发展概念,内涵丰富且深刻:发展的本质和核心是以人为本;发展的基本内容是经济社会全面、协调、可持续的发展;发展的主要目的是创建先进发达的物质文明、精神文明、生态文明、政治文明,有效满足人们多方面的需求;发展的根本要求是统筹兼顾五个方面的发展,逐步形成整体协同、持久有序、结构合理、机制完善、功能高效、进展演替的发展态势。科学发展观不仅回答了"要不要发展的问题",而且回答了"为何发展与如何发展"的问题。但无论是全面、协调,还是可持续,最后都要落到"发展"这个主题上。因此科学发展观的基础是"发展",离开"发展"就无所谓"科学发展"和"科学发展观"。发展是解决中国一切问题的关键。"今后,我们要不断提高人民生活水平,解决经济和社会生活中的各种矛盾,维护社会稳定,实现全面建设小康社会和现代化建设第三步战略目标,要靠发展;我们要增强国防实力,维护国家安全,要靠发展;我们要履行维护世界和平与促进共同发展的责任,在风云变幻的国际局势中立于不败之地,也要靠发展。现在世界各国都在发展,我们不加快发展,就会落后,甚至会处于被动挨打地位。因此,我们必须始终聚精会神搞建设,一心一意谋发展。"② 改革开放30年来我们党的路线方针政策之所以得到广大人民群众的拥护,我们之所以经得起国际国内各种风浪的考验,我国的国际地位和影响力之所以不断提高,归根到底是由于我国经济持续快速发展,各项社会事业取得很大进步,综合国力显著增强。

2. 科学发展观坚持了社会主义本质论关于以人为本的思想

邓小平的社会主义本质论蕴涵着深刻的以人为本思想。有文章认为邓小平同志对社会主义本质的概括如果加进去对人的关怀就更好了。言外之意是邓小

---

① 《提高认识 统一思想 牢固树立和认真落实科学发展观》——温家宝在2004年省部级主要领导干部"树立和落实科学发展观"专题研究班结业式上的讲话

② 《提高认识 统一思想 牢固树立和认真落实科学发展观》——温家宝在2004年省部级主要领导干部"树立和落实科学发展观"专题研究班结业式上的讲话

平同志忽视了对人的关怀。这实际上是一种片面、直观的看法。众所周知,邓小平同志毕生所从事的一切事业都是为了国家富强、人民幸福。邓小平同志在谈到发展生产力时,总是与改善人民物质文化生活联系在一起的。他的社会主义本质论恰恰充分体现了对人的关怀。首先消灭剥削、消除两极分化是对全体人民的普遍关怀,也是实现人的全面发展的制度基础;实现共同富裕则是实现社会公平,是实现人的全面发展的必备条件。资产阶级也曾竭力标榜"平等"、"公平",但资本主义发展的几百年实践证明根本做不到。因此,邓小平同志的社会主义本质论中的上述论断就是对资本主义的不公平在生产关系层面的否定。其次是尊重人的个性。社会主义本质论为了充分调动人的积极性,解放生产力、发展生产力,允许和鼓励一部分地区、一部分人先富起来。然而允许和鼓励先富不是为了搞两极分化,目的在于先富带后富,最终达到共同富裕。这既是对农业社会主义的平均主义的否定,也是对资本主义发展两极分化的否定。这种关怀既博大又具体,充分体现了伟大的马克思主义者邓小平同志的宽广胸怀。邓小平的社会主义本质论决定了社会主义必须以人的全面发展为价值目标,努力解放和发展生产力是满足人的物质文化需要的物质基础,消灭剥削和消除两极分化是为实现人的全面发展提供制度保证,实现共同富裕以促进人的全面发展,这充分体现了对全体人民的关怀。

科学发展观坚持和继承了社会主义本质论的人本思想,其价值取向也是以人为本。科学发展观作为一个整体,主要强调两个方面:一是强调以人为本。以人为本,就是一切从人民群众的需要出发,实现人民群众的根本利益,让发展的成果惠及全体人民,促进人的全面发展。具体讲,就是在经济发展的基础上,不断提高人民群众的物质文化生活水平;就是要尊重和保障人民的政治、经济、文化权利和健康水平;就是要不断提高人民群众的思想道德素质;就是要创造人民群众平等发展,充分发挥人民群众聪明才智的社会环境。二是强调全面、协调、可持续发展。科学发展观把以人为本作为它的本质和核心,既强调人是发展的根本目的,回答了为什么发展、发展"为了谁"的问题;又强调人是发展的根本动力,回答了怎样发展、发展"依靠谁"的问题。同时,科学发展观所讲的以人为本的"人",既不是抽象的人,也不是某个人、某些人,而是广大人民群众。所以科学发展观又叫以人为本的发展观或人本发展观。以人为本的发展观,强调人民是发展的主体,即发展的目的是为了人民,发展要依靠人民,发展的成果要惠及全体人民。发展的目的是为了人民,就是党和政府的一切方针政策和具体工作,都要从维护人民的根本利益出发,经济发展是为了全面提高人民的物质文化生活水平，提高人的健康素质、文化素质和道德素质，实现人的全面发展，把中国人口多的压力变为人力资源优势。

全面、协调、可持续发展，归根结底是为了人的全面发展。科学发展观所主张的发展，是经济、政治、文化、社会的全面、协调、可持续的发展，是一种系统的、综合的、整体性的可持续发展。无论是经济的发展还是政治、文化和社会的发展，其最终的目的都是为了人。因为人的需要是多重的，不但具有物质需求，还会有政治的、社会的和文化需要，有安全、尊重、认同以及自我实现的需要，有享受和发展的需要。因此，在发展经济的同时，还必须发展社会主义民主政治，发展社会主义先进文化，发展社会主义的各项事业，努力谋求实现经济社会的全面发展。协调发展的目的也是为了人的发展。科学发展观强调，统筹城乡发展、统筹区域发展、统筹经济社会发展、统筹人与自然和谐发展、统筹国内发展和对外开放。科学发展观所强调的协调发展，既是为了加快先进地区和部门的发展，又是为了加快落后地区和部门的发展，尤其是关注和照顾落后地区和部门人民的更快发展。比如关注农民，关注中西部落后地区人民的生存和发展。可持续发展也是为了全人类的生存和发展。可持续发展是指发展要促进人与自然的和谐，实现经济发展和人口、资源、环境相协调，保证资源一代接一代的永续利用，保证人类一代接一代的永续发展。其最后的落脚点还是为了人类的利益，是为了人的可持续发展。可见全面、协调、可持续发展的核心是以人为本。

3. 科学发展观继承了必须以共同富裕为价值目标的思想

科学发展观继承了社会主义本质论关于建设社会主义必须以共同富裕为价值目标的思想。邓小平社会主义本质论强调消灭剥削、消除两极分化、实现共同富裕；科学发展观强调要统筹城乡、区域协调发展，关注社会公平公正，构建和谐社会。二者的目的都是为了实现共同富裕。共同富裕是构建和谐社会的前提和基础，社会和谐是实现共同富裕的保证，二者是相互促进，相辅相成，辩证统一的。社会主义本质论把"消灭剥削，消除两极分化，最终达到共同富裕"作为社会主义建设的最终目标。1980年邓小平同志在会见几内亚总统杜尔时就郑重指出，"社会主义不是少数人富起来、大多数人穷，不是那个样子。社会主义最大的优越性就是共同富裕，这是体现社会主义本质的一个东西。"①

---

① 《邓小平文选》第3卷，人民出版社，1993年版，第364页

社会主义社会是共同富裕的社会。社会主义最大的优越性就是共同富裕和人的全面发展。社会主义的本质是解放生产力，发展生产力，消灭剥削，消除两极分化，实现共同富裕。不仅突出地强调了社会主义制度的基本功能就是要解放生产力和发展生产力，而且也突出地强调了社会主义的基本属性就是要体现"消灭剥削、消除两极分化，最终达到共同富裕。"因为"社会主义与资本主义不同的特点就是共同富裕，不搞两极分化。"①

在邓小平看来，社会主义国家是人民当家作主的国家，共同富裕是劳动人民的根本利益，也是共产党的惟一宗旨。但是"共同富裕"根本目标的实现必须以解放和发展生产力为基础。解放和发展生产力虽然是社会主义的根本任务，但不是社会主义的最终目标，社会主义解放和发展生产力最终要体现在人民生活水平的提高上。邓小平指出："社会主义的目的就是要全国人民共同富裕，不是两极分化。如果我们的政策导致两极分化，我们就失败了；如果产生了什么新的资产阶级，那我们就真是走了什么邪路了。"② 但是共同富裕并不等同于同时富裕、同步富裕、同等富裕。奔向富裕是一个有先有后、有快有慢逐步实现的过程。因此必须允许一部分人、一部分地区先富裕起来，这是"加速发展、达到共同富裕的捷径。"③

科学发展观继承了社会主义本质论共同富裕的理论。社会主义本质论讲通过发展去实现共同富裕，科学发展观讲协调城乡区域发展。十六届五中全会进一步强调用科学发展观统领经济社会发展全局，转变发展观念，协调城乡区域发展，实现社会的共同进步，构建和谐社会。指出："全面贯彻落实科学发展观。坚持发展是硬道理，坚持抓好发展这个党执政兴国的第一要务，坚持以经济建设为中心，坚持用发展和改革的办法解决前进中的问题。要坚定不移地以科学发展观统领经济社会发展全局，坚持以人为本，转变发展观念、创新发展模式、提高发展质量，把经济社会发展切实转入全面协调可持续发展的轨道。必须保持经济平稳较快发展，必须加快转变经济增长方式，必须提高自主创新能力，必须促进城乡区域协调发展，必须加强和谐社会建设，必须不断深化改革开放。"④

---

① 《邓小平文选》第3卷，人民出版社，1993年版，第123页
② 《邓小平文选》第3卷，人民出版社，1993年版，第110～111页
③ 《邓小平文选》第3卷，人民出版社，1993年版，第166页
④ 《中国共产党第十六届中央委员会第五次全体会议公报》2005年10月17日 文章来源：新华网

一脉相承又与时俱进的科学理论

科学发展观继承了社会主义最终目的是实现共同富裕和推进人的全面发展的价值取向，主要表现在以下两个方面。

第一，全面、协调、可持续的科学发展观以最终实现共同富裕为其价值取向。科学发展观强调，社会主义社会作为人类历史上崭新的社会形态，应是且必须是以经济建设为中心的全面发展、全面进步的社会，必须毫不动摇地坚持以经济建设为中心，以经济发展促进政治进步和文化发展；整体推进物质文明、精神文明和政治文明建设进程，促进社会主义的全面发展。科学发展观所强调的协调发展，就是要求按照"五个统筹"的原则，协调好城乡发展、区域发展、经济社会发展、人与自然和谐发展、国内发展和对外开放之间的关系。特别是要通过协调发展，解决地域、城乡、不同社会阶层和社会群体发展差距较大的问题，促进社会主义事业协调发展，共同进步，以解决我国目前存在的城乡、地区发展失衡，不同社会阶层和社会群体贫富悬殊的问题。尤其是我国"农业基础薄弱，农村发展滞后，农民收入增长缓慢，农民增收困难，特别是粮食主产区和纯农户农民增收难度更大。全国农民人均纯收入连续多年增长缓慢，粮食主产区农民收入增长幅度低于全国平均水平，许多纯农户的收入持续徘徊甚至下降，城乡收入差距仍在不断扩大等，为社会发展中亟待解决的突出问题。"① 这些问题解决不好，就不能实现共同富裕。可持续发展，是科学发展观强调的又一重要方面。要求在发展中不断增强可持续发展能力，提高资源利用效率，保护和改善生态环境，促进人与自然的和谐。既要考虑当前发展的需要，又要考虑未来发展的需要，不能以牺牲后代人的利益为代价来满足当代人的利益，坚持走文明发展的道路。这无疑会对加快推进共同富裕的历史进程起到巨大的促进作用。

第二，科学发展观集中反映了共同富裕的价值理念。在社会主义现代化建设的历史进程中，我们党始终把握的一个基本尺度就是人的尺度，即以人为本。社会主义的价值目标就是要使广大人民群众摆脱贫穷状况，走上富裕道路，并在此基础上实现人的全面发展。社会主义条件下，坚持以人为本，就是一切的发展都是为了满足人民的生存和发展的需要，实现最广大人民群众的政治、经济、文化权益，使人们的生活达到共同富裕。以人为本是科学发展观的核心和本质，也是马克思主义关于建设社会主义的本质要求。其发展趋势，必

---

① 《提高认识 统一思想 牢固树立和认真落实科学发展观》——温家宝在2004年省部级主要领导干部"树立和落实科学发展观"专题研究班结业式上的讲话

然是消灭剥削，消除两极分化，实现共同富裕。坚持以人为本的科学发展观，就是既要着眼于满足人民群众现实的物质文化生活需要的同时，又要着眼于促进人民素质的提高，要在经济社会发展的基础上不断推进人的全面发展，实现好、发展好、维护好广大人民群众的切身利益。"推进人的全面发展，同推进经济、文化的发展和改善人民物质文化生活是互为前提和基础的。人越全面发展，社会的物质文化财富就会创造得越多，人民的生活就越能得到改善，那么实现共同富裕的目标也就不远了；而人们越富裕，物质文化条件越充分，又越能推进人的全面发展。社会生产力和经济文化的发展水平是逐步提高、永无止境的历史过程，人的全面发展程度也是逐步提高、永无止境的历史过程。"①

4. 科学发展观继承了效率与公平辩证统一的思想

科学发展观继承了社会主义本质论所坚持的效率与公平统一思想。效率与公平是人类社会发展所不懈追求的两大目标。然而，二者却常常发生矛盾，难以兼得。如何处理效率与公平之间的矛盾并使它们有机地结合，历来是各国政府和学者们十分重视且深感棘手的问题。"效率"一般指产出与投入的对比关系，它涉及社会的各个领域。由于效率问题在经济运行中非常重要，因此，效率主要是针对经济效率而言。效率的高低体现出人类利用和改造自然、创造物质财富能力的大小，是衡量生产力水平的客观尺度。简言之，效率问题的实质是生产力问题。"公平"作为一种价值判断，主要指对人与人之间利益关系的认识和评价。所以，公平问题的实质是生产关系问题。

效率与公平的矛盾在阶级社会里是对抗性的，在资本主义社会效率与公平的对立犹为突出。生产资料的资本家私有制决定该社会为追求高效率，不惜牺牲社会公平，其结果必然是两极分化。而在社会主义，社会效率与公平是统一的，马克思、恩格斯在《德意志意识形态》中指出：消灭资本主义"绝对必须的前提"是"生产力的巨大增长和高度发展"；"因此如果没有这种发展，那就只会有贫穷、极度贫困化的普遍化；而在极端贫困的情况下必然重新开始争取必需品的斗争，全部陈腐污浊的东西又要死灰复燃。"②

马克思、恩格斯的这段话精辟地阐述了效率与公平的统一。效率与公平的统一是邓小平社会主义本质论的价值底蕴。邓小平将社会主义本质概括为：

---

① 江泽民：《论有中国特色社会主义》（专题选编），中央文献出版社，2002年版，第383~384页
② 《马克思恩格斯全集》第1卷，人民出版社，1956年版，第86页

"解放生产力，发展生产力，消灭剥削，消除两极分化，最终达到共同富裕。"这五句话是一个包含两个方面的完整严密的逻辑体系。其中，"解放生产力，发展生产力"明确告诉人们社会主义必须是提高效率，发展经济；"消灭剥削，消除两极分化，最终达到共同富裕"，显然是社会主义必须实现较高水平的社会经济平等、社会公平。所以说社会主义本质论从经济效率（解放生产力、发展生产力）和社会公平（消灭剥削，消除两极分化，实现共同富裕）角度强调了效率与公平的相互依存性，即效率与公平的统一。如果用最简单的语言概括其最主要的精神，那便是：效率优先、兼顾公平和效率与公平的高度统一。社会主义之所以成为无产阶级和进步人类代代奋斗的理想，就是因为社会主义比资本主义能更好地解决效率与公平的矛盾。邓小平说："我们为社会主义奋斗，不但是因为社会主义有条件比资本主义更快发展生产力，而且因为只有社会主义才能消除资本主义和其他剥削制度所必然产生的种种贪婪、腐败和不公正现象。"① 所以，邓小平还提出了判断各方面工作是非得失的标准，即"是否有利于发展社会主义社会的生产力，是否有利于增强社会主义国家的综合国力，是否有利于提高人民的生活水平。"② 最根本、最关键的是"生产力标准"。由此可见，生产效率是社会公平的物质基础。把提高效率放在重要地位，是社会主义由初级阶段向高级阶段发展的必然选择。没有效率及其生产力的高度发展作为现实的基础和前提，就谈不上"共同富裕"。所以邓小平把解放和发展生产力放在第一位，强调的是在不断提高效率的基础上去"消灭剥削，消除两极分化，最终达到共同富裕。"这一理论既是对我国社会主义建设历史经验的深刻总结，也是效率与公平相统一的思想的充分体现。邓小平关于社会主义本质的理论，深刻地揭示了社会主义社会效率与公平的对立统一关系。它表明，在我国商品经济仍将长期存在的社会环境下，必须以能极大促进效率提高为主。因此，我国经济体制改革和各项政策法规的制定，主要应以提高效率为依据和准绳，并在保证高效率的基础上兼顾社会公平。能否正确地认识和处理效率与公平的这种辩证关系，是关乎我国社会主义的根本任务能否完成和最终目的能否实现的重大问题。

科学发展观继承了社会主义本质论的效率与公平统一的思想。科学发展观的第一要务是发展，首先是发展经济。胡锦涛指出："树立和落实科学发展

---

① 《邓小平文选》第3卷，人民出版社，1993年版，第143页
② 《邓小平文选》第3卷，人民出版社，1993年版，第372页

观，必须始终坚持以经济建设为中心，聚精会神搞建设，一心一意谋发展。""发展首先要抓好经济发展。我国正处于并将长期处于社会主义初级阶段，在国际综合国力竞争日益激烈的形势下，坚持以经济建设为中心，紧紧抓住和切实用好重要战略机遇期，大力解放和发展社会生产力。""只有坚持以经济建设为中心，不断增强综合国力，才能为抓好发展这个党执政兴国的第一要务、为全面协调发展打下坚实的物质基础。只有坚持以经济建设为中心，不断增强综合国力，才能更好地解决前进道路上的矛盾问题。"①

这些讲话集中到一点，就是发展要讲求速度，否则，一切都是空谈。经济发展需要一定的速度，特别是作为一个发展中的大国更需要长期保持较快的发展速度，但不能片面追求经济发展速度，即效率。在努力追求效率的同时还必须注重社会的公平和公正。

5. 科学发展观继承了社会主义发展动力的思想

科学发展观继承了社会主义本质论关于改革开放是社会主义发展动力的思想。社会主义本质论的内容是"解放生产力，发展生产力，消灭剥削，消除两极分化，实现共同富裕"。其中解放生产力本身就是改革。而发展生产力，消灭剥削，消除两极分化，实现共同富裕目的的达成也需要通过改革，所以社会主义本质论认为改革开放是社会发展的动力。1992年初邓小平在南巡讲话中明确指出："革命是解放生产力，改革也是解放生产力。推翻帝国主义、封建主义、官僚资本主义的反动统治，使中国人民的生产力获得解放，这是革命，所以革命是解放生产力。社会主义基本制度确立之后，还要从根本上改变束缚生产力发展的经济体制，建立起充满生机和活力的社会主义经济体制，促进生产力的发展，这是改革，所以改革也解放生产力。过去，只讲在社会主义条件下发展生产力，没有讲还要通过改革解放生产力，不完全。应该把解放生产力和发展生产力两个都讲全了。"②

邓小平的这一论述，深刻地揭示了改革是解放生产力和发展生产力的必由之路，是社会主义社会发展的动力。改革开放是社会主义现代化建设成功的必由之路，是强国之路。邓小平多次强调，改革是动力，只有不断深化改革，才能解决经济社会发展中的困难和问题。改革是为了适应解放生产力和发展生产

---

① 胡锦涛：《在中央人口资源环境工作座谈会上的讲话》，2004年3月10日，《人民日报》2004年4月5日

② 《邓小平文选》第3卷，人民出版社，1993年版，第370页

力的要求而进行的,是社会主义制度的自我调节和自我完善。新中国成立以来形成的高度集中的计划经济体制,已日益成为生产力发展的障碍。所以,我们必须从根本上改革束缚生产力发展的经济体制,建立充满生机和活力的社会主义市场经济体制,促进生产力的发展,不改革中国发展不起来,因此,必须进行改革。在经济、文化还很落后的社会主义中国要想达到发展目的,就必须走改革开放之路。同时,中国的发展离不开世界,不开放中国也发展不起来,因此,在坚持自力更生的基础上,还需对外开放,吸收外国的资金和技术来帮助我们发展。只有改革开放才能释放生产力潜能,才能有今后的持续发展。"改革开放要贯穿中国的整个发展过程"。这是使我们的发展能够持续、有后劲的动力。

当代中国的改革开放,从1978年党的十一届三中全会算起,已经经历了30年。在这30年里,中国的改革从农村家庭联产承包责任制的推行到现代企业制度的兴起;从经济特区的建设到沿海、沿边、沿路全方位开放格局的形成;从十四届三中全会提出社会主义市场经济基本框架到十六届三中全会社会主义市场经济体制的最终确立;从"依法治国"方略的提出到法制观念的深入人心、社会主义法制体系的初步形成,我们所走的每一步都是在解放生产力,都是在进行改革。

科学发展观继承了社会主义本质论关于改革开放是社会主义发展动力的思想。科学发展观的人本、全面、协调、可持续发展的实现要通过改革才能实现。

首先,必须改革现存的用人机制,革除那些压抑人的创造性、积极性的体制,才能真正实现以人为本。科学发展观的以人为本的基本内涵之一就是要把人作为发展的主体,把人作为发展的根本动力,要为发掘人的潜能、发挥人的聪明才智创造良好条件。这就要求,一是树立正确的群众观、人才观,相信群众,依靠群众,尊重人民群众的主体地位,充分调动人民群众的积极性、主动性和创造性;二是树立人才是第一资源的观念;三是牢固树立人人可以成才和人才存在于人民群众之中的观念;四是营造尊重劳动,尊重知识,尊重人才,尊重创造的社会氛围,形成与社会主义初级阶段基本经济制度相适应的思想观念和创业机制,鼓励人们干事业,让一切劳动、知识、技术、管理和资本的活力竞相迸发,让一切创造社会财富的源泉充分涌流,以造福于人民。

其次,科学发展观认为发展必须是全面、协调的发展。要做到全面、协调发展,就必须改革那种单纯追求经济增长的发展观为人本价值取向的经济、政治、文化、社会、自然协调发展的全面的发展观;改变那种只关注局部地区发展为统筹城乡发展、区域发展的发展观。

再次,科学发展观强调,我们的发展必须是可持续的,在快速发展经济的同时,统筹人与自然和谐发展。处理好经济建设、人口增长与资源利用、生态环境保护的关系,推动整个社会走上生产发展、生活富裕、生态良好的文明发展道路。所以说科学发展观发展的动力也是改革。正如十六届五中全会所指出的:"改革是促进经济社会发展的强大动力,目前我国正处于改革的攻坚阶段,必须以更大决心加快推进改革,使关系经济社会发展全局的重大体制改革取得突破性进展。要着力推行行政管理体制改革,坚持和完善基本经济制度,推进财政税收体制改革,加快金融体制改革,加强现代市场体系建设,形成有利于转变经济增长方式、促进全面协调可持续发展的机制,完善落实科学发展观的体制保障。"①

6. 科学发展观继承了社会发展必须是全面发展的思想

科学发展观继承了社会主义本质论关于社会发展必须是全面发展的思想。全面的发展观是指社会的发展不应该是单一或片面的、甚至是畸形的发展,而是社会各个领域、社会生活中的各个方面,协调、均衡和有机结合的全面发展。

在社会系统中,生产力和生产关系、经济基础和上层建筑是最基本的要素系统。生产力与生产关系、经济基础和上层建筑的矛盾构成了社会系统中的基本矛盾,正是这对矛盾运动的基础性和决定性作用,推动着社会系统的变化和发展。所以,从社会系统的角度解释社会发展的全面性,主要就是指生产力和生产关系、经济基础和上层建筑的各个方面,能得到有机的联系、有序的发展,彼此能互相适应、互为作用,形成整体合力,促进社会矛盾的良性运行,促进社会健康、有序、全面地发展。

社会主义本质论的"解放生产力,发展生产力"指的是生产力的发展,而"消灭剥削,消除两极分化,实现共同富裕"则体现了生产关系发展。所以社会主义本质论是生产力与生产关系、经济基础与上层建筑的统一。它体现了全面发展的思想,既强调经济的发展,又强调民主政治发展和文化发展。

科学发展观坚持了社会主义本质论的全面发展思想。科学发展观提出了

---

① 《中国共产党十六届五中全会公报》,http://www.sina.com.cn 2005 年 10 月 11 日 21:12 新华网

"促进经济、社会和人的全面发展"。也就是,以经济建设为中心,全面推进经济、政治、文化建设,实现经济发展和社会全面进步发展,推进人的全面进步。经济发展、民主政治发展、文化发展和人的全面发展是相互联系、相互影响的。没有民主政治发展、文化发展和人的全面发展的不断推进,单纯追求经济发展,不仅经济发展难以持续,而且最终经济发展也会遭到破坏。因此必须坚持抓好经济建设这个中心,同时要切实防止片面性和"单打一"。因为,"片面的经济增长会导致分配不公、两极分化、社会腐败、政治动荡、资源枯竭和生态恶化,使人们饱尝'有增长无发展'、'恶的增长'以及'增长与发展负相关'的恶果。"①

鉴于对片面追求经济增长发展观的恶果的深刻反思和批判,我国逐步提出了系统的、整体的、综合的、经济、政治、文化、社会、自然协调发展的全面的发展观。我国科学发展观的提出,可以全面推进社会主义物质文明、政治文明、精神文明的协调发展,避免出现因发展不平衡而制约发展的局面。科学发展观提出的统筹城乡发展、统筹区域发展、统筹经济社会发展、统筹人与自然和谐发展、统筹国内发展和对外开放也同样体现了全面发展的思想。

7. 科学发展观继承了发展道路必须不断开拓创新的思想

科学发展观继承了社会主义本质论关于对社会主义发展道路必须不断开拓创新、使社会主义道路越走越宽广的思想。社会主义本质论和科学发展观都是我们党在探索中国特色社会主义道路的过程中,认真总结历史教训、深刻分析现实形势之后得出的科学结论。社会主义本质论是在我国拨乱反正之后提出的,主要是针对我国生产力落后,经济发展长期停滞不前状况提出的。社会主义本质论紧紧围绕什么是社会主义、怎样建设社会主义这一主题展开,第一次系统地回答了中国这样的经济文化比较落后的国家如何建设和发展社会主义问题。既是对中国特色社会主义的发展道路的新探索,也是对建设有中国特色社会主义理论的创新。

邓小平的社会主义本质论指出,社会主义的发展只有通过解放生产力,进而发展生产力来实现。解放生产力的目的也是为了发展生产力。解放生产力是通过改革经济、政治体制,使其更适应生产力的发展,从而推动社会主义社会的全面发展。社会主义本质论解决了什么是社会主义、怎样建设社会主义的问题,是对社会主义发展道路的新探索,是对马克思主义社会主义理论的重大

---

① 王伟光《科学发展观干部读本》,中共中央党校出版社,2004年版,第43页

发展。

科学发展观是在中国的改革开放和现代化建设进入关键时期，面临各种矛盾和问题时提出来的。科学发展观强调了发展应该是科学的、以人为本的、全面的、协调的、可持续的发展，回答了在新的历史时期我国的发展应该走什么样的发展道路的问题，是在新的社会背景下对社会主义发展道路的新探索，是对"怎样建设社会主义"问题认识的深化和发展。十六届五中全会提出了"十一五"时期经济社会发展的主要目标，即建设社会主义新农村，推进产业结构优化升级，促进区域协调发展，建设资源节约型、环境友好型社会，深化体制改革和提高对外开放水平，深入实施科教兴国战略和人才强国战略，推进社会主义和谐社会建设等新的发展思路和任务。这些目标和任务涵盖了经济增长、质量效益、自主创新、社会发展、改革开放、教育科学、资源环境、人民生活和民主法制等方面，着眼于处理好一系列经济社会发展的重大关系，系统阐述了在实际工作中贯彻落实科学发展观的具体要求。这充分说明，中国正在努力创新自己的发展模式，走出一条具有中国特色的新型发展道路。科学发展观是我们党对社会主义发展道路不断开拓创新的理论成果。

（三）科学发展观对社会主义本质论的丰富和发展

随着中国社会主义现代化建设不断深入发展及对社会主义建设规律认识的不断深化，以胡锦涛为总书记的新一代领导集体根据经济全球化和科技进步加快的国际环境及全面建设小康社会的国内新形势，审时度势，不失时机地提出科学发展观，形成了一系列新观点、新理论，进一步回答了新形势下中国发展的目的、发展的内容、发展的途径等问题。科学发展观是关于社会主义发展的根本观点，内容包括社会主义发展的本质、目的、内涵和要求等，解决为什么发展和怎样发展的问题，是对社会主义建设理论和社会主义发展理论的重大突破。科学发展观是对邓小平社会主义本质论所体现出的发展理论的进一步丰富和发展，主要体现在以下几个方面。

1. 科学发展观丰富和完善了社会主义本质论关于发展的思想

科学发展观和社会主义本质论都是实践发展的产物，是不同社会背景下的理论成果。邓小平的社会主义本质论产生于中国改革开放初期，着重解决中国的出路问题。社会主义本质论是关于社会主义本质的规定性的理论，内容包括社会主义生产力、生产关系和目标等，是对传统社会主义理论的重大突破。

邓小平的社会主义本质论与科学发展观尽管讲的都是发展，但二者所讲的角度不同。社会主义本质论强调的是发展生产力、发展经济。经过了30年的改革开放,社会主义建设和发展面临的主要问题已经不是要不要以经济建设为中心、要不要发展生产力,而是怎样以经济建设为中心、怎样发展生产力的问题。

科学发展观在坚持以经济建设为中心的同时,强调注意防止忽视社会其他事业的发展和进步。在继续大力发展生产力、建设高度的物质文明的同时,强调社会主义物质文明、政治文明和精神文明建设协调发展以推进人的全面发展;在继续关注经济指标的同时,更加关注社会发展指标、人文指标、资源指标和环境指标等。邓小平的社会主义本质论的发展重点讲的是解放生产力与发展生产力,科学发展观的发展重点讲的是如何发展生产力。科学发展观对社会主义本质论关于发展思想的丰富和发展主要表现在以下的一些论述上。

在中国发展史上,科学发展观第一次明确提出了全面、协调、可持续发展。社会主义本质论尽管也包括了全面、协调、可持续的思想,但没有明确提出,没有把全面、协调、可持续与发展联系起来作为一个完整的整体加以表述。科学发展观提出的具有丰富内涵的全面、协调、可持续发展的思想,在全面的社会维度上延伸和丰富了社会主义本质论的内涵。强调了发展必须坚持全面、协调、可持续的原则实现经济社会全面、协调、可持续发展的统一,以社会"各个环节、各个方面相协调"、经济社会全面发展进步为总体目标,以"五个统筹"为具体方略,以"文明发展道路"为根本路径。

科学发展观强调中国的发展,要走全面、协调、可持续之路,走经济效益、社会效益、生态效益相统一的发展道路。从社会本质构成到具体运行层面,全面展开和深化了社会主义本质论关于社会主义如何发展的思想,并且使科学发展观本身表现为社会主义发展的具体的战略方针。科学发展观解决的是怎样更快、更好并且可持续发展的问题。科学发展观对发展的途径有了更深刻的认识,强调发展必须是科学的发展。科学发展观要求发展必须尊重客观规律,转变发展观念、创新发展模式、提高发展质量;更加注重优化结构、提高效益、降低消耗、减少污染;更加注重实现速度和结构、质量、效益相统一;更加注重经济发展和人口、资源、环境相协调,避免经济大起大落,保持经济社会长期平稳较快地可持续发展。

科学发展观对发展的意义有了更深刻的认识。发展是社会主义的第一要义,离开发展就谈不上社会主义,发展不快不是社会主义,发展不好也不是社会主义,这是社会主义的"硬道理"。实现比资本主义更快更好的发展,是社会主义的安身立命之本，是社会主义优越性的根本体现。科学发展观的实质，就是要追求体现社会主义本质、符合经济社会发展规律的科学的、又快又好的发展，以充分体现社会主义制度的优越性。

科学发展观对发展的目的有了更清晰的把握。以人为本是科学发展观的本质和核心。科学发展观认为，社会主义发展的根本目的，是要满足人的全面发展的需要。坚持以人为本，就是要以实现人的全面发展为目标，从人民群众的根本利益出发谋发展、促发展，不断满足人民群众日益增长的物质文化需要，切实保障人民群众的经济、政治和文化权益，不断提高人们的思想道德和科学文化素质，努力创造人人平等发展又心情愉悦、充分发挥聪明才智的社会环境，让发展的成果惠及全体人民。

科学发展观对发展的内涵有了更全面的概括。社会主义的发展是经济、政治、文化、社会、人的全面发展，只有物质文明、政治文明、精神文明和社会和谐都搞好才是社会主义。全面发展是科学发展观的基本要求，就是要坚持以经济建设为中心，全面推进民主政治、文化和社会建设，实现经济发展和社会全面进步。

科学发展观对发展的方式有了更明确的规定。这就是在社会主义市场经济条件下，发挥社会主义制度的特点和优势，统筹城乡发展，统筹区域发展，统筹经济社会发展，统筹人与自然和谐发展，统筹国内发展和对外开放，促进人与自然的和谐，实现经济发展和人口、资源、环境相协调。科学发展观所强调的协调发展是中国社会各方面的发展要相互衔接、相互促进，良性互动。如政治、经济、文化建设的各个环节、各个方面都要协调发展；经济、社会、自然协调发展；区域协调发展；人与自然协调发展。这诸多的协调发展，使邓小平的社会主义本质理论在发展方式上进一步得到丰富和发展。

2. 科学发展观丰富和发展了社会主义本质论关于以人为本的思想

以人为本是科学发展观的本质和核心，是我党在文件中第一次响亮地提出的。以人为本指明了我们所从事事业发展的性质。追求和努力实现人的解放与全面发展是共产党人的价值指向和共产主义运动的目的，这是马克思、恩格斯在共产党的第一个党纲《共产党宣言》中就提出的。邓小平的社会主义本质论，也提出社会主义的目的是为了人们的共同富裕。但科学发展观所强调的以人为本，则以更明确、更准确、更通俗的表达形式，深化了邓小平的社会主义本质论的以人为本思想，更强调了发展是亿万人民的发展，是符合人民当前利益和长远利益相统一的发展，是共同富裕、社会公正、平等民主、尊重人权的发展,从而使中国发展目的更加明确。

科学发展观提出的完整的以人为本的思想,是对社会主义本质论的思想精髓的展开和深化。如上所述,社会主义本质论中所强调的共同富裕、代表最广大人民根本利益,邓小平理论也非常关注人的发展,但没有直接把坚持以人为本促进人的全面发展作为发展的核心提出来。科学发展观明确提出以人为本,并把满足人民的各项需求、实现人民根本利益和人的全面发展统一起来,实现了目标与过程、科学与价值的有机统一;实现了理论、价值与建设实际的紧密结合,发展完善了社会主义本质论所蕴含的以人为本的思想。胡锦涛指出:"科学发展观坚持以人为本,就是要以实现人的全面发展为目标,从人民群众的根本利益出发谋发展、促发展,不断满足人民群众日益增长的物质文化需要,切实保障人民群众的经济、政治和文化权益,让发展的成果惠及全体人民。"①

科学发展观强调促进人的全面发展,把以人为本作为发展观的本质和核心,对于我们克服发展中存在的问题具有重要的指导意义,是对邓小平"经济建设中心论"的重要补充和完善。

3. 科学发展观发展和完善了社会主义本质论关于效率与公平的思想

效率与公平是统一的。效率是实现公平目标的客观基础和前提;公平是实现效率目标的社会保障和归宿。真正意义上的公平必须以效率为先导,没有效率的公平只能导致平均主义。建立在公平基础上的效率才有持续发展的潜力,没有公平的效率必然导致社会秩序的失范。邓小平的社会主义本质论坚持了效率与公平的统一。解放生产力,发展生产力,强调的是效率;消灭剥削,消除两极分化,最终达到共同富裕,强调的是公平。消灭剥削,消除两极分化和共同富裕目标的实现,是建立在解放生产力和发展生产力的基础上的。即效率是实现公平目标的客观基础和前提。更好地解放生产力和发展生产力,需要消灭剥削,消除两极分化和实现共同富裕作为保障。

科学发展观丰富和发展了社会主义本质论关于效率与公平统一的思想。科学发展观的主题是发展,强调的是效率。科学发展观提出的以人为本,全面、协调、可持续发展,经济社会与人的全面发展。强调统筹城乡发展、统筹区域发展、统筹经济社会发展、统筹人与自然和谐发展、统筹国内发展和对外开放。关注农村、农业和农民问题,提出了建设社会主义新农村,强调的是公

---

① 胡锦涛:《在中央人口资源环境工作座谈会上的讲话》,《人民日报》,2004年4月5日

平。科学发展观和社会主义本质论同样都是坚持了效率与公平的统一,但二者的侧重点是不同的。

社会主义本质论是以生产力为本位的发展观,是以经济建设为中心的集中体现,它更多地强调效率。"共同富裕"也是在鼓励一部分人先富的基础上实现的,是效率前提下的公平。而科学发展观则更多地强调公平。无论是经济社会的全面发展、以人为本、五个统筹、还是三农问题,都是在强调公平问题。这是由当时的社会实践所决定的。社会主义本质论强调的效率主要是针对当时大锅饭、平均主义造成的效率低下这一传统体制的弊端,旨在促进效率提高和经济发展。科学发展观主要是在生产力发展已取得巨大成就并继续快速发展的情势下,针对城乡二元结构,地区差距扩大,贫富分化严重提出的,旨在缩小社会差距,实现社会的公平公正。可见,科学发展观进一步深化和完善了社会主义本质论关于效率与公平统一的思想。

4. 科学发展观完善了社会主义本质论关于深化改革的思想

社会主义本质论强调深化改革。社会主义本质论的解放生产力和发展生产力是通过深化改革来实现的。邓小平在南巡讲话中指出:"社会主义基本制度确立以后,还要从根本上改变束缚生产力发展的经济体制,建立起充满生机和活力的社会主义经济体制,促进生产力的发展,这是改革,所以改革也是解放生产力。"① 理解和把握邓小平的这一论断,对于我们充分理解改革的历史使命,坚定不移地逐步深化改革,进而解放和发展社会生产力,推进社会主义现代化建设,是非常重要的。邓小平还讲过:"计划多一点还是市场多一点,不是社会主义与资本主义的本质区别。计划经济不等于社会主义,资本主义也有计划;市场经济不等于资本主义,社会主义也有市场。"② 这句话解决了人们心中的疑虑和困惑,确立了经济体制改革的目标是建立社会主义市场经济体制,从而为深化改革开辟了新时期。

科学发展观丰富和发展了社会主义本质论关于深化改革的思想。社会主义本质论所强调的改革是解放生产力和发展生产力,是在计划经济占主导地位的前提下提出的,改革的目的是建立社会主义市场经济体制。而科学发展观所强调的改革是改革阻碍科学发展的体制性障碍,是在市场经济体制已经建立,改革处于攻坚阶段提出的,目的是完善社会主义市场经济体制。

---

① 《邓小平文选》第3卷,人民出版社,1993年版,第370页
② 《邓小平文选》第3卷,人民出版社,1993年版,第373页

在经济社会转型条件下，制约发展的深层次问题是体制问题。科学的发展要求转变经济增长方式，实现经济结构的战略调整等等，这些都是长期以来反复强调的，但为什么一直难以从根本上实现这些重大目标呢？关键是体制问题，要害在体制障碍。在一定意义上，组织与制度是经济发展的决定因素。以人为本、全面、协调、可持续的发展这个好的目标，归根到底，依赖于好的组织与制度条件。因此，只有深化改革，才能落实科学发展观。而这一点同时也意味着只有按科学发展观的要求来深化改革，才能为以人为本、全面、协调、可持续的发展提供有效的体制保证。所以说，科学发展观发展了社会主义本质论关于深化改革的思想。

第四章

科学发展观的理论和实践意义

党的十六大以来,以胡锦涛为总书记的党中央坚持和发展党的三代领导集体关于发展的重要思想,创造性提出了科学发展观,是围绕中国特色社会主义这一主题进行理论创新取得的新成果。科学发展观就是中国特色社会主义的发展观,科学回答了在新世纪新阶段,处在新的历史起点上的中国特色社会主义要实现什么样的发展、怎样发展等重大理论和实际问题,以新的思想、新的观点、新的论断为中国特色社会主义理论体系增添了新的内容,为中国特色社会主义理论的丰富和发展,作出了新贡献。

一、科学发展观的理论意义

科学发展观的提出,是我们党对社会主义经济社会发展规律在认识上的重要升华,也是我们党执政理念的一次飞跃,具有重要的理论意义和实践意义,是指导我国现代化建设的崭新的思维理念。

(一)科学发展观深化了对社会主义建设规律的认识

科学发展观是我们党对社会主义现代化建设规律认识的进一步深化。"什么是社会主义,怎样建设社会主义"始终是社会主义现代化建设和发展的首要的基本问题。我们的全部理论和实践都是围绕这个基本问题展开的。"早在新中国成立初期,我们党就提出要探索社会主义建设规律问题。1956年,毛泽东同志发表了著名的《论十大关系》,着眼于调动一切积极因素,提出一系列关于社会主义建设的重要理论观点,初步探索了符合我国情况的发展道路。党的八大在全面分析国内外形势的基础上,指出我国社会的主要矛盾是人民对于经济文化迅速发展的需要同当前经济文化不能满足人民需要的状况之间的矛盾,强调要集中力量发展社会生产力,实现国家工业化。这些重大判断和指导思想是正确的,对实践的发展起到了积极作用。但是,后来由于种种复杂的原因，我国的发展走了弯路。

1978年，党的十一届三中全会深刻总结了过去20多年的经验教训，果断地把党和国家的工作重点由'以阶级斗争为纲'转移到社会主义现代化建设上来，作出了实行改革开放的重大决策。邓小平同志和我们党明确提出走自己的路，建设有中国特色的社会主义，提出并实施现代化建设'三步走'发展战略，强调社会主义的根本任务是发展生产力，'发展才是硬道理'，并制定社会主义初级阶段'一个中心，两个基本点'的基本路线和一系列重大方针政策。这是对我国现代化建设规律认识的一次飞跃，有力地推动了我国改革开放和现代化建设事业的迅速发展。

以江泽民同志为核心的第三代中央领导集体提出'三个代表'重要思想，强调发展是党执政兴国的第一要务，坚持用发展的办法解决前进中的问题，明确提出在发展社会主义市场经济条件下正确处理现代化建设中的一系列重大关系，提出科教兴国战略、可持续发展战略、西部大开发战略等重大战略，进一步丰富了社会主义现代化建设的理论和实践。以胡锦涛同志为总书记的党中央在邓小平理论和'三个代表'重要思想指导下，按照党的十六大精神，根据新的形势和任务，明确提出了科学发展观。新的科学发展观丰富和发展了邓小平理论，深化了对社会主义现代化建设规律的认识，深化了对社会主义发展规律的认识，进一步丰富和发展了中国特色社会主义发展道路的理论。

发展道路，是指发展的方法和途径，它是发展观的重要内容之一。邓小平理论、"三个代表"重要思想、科学发展观，理论名称的表述不同，但是，从发展的视野来看，它们都是同一个主题，都包含和贯通于中国特色社会主义理论体系之中。我国自改革开放以来，在以邓小平为核心的党的第二代中央领导集体的领导下，坚持"一个中心，两个基本点"，成功地走出了一条中国特色社会主义发展道路。"三个代表"重要思想继承和发展了关于中国特色社会主义发展道路的思想。科学发展观是对"发展是硬道理"、"发展是党执政兴国第一要务"的理论创新，是根据实践所做的进一步完善、提升，是与时俱进的体现，是发展中国特色社会主义必须坚持和贯彻的重大战略思想。

科学发展观强调以人为本、全面、协调、可持续发展，强调经济、政治、社会、生态和人的全面发展，是对社会主义建设规律认识的深化。"把以人为本作为科学发展观的核心，就是把马克思主义关于人与世界的物质统一性，以及人具有自觉意识和主观能动性的基本观点,贯穿于社会发展论之中"。① 科学发展观的提出,使我们党对中国特色社会主义如何发展又有了新认识,主要体现在和平发展、全面发展、协调发展、可持续发展、和谐发展等方面。科学发展观的提出,从对社会主义建设规律深化认识的视野进一步回答了"什么是发展"、"为谁发展"、"靠谁发展"和"怎样发展"的重大问题,实现了对经济社会发展规律认识的历史性飞跃。

科学发展观的全面发展,就是要以经济建设为中心,全面推进经济建设、政治建设、文化建设和社会建设,实现经济发展和社会全面进步,它强调的是处理好"中心"与"全面"的关系,解决社会结构的整体性发展进步的问题;科学发展观的协调发展,就是要统筹城乡发展、统筹区域发展、统筹经济社会发展、统筹人与自然和谐发展、统筹国内发展和对外开放,推进生产力和生产关系、经济基础和上层建筑相协调,推进经济建设、政治建设、文化建设、社会建设的各个环节、各个方面相协调,它强调的是处理好"平衡"与"不平衡"的关系,解决发展的均衡和协调的问题;科学发展观的可持续发展,就是要促进人与自然的和谐,实现经济发展和人口、资源、环境相协调,坚持走生产发展、生活富裕、生态良好的文明发展道路,保证一代接一代地永续发展,它强调的是处理好"当前"与"未来"的关系,解决长期的不间断的发展问题。

全面、协调、可持续发展,实质与效果就是和谐发展,就是要把握社会和谐这一中国特色社会主义的本质属性,以社会和谐为奋斗目标,积极主动的化解矛盾,最大限度地减少不和谐因素,最大限度地增加和谐因素,按照"民主法治、公平正义、诚信友爱、充满活力、安定有序、人与自然和谐相处"的要求,解决人民群众最关心、最直接、最现实的问题,形成全体人民共同建设、共同享有而又各尽其能、各得其所的社会主义和谐社会,它着重强调的是处理好"人"与"人"、"人"与"社会"的关系,解决社会主义社会感召力、凝聚力、吸引力,保证党和国家长治久安的问题。科学发展观在新的历史条件下创造性地回答了"怎样发展"的问题,深化了对社会主义建设规律的认识,是对中国特色社会主义理论的新贡献。

(二) 科学发展观深化了对马克思主义社会发展理论的认识

科学发展观进一步丰富和发展了中国特色社会主义建设战略布局的理论,

---

① 李慎明:《以人为本的科学内涵和精神实质》,中国社会科学 2007 年第 6 期

深化了对马克思主义社会发展理论的认识。以人为本、全面协调可持续的科学发展观,是以胡锦涛为总书记的党的新一届领导集体,在坚持毛泽东、邓小平、江泽民关于社会主义发展问题的一系列重要思想,总结历史经验和新的实践的基础上,对什么是社会主义、怎样建设社会主义作出的进一步的回答。新中国成立以来,以毛泽东、邓小平、江泽民为核心的党的三代中央领导集体带领我们党不断探索和研究建设社会主义这个重大问题,取得了一系列重要成果。

以胡锦涛为总书记的党中央坚持和发展党的三代领导集体关于发展的重要思想,明确提出了落实科学发展观构建社会主义和谐社会的战略任务,指出"深入贯彻落实科学发展观,要求我们积极构建社会主义和谐社会。社会和谐是中国特色社会主义的本质属性。科学发展和社会和谐是内在统一的。没有科学发展就没有社会和谐,没有社会和谐也难以实现科学发展"。① 这一论断坚持和发展了马克思主义关于社会主义社会建设的理论,深化了对马克思主义社会发展理论的认识,使得我国社会主义现代化建设的总体布局,在社会主义物质文明、政治文明、精神文明的基础上,又增加了社会主义和谐社会的重要内容,使原有的"三位一体"的现代化建设布局,扩展为"四位一体"的新的战略布局,从物质文明、政治文明、精神文明的建设,发展为物质文明、政治文明、精神文明、生态文明四个文明的协调和谐促进。这是对马克思主义社会发展理论认识的深化,是对中国特色社会主义理论的新贡献。

以人为本是我们党全心全意为人民服务根本宗旨的集中体现,也是贯穿中国特色社会主义理论体系各个组成部分的红线。邓小平理论强调时刻关注最广大人民的利益和愿望,把人民拥护不拥护、赞成不赞成、高兴不高兴、答应不答应作为制定各项方针政策的出发点和归宿。"三个代表"重要思想把实现人民愿望、满足人民需要、维护人民利益作为根本出发点和落脚点,强调要努力使工人、农民、知识分子和其他群众共同享受到经济社会发展的成果。科学发展观等重大战略思想的核心就是以人为本,强调群众利益无小事,要把解决民生问题放在首位,切实解决广大人民群众最关心、最直接、最现实的利益问题。坚持中国特色社会主义理论体系,就要坚持以人为本,牢固树立以人为主体、以人为动力、以人为尺度、以人为目的的马克思主义科学理念,把尊重

---

① 胡锦涛:《高举中国特色社会主义伟大旗帜,为夺取全面建设小康社会新胜利而奋斗——在中国共产党第十七次全国代表大会上的报告》,新华社,北京2007年10月24日电

人、理解人、关心人贯彻始终,发挥人民首创精神,发挥每个人的聪明才智和创造潜力,保障人民各项权利,走共同富裕道路,促进人的全面发展,做到发展为了人民、发展依靠人民、发展成果由人民共享。

(三) 科学发展观深化了对共产党执政规律的认识

科学发展观进一步丰富和发展了中国特色社会主义的执政党建设理论,深化了对共产党执政规律的认识。以胡锦涛为总书记的新一届中央领导集体,根据世情、国情、党情,进一步明确了党建工作的新思路,这就是:要以加强党的先进性建设和加强党的执政能力建设为主线,全面加强党的思想、组织、作风和制度建设。同时,要坚持不懈地开展反腐败斗争,完善监督制度,加强廉政建设和党的思想作风、学风、工作作风、领导作风、生活作风建设。这是我们党全面贯彻落实科学发展观,坚持执政为民,构建社会主义和谐社会的根本要求。

科学发展观要求把保持和发展党的先进性,体现在善于治国理政上,体现在不断发展先进生产力、发展民主政治、发展先进文化、构建和谐社会、实现最广大人民的根本利益上,把提高领导发展的能力与党的建设结合起来。以提高能力促发展,以发展促进执政能力的提高,明确了党的建设的目标。从而实现以党的先进性建设推动科学发展观的落实、以科学发展观的落实带动党的先进性建设的良性循环。我们党一向高度重视党的建设,这也是我们的革命、建设和改革取得胜利的基本经验和重要法宝。党的建设理论是中国特色社会主义理论的重要组成部分。毛泽东同志曾把党的建设称为"伟大工程"。邓小平同志曾明确要求,"要聚精会神地抓党的建设,把我们党建设成为有战斗力的马克思主义政党,成为领导全国各族人民进行社会主义物质文明和精神文明建设的坚强核心"。江泽民同志曾指出,执政党的建设和管理,比没有执政的政党要艰难得多,越是执政时间长了,越要抓紧党的自身建设。

科学发展观的提出,向党的建设提出了新的更高要求。科学发展观要求提高党的执政能力,首先要提高党领导发展的能力,包括贯彻科学发展观的能力、驾驭全局的能力、处理利益关系的能力和务实创新的能力,进一步丰富和发展了中国特色社会主义的执政党建设理论,深化了对共产党执政规律的认识,是对中国特色社会主义理论的新贡献。

党的领导和党的建设这个关键问题。科学社会主义历来是与马克思主义政党的领导紧密联系在一起的。建设和发展中国特色社会主义,关键是要坚持党的领导核心地位,坚持党的团结统一,坚持党同人民群众同甘苦共命运。从邓小平理论到"三个代表"重要思想再到科学发展观等重大战略思想,都把党的领导和党的建设作为关键问题来认识、来谋划,都一以贯之地反复强调办好中国的事情,关键在我们党。我们党是执政党,而且要长期执政。作为执政党,我们今天面临着执政和改革开放的双重考验,要解决提高党的执政能力和领导水平、提高党的拒腐防变和抵御风险的能力这样两大历史性课题。

在一个13亿人口的大国要长期执政,就要始终代表中国最广大人民的根本利益,巩固和扩大党的执政基础,根本着眼点都是要保证我们党在建设中国特色社会主义的历史进程中始终成为坚强的领导核心。为此,就要正确反映和兼顾不同方面群众的利益,既要鼓励人们劳动致富,并依法保障人们的私有财产,又要关心困难群众、弱势群体,帮助他们尽快脱贫致富,使全体人民朝着共同富裕的方向稳步前进。在这个意义上,树立和落实科学发展观正是我们党在领导现代化建设中不断提高执政能力所要求的。

执政能力,包括科学判断形势的能力、驾驭市场经济的能力、应对复杂局面的能力、依法治国的能力、总揽全局的能力等等。对于我们党来讲,很重要的一种能力,就是要善于统筹兼顾各方面的利益要求和利益关系,促进经济社会的协调发展的能力。围绕新的时代条件下党的建设面临的新情况新问题,科学发展要求不断提高党的执政能力,保持和发展党的先进性。为此,十七大提出了以改革创新精神全面推进党的建设新的伟大工程。

(四)科学发展观深化了对人类社会发展规律的认识

科学发展观初步形成了马克思主义关于社会主义发展的系统理论,深化了对人类社会发展规律的认识。发展是中国特色社会主义的主题,也是中国特色社会主义理论体系的主题。马克思主义的功能和巨大社会作用,从根本意义上说,是能够并且已经在推动人类社会朝着更加公正、文明、进步的方向发展。

邓小平理论强调发展是当今世界的两大主题之一,强调发展是硬道理,强调发展对于中国特色社会主义具有决定性意义,同时还科学谋划我国的发展战略,提出分"三步走"基本实现现代化的战略步骤。"三个代表"重要思想把发展问题同党的性质、党的执政理念联系起来,强调发展是我们党执政兴国的第一要务,强调既要保持持续快速健康的发展速度,更要注重增长的质量。

科学发展观密切结合新的发展实践,进一步回答了实现什么样的发展、怎样发展等重大问题,是对人类社会发展规律作出的新探索和新概括,开拓了中国特色社会主义理论发展的新境界。科学发展观是对党的三代中央领导集体关于发展的重要思想的继承和发展,是在总结我国发展实践、借鉴国外发展经验、适应新的发展要求提出来的,强调的是以人为本、全面协调可持续的科学发展。

科学发展观的基本理论依据和理论来源,就是马克思列宁主义、毛泽东思想、邓小平理论和"三个代表"重要思想关于发展的思想,它们之间是一脉相承、继承发展的关系。在一定意义上说,邓小平理论、"三个代表"重要思想和科学发展观等重大战略思想,都是紧紧围绕发展这个主题展开的。正是把握住了发展这个主题,中国特色社会主义就把中国的稳步发展与实现社会主义现代化和实现中华民族的伟大复兴紧密的联系在一起,把中国的发展进步与世界的发展进步紧密联系在一起。

发展是马克思主义最基本的范畴之一。马克思、恩格斯从哲学、政治经济学、科学社会主义等不同领域和层面,深刻论述过人类社会的发展问题,形成了关于发展问题系统而丰富的思想。中国特色社会主义要体现科学社会主义在中国的具体发展进程和表现形式,同时还要反映时代特征和世界潮流。中国特色社会主义形成和发展过程,是科学社会主义与中国国情相统一的过程,也是社会主义在中国的发展与世界的发展相联系的过程。

邓小平理论强调发展才是硬道理,要抓住机遇、加快发展;"三个代表"重要思想要求我们党要代表先进生产力的发展要求、用发展的办法解决前进中的问题,发展要有新思路,实施科教兴国和可持续发展战略,推进经济结构战略性调整和经济增长方式转变。"面对推进社会主义现代化建设需要诸多新课题,十六大以来,党中央提出的一系列重大战略思想,在经济建设、政治建设、文化建设、社会建设、党的建设以及科技、国防和军队现代化建设、对外交往、祖国统一等中国特色社会主义事业的各个方面,都形成了一套相对完整的治国理政的新思路和新方略。这些新思路和新方略,既承载着浓浓的历史厚重感,也深刻反映了当今世界和当代中国发展的大势对党和国家各项工作提出的新要求,是新世纪新阶段马克思主义中国化的重要成果"。①

科学发展观的提出,初步形成了马克思主义关于社会主义发展的系统理论,丰富了马克思主义的理论宝库。在建设中国特色社会主义的历史进程中,要始终坚持以经济建设为中心,以发展为主题,着力把握发展规律、创新发展理念、转变发展方式、破除发展难题,提高发展质量和效益,努力实现科学发展、和谐发展、和平发展。

---

① 张贺福:《科学发展观与马克思主义中国化的新进程》,马克思主义研究 2007 年第 9 期

"科学发展观，第一要义是发展，核心是以人为本，基本要求是全面协调可持续发展观，为夺取全面建设小康社会新胜利而奋斗，根本方法是统筹兼顾。"① 以人为本揭示了发展的目的，蕴涵着社会主义发展主体和依靠力量的深刻含义。以人为本，就是要以实现人的全面发展为目标，从人民群众的根本利益出发谋发展、促发展，不断满足人民群众日益增长的物质文化需要，切实保障人民群众的经济、政治和文化权益，让发展的成果惠及全体人民。这就清楚表达了发展为了人民，发展依靠人民，发展的成果人民共享的深刻思想，回答了"为谁发展、靠谁发展"的重大原则问题。这样鲜明地强调人民群众在社会主义事业中的主体地位，把人民群众作为推进中国特色社会主义事业发展的伟大力量，把实现人民群众的根本利益作为经济社会发展的根本目的，坚持和发展了我们党历来强调的社会主义生产目的的思想和一切为了人民群众、一切依靠人民群众的思想。

因此，以人为本的科学发展观，体现了我们党"立党为公，执政为民"的执政观与历史唯物主义群众观的有机统一；体现了我们的发展观与"共同富裕"的社会主义本质的有机统一；体现了促进当前经济社会发展与实现每个人自由而全面发展的共产主义社会理想的有机统一。总之，科学发展观深化了对人类社会发展规律的认识，是对中国特色社会主义理论的新贡献。

（五）科学发展观进一步明确了现代化建设和发展的指导思想

科学发展观内涵极为丰富，涉及经济、政治、文化、社会发展各个领域，既有生产力和经济基础问题，又有生产关系和上层建筑问题；既管当前又管长远；既是重大的理论问题，又是重大的实践问题；既有对未来的前瞻，又有对以往的总结。

改革开放以来，我们取得了高速发展的辉煌成果，但也付出了一定代价，城乡失衡、区域差距拉大，经济社会发展脱节，"拼资源增长"走到尽头，投资效率降低，重复建设抬头等，正像有些人的疑问一样，中国模式让世界刮目相看，但"这种繁荣能持续多久？""中国模式能不能继续下去？"。我国人均国内生产总值已达 1000 美元，这是整个现代化进程中一个非常关键的阶段，是经济社会发生深刻变化的重要阶段。许多国家的发展进程表明，在这一阶段，有可能出现两种发展结果：一种搞得好，经济社会继续向前发展，顺利实

---

① 胡锦涛：《高举中国特色社会主义伟大旗帜——在中国共产党第十七次全国代表大会上的报告》，新华社北京 2007 年 10 月 24 日电

现工业化、现代化；另一种是搞不好，往往出现贫富悬殊、失业人口增多、城乡地区差距拉大、社会矛盾加剧、生态环境恶化等问题，经济发展徘徊不前，甚至出现社会动荡和倒退。正是在中国现代化建设和发展步入这个关键时刻，我党提出了科学发展观，科学总结了国内外发展的经验教训，站在历史和时代高度，进一步规划新世纪新阶段我国现代化建设的发展道路、发展模式和发展战略，回答了我国要发展、为什么发展和怎样发展的重大问题，使我国的现代化建设和发展有了更明确更科学的指导思想。

科学发展观作为现代发展理论，以马克思主义为指导，"坚持以人为本，树立全面、协调、可持续的发展观，促进经济社会和人的全面发展"，本质核心是以最广大人民利益为目的，精神实质是为了更快更好地发展，基本要求是统筹兼顾，执政理念是以人为本的科学发展观，这些都是它的独特方面。科学发展观把最先进最科学的理论和发展问题相结合，指导发展，全新的表述，辩证的内容，都说明了科学发展观是对现代发展理论的丰富和创新。

二、科学发展观的实践意义

（一）落实科学发展观有利于提高科学决策能力

以胡锦涛为总书记的新一届中央领导集体提出"以人为本"的科学发展观，其中一个目的就是要在实践上不断纠正改革开放的方向与目标。提高科学决策能力，就要落实科学发展观。决策是否正确、决策水平高低，关系一方政治、经济和社会发展，关系人民群众的切身利益，关系社会的稳定与和谐。

决策失误，就会劳民伤财。不符合科学发展观的决策，有时尽管出发点是好的，但是，由于它背离人民长远利益和违反科学规律，会在经济、社会、生态上造成无法挽回的重大损失，诸如：

一是经济建设地区之间、城市之间、甚至单位之间盲目攀比、东施效颦、邯郸学步、不顾客观实际，结果是不得不下马造成半拉子工程或者改弦易辙，造成重大损失；二是缺乏可持续发展意识，为"政绩"不惜牺牲环境、生态、资源，不惜良田改作湿地或建成度假庄园，这是"以官为本"来取代科学发展观的"以人为本"；三是重复建设与项目雷同，给有限的国家财力、资源造成负担，也使有限的社会资源发生严重流失，或在对外竞争中内部互相挤压，搞"窝里斗"，给外商以可乘之机；四是新来的领导带来"新"的做法、"新"的规划，好好的路还要毁了再重修，压坏的路却无人问津。市政建设经常"开膛破肚",缺乏统一长远规划。或者另起炉灶,造成半拉子工程,劳民伤财;五是为官一任造"负"一方,铺摊子上项目,银行不良贷款增加,最终只是助长了房价,与中央的宏观调控背道而驰,南辕北辙,起"负"作用;六是发展规划修修改改,平时疏于监管,违规建设、污染问题开始不管不问,等到出现问题,"炸楼"搞得轰轰烈烈,罚款罚得理直气壮。如此等等,使得在社会生活中,由于决策的失误和失误的决策给社会发展带来负面的影响,归根结底,这些都是不能贯彻落实以人为本的科学发展观所造成的结果。党要科学执政,就要提高科学决策能力,提高科学决策能力,就要落实科学发展观,切实把发展的重点转移到深化改革、优化结构、提高质量和效益、转变经济增长方式上来,坚持走科技含量高、经济效益好、资源消耗低、环境污染少、人力资源优势得到充分发挥的新型工业化道路。科学发展观的实质,就是要追求体现社会主义本质、符合经济社会发展规律的又快又好的科学发展。实现决策的科学化,在今日中国的改革进程中,在经济社会的发展中,就要以科学发展观为指导。

(二)科学发展观是全面建设小康社会的根本指针

科学发展观对于社会主义现代化建设的实际,对我们的工作具有重要的实践意义。改革开放以来,我国经济社会发展取得了历史性的伟大成就,胜利实现了现代化建设"三步走"战略的第一步、第二步目标,人民生活总体上达到小康水平。但是,现在达到的小康还是低水平的、不全面的、发展很不平衡的小康。党的十六大提出,要在本世纪头 20 年,集中力量,全面建设惠及十几亿人口的更高水平的小康社会目标和任务。全面建设小康社会这一目标和任务的提出,标志着我国的现代化建设进入了一个新的发展阶段。在这一阶段,经济上,要在优化结构和提高效益的基础上,国内生产总值达到人均 3000 美元,综合国力和国际竞争力明显增强;政治上,社会主义民主要更加完善,社会主义法制要更加完备,依法治国基本方略能得到全面落实,人民的各项权益能得到切实保障;文化上,全民族的思想道德素质、科学文化素质和健康素质要明显提高,要形成比较完善的现代国民教育体系、科学和文化创新体系、全民健身和医疗卫生体系;可持续发展上,生态环境要不断改善,资源利用效率要明显提高,人与自然要更加和谐,等等。要实现这样的目标,完成这样的任务,就需要树立和落实全面、协调、可持续的科学发展观。可见,科学发展观是全面建设小康社会的一个根本指针。

（三）树立和落实科学发展观有利于提高我们党的执政能力

我们党是执政党，而且要长期执政。作为执政党，我们今天面临着执政和改革开放的双重考验，要解决提高党的执政能力和领导水平、提高党的拒腐防变和抵御风险的能力这样两大历史性课题。执政能力，包括在实践中科学判断形势的能力、驾驭市场经济的能力、应对复杂局面的能力、依法治国的能力、总揽全局的能力等等。对于我们党来讲，很重要的一种能力，就是要善于统筹兼顾各方面的利益要求和利益关系，促进经济社会的协调发展的能力。在一个13亿人口的大国要长期执政，就要始终代表中国最广大人民的根本利益，巩固和扩大党的执政基础。为此，就要正确反映和兼顾不同方面群众的利益，既要鼓励人们劳动致富，并依法保障人们的私有财产，又要关心困难群众、弱势群体，帮助他们尽快脱贫致富，使全体人民朝着共同富裕的方向稳步前进。在这个意义上，树立和落实科学发展观正是我们党在领导现代化建设中不断提高执政能力所要求的。科学发展观反映了当代世界的发展理念，顺应了时代发展的潮流，明确了科学发展应该是经济、政治、文化、社会全面协调发展，应该是社会公平随着社会财富增加得到更好实现的发展，应该是统筹国内国际两个大局的发展，应该是人与自然相和谐的可持续发展。在实践中增强科学发展的自觉性，有利于提高我们党的执政能力。

（四）科学发展观是构建社会主义和谐社会的指南

科学发展观与构建社会主义和谐社会是什么关系？科学发展观是构建社会主义和谐社会的理论指南，实现社会和谐，则是科学发展观在社会发展形态上的必然要求。科学发展观之所以能成为构建和谐社会的指导思想，是因为科学发展观融会了马克思主义以人为本的价值观、唯物辩证的发展观与新型工业化生态文明的发展模式，是正确处理人与自然的关系和人与人的关系以构建和谐社会的科学指南。和谐社会建设是一个系统工程，科学发展观则是和谐社会建设的"系统论"，这个"系统论"为构建起实现社会和谐的有效运行机制，为构筑起走向社会和谐的康庄大道，为把握社会发展的动力机制和平衡机制，为实现经济社会全面协调可持续发展，为构建社会主义和谐社会提供了指南。

1. 和谐社会建设是一个系统工程，科学发展观则是和谐社会建设的"系统论"，为实现社会和谐提供了科学指南

和谐社会建设是一个包括政治建设、经济建设、文化建设、生态建设、社会建设在内的系统工程，科学发展观则是和谐社会建设的"系统论"，是包括

发展指导思想、宗旨、方向和目标、实现途径与评价标准在内的一整套发展理论。社会主义和谐社会是我国发展的重要任务和目标。为了实现这个目标，就必须发展，而发展不能是盲目的发展。盲目的发展，不能实现社会和谐的目标，必须有科学理论的指导。在今日中国，指导发展的最直接的科学理论就是科学发展观。科学发展观作为指导发展的世界观和方法论的集中体现，回答的是怎么样发展的问题，恰好为将我国经济社会发展纳入科学发展的轨道，以实现社会主义和谐社会的美好目标提供了科学指南。只有树立科学发展观，坚持以人为本，全面、协调和可持续发展，才能真正构建社会主义和谐社会；也只有不断构建社会主义和谐社会，也才能保证科学发展观的真正落实和目标的真正实现，二者统一于中国特色社会主义现代化建设的伟大实践之中。科学发展观是指导发展的世界观和方法论的集中体现，是构建和谐社会的理论依据和理论指导，构建和谐社会是落实科学发展观的具体实践和生动体现。

科学发展观的第一要义是发展，在构建社会主义和谐社会的进程中，必须高度重视发展。发展是硬道理，解决中国所有问题的关键在发展。古今中外，贫困是社会不和谐的主要根源。正如马克思所说，如果没有生产力的充分发展，就只会有极端贫困的普遍化。而在极端贫困的情况下，必然重新开展争夺必需品的斗争，全部陈腐的东西又要死灰复燃。离开发展，构建社会主义和谐社会就失去了物质基础和物质保障。

在我国，之所以如此高度重视发展，是因为在整个社会主义初级阶段，我国社会的主要矛盾是人民群众日益增长的物质文化需要同落后的社会生产之间的矛盾。要解决这一矛盾，就必须以经济建设为中心，解放和发展生产力，聚精会神搞建设，一心一意谋发展，把发展作为党执政兴国的第一要务，不断增强综合国力。构建社会主义和谐社会，需要经济实力的支撑。只有经济的充分发展，才能为构建社会主义和谐社会提供雄厚的物质基础，才能满足人民群众日益增长的物质文化需要，把人民群众的利益实现好、维护好、发展好。因此，高度重视发展，是由社会主义初级阶段的国情所决定的。

2. 科学发展观为构建起实现社会和谐的有效运行机制，为我党在新的历史时期科学执政、提高科学决策能力提供了理论指南

科学发展观是指导发展的世界观和方法论的集中体现，是构建社会主义和谐社会的理论指南。科学发展观作为我们党统领经济社会发展全局的战略思想，从世界观和方法论的结合上深刻揭示了社会有机体系统独特的运动规律和特点，进一步深化了对经济社会发展一般规律的认识，它以求真务实的视野审

视世界各国的发展理论和发展实践，以新的理论概括凝练了我们党半个多世纪对我国发展认识的重要理论成果，把社会主义的发展方向、改革开放的发展道路和新型工业化生态文明的发展模式加以系统整合，融会贯通，并注入了从实践中总结出来的鲜活的符合时代要求的一系列新思想、新观念，是马克思主义中国化和时代化的理论创新，为构建起实现社会和谐的有效运行机制，为我党在新的历史时期科学执政、提高科学决策能力提供了理论指南。

决策是否正确、决策水平高低，关系一方政治、经济和社会发展，关系人民群众的切身利益，关系社会的稳定与和谐。决策失误，就会误人误事，劳民伤财。党要科学执政，就要提高科学决策能力，提高科学决策能力，就要落实科学发展观，切实把发展的重点转移到深化改革、优化结构、提高质量和效益、转变经济增长方式上来，坚持走科技含量高、经济效益好、资源消耗低、环境污染少、人力资源优势得到充分发挥的新型工业化道路。科学发展观的实质，就是要追求体现社会主义本质、符合经济社会发展规律的又好又快发展。构建社会主义和谐社会是落实科学发展观的具体实践和生动体现。离开了科学发展观所坚持的以人为本的价值取向，和谐社会建设就失去了目标、方向和动力。实现社会和谐，乃是科学发展观之精髓。以人为本是科学发展观的核心，也是和谐社会的核心及根本要求。

科学发展观是从发展理念、发展思路等方面促进社会发展和社会治理，是从发展的角度求和谐。构建社会主义和谐社会则是从社会关系、社会状态等方面反映和检验落实科学发展观的成效，是从和谐的角度促发展和检验发展的成败得失。用科学发展观来指导构建社会主义和谐社会，就要把发展与和谐有机地统一起来，实现两者的良性互动。既不能离开发展去片面追求社会和谐，也不能只顾发展而无视人们对社会和谐的愿望。要努力在发展中实现和谐，在和谐中促进发展，以发展促进和谐，以和谐保障发展。

3. 科学发展观提出的全面、协调、可持续发展是社会走向和谐的发展途径，为构筑起走向社会和谐的康庄大道提供了思想指南

党中央提出树立和落实科学发展观，包含三个重要的理念：一是科学发展观的第一要义是发展，这是科学发展观的题中应有之意；二是以人为本，这是科学发展观的核心；三是统筹兼顾，达到全面、协调、可持续发展，这是科学发展观的根本要求。在这三个重要的理念中，结合我国的国情，发展必须以经济建设为中心，这要求加强物质文明建设。而达到全面、协调、可持续发展，就必须全面推进经济、政治、文化、生态建设，促进物质文明、政治文明、精

神文明和生态文明的协调发展。实现社会和谐，是科学发展观在社会发展形态上的价值追求和根本要求。科学发展观所蕴含的科学精神、思想和方法，对社会主义和谐社会建设具有根本的指导意义和促进作用。狭义上的和谐社会建设是与社会主义经济建设、政治建设、文化建设相并列的一个概念，广义上的社会主义和谐社会是我们所要建设的中国特色社会主义从总体上所要达到的重要价值目标。这个和谐社会是"民主法治、公平正义、诚信友爱、充满活力、安定有序、人与自然和谐相处的社会"，从而是一个"全体人民各尽其能、各得其所而又和谐相处的社会"。从和谐社会的六个基本特征和含义来看，广义上的和谐社会建设包括物质文明（充满活力）建设、政治文明（民主法治、公平正义、安定有序）建设、精神文明（诚信友爱）建设、生态文明（人与自然和谐相处）建设。只有科学的发展，以人为本，全面、协调和可持续发展，才能促进物质文明、政治文明、精神文明、生态文明内部的和谐以及这些子系统之间的和谐，使经济、政治、文化和生态协调发展，使物质文明、政治文明、精神文明和生态文明优化协调，实现全面协调可持续发展，彰显社会公正，促进人与人关系的和谐及人与自然关系的和谐，全面发展，共同进步，实现社会和谐的美好目标。因此，科学发展观提出的全面、协调、可持续的发展，就是社会走向和谐的发展途径，为构筑起走向社会和谐的康庄大道提供了思想指南。

提出构建社会主义和谐社会，是在强调全面发展的同时，更加突出和谐，即和谐发展；是在重视发展市场经济、民主政治、先进文化的同时，更加强调和谐社会的建设，从而使发展中国特色社会主义总体布局由社会主义经济建设、政治建设、文化建设三位一体发展为社会主义经济建设、政治建设、文化建设、社会建设四位一体。这是对中国特色社会主义建设总体布局的拓展，也是对马克思主义社会主义社会建设理论的丰富与发展。表明我们党在执政半个多世纪后，更加关注社会建设，更加注重社会公平，更加强调社会和谐，强调中国特色社会主义不仅是富强、民主、文明的，而且是和谐、以人为本、全面、协调、可持续发展的，这就使中国特色社会主义的特色不断丰富与清晰，也使引领发展的思想内涵更加深刻，发展的实质内容更加充实，发展的目标指向更加明确。

4. 科学发展观揭示了社会系统各要素的内在联系和辩证统一，是把握社会发展的动力机制和平衡机制构建和谐社会的实践指南

科学发展观贯穿着唯物辩证法和唯物史观，要求人们全面地而不是片面

地、联系地而不是孤立地、发展地而不是静止地看待发展问题,立足人类历史活动的实践过程,特别是人民群众创造历史的伟大实践,对人与社会、人与自然两大关系系统进行了科学归纳,深刻揭示了经济社会发展的本质要求,揭示了社会系统各个要素的内在联系和辩证统一,是把握社会发展的动力机制和平衡机制构建和谐社会的实践指南。

科学发展观揭示了社会发展的动力机制和平衡机制及社会系统各个要素的内在联系和辩证统一关系。这个社会发展的动力机制和平衡机制的结合点是以人为本。科学发展观的本质和核心是坚持以人为本。社会主义对资本主义的超越在于在制度设计上切实维护社会的平等和公正,消灭剥削和压迫,达到以人的解放为最终目标的全面、和谐发展。促进人的全面发展是马克思主义关于建设社会主义新社会的本质要求,也是科学发展观的核心思想。

以人为本,揭示了社会发展的动力机制,科学发展,实现社会和谐,才能激发社会活力,整合社会资源,使全国各族人民万众一心,同心同德,团结协作,和谐相处,调动一切积极因素,把各种干扰、摩擦、内耗最大限度的减少,使"历史的合力"最大限度的发挥作用,为社会的发展提供不竭动力。以人为本反映了历史唯物主义强调人民群众在历史进程和社会发展中的伟大作用,发展必须依靠人民,充分发挥人民群众的主体性、能动性、创造性。同时,发展的目的是为了人,必须反映和代表人民群众的根本利益,不断满足人民群众日益增长的物质文化需要,努力实现人的全面发展,切实保障人民群众的经济、政治和文化权益,让发展的成果惠及全体人民。构建社会主义和谐社会既是为了广大人民群众,同时也要依靠广大人民群众。离开了科学发展观所坚持的以人为本的价值取向,社会主义和谐社会建设就失去了目标、方向和力量源泉,就不可能成功。只有坚持以人为本,才能使全体人民各尽所能。从而把一切积极因素充分调动起来,一切创造活力充分激发出来。使一切有利于社会进步的创造愿望得到尊重,创造活动得到支持,创造才能得到发挥,创造成果得到肯定。使一切劳动、知识、技术、管理和资本的活力竟相迸发,一切创造社会财富的源泉充分涌流。

以人为本,揭示了社会发展的平衡机制,它要求以实现人的全面发展为目标,从人民群众的根本利益出发谋发展、促发展,不断满足人民群众日益增长的物质文化需要,让发展的成果惠及全体人民,实现公平正义,实现经济、社会、生态的协调发展,促进社会和谐,从而实现发展促和谐与和谐促发展的良性互动。只有坚持以人为本,才能使全体人民各得其所。改革涉及到人们经济政治利益关系的协调。随着改革的深化，我国社会呈现出了利益主体多元化，利益来源多样化，利益差别扩大化，利益关系复杂化，利益表达公开化，利益冲突尖锐化的局面。面对利益矛盾冲突的新问题，必须十分注意妥善协调各方面的利益关系，形成能够全面表达社会利益、有效平衡社会利益、科学调整社会利益的利益协调机制。人民群众的整体利益总是由各方面的具体利益构成的，在建设中国特色社会主义的过程中，如何既着眼于最广大人民的根本利益，又正确反映和兼顾不同阶层、不同方面群众的利益，寻找各方面利益关系的结合点，始终关系党执政兴国的大局。

经过30年的高速度、跨越式、非均衡的经济增长，我们在取得巨大成绩的同时，也开始受到诸如失业、三农问题、贫富差距，城乡区域发展不平衡，经济社会发展不协调，环境污染、能源紧张等问题的困扰，这不能不引起我们的警觉与关注。发展观是关于发展的本质与内涵的总体看法和本质观点，提出以人为本，全面、协调、可持续的科学发展观，就是为了统筹兼顾，协调好改革与发展中的各种关系，促进经济社会和人的全面发展。

科学发展观的全面发展、协调发展、可持续发展和"以人为本"，正是社会主义和谐社会合乎逻辑的展开与实践。"以人为本"是贯穿于科学发展观与和谐社会的一根红线，都强调"以人的全面发展为目标"，"让发展的成果惠及全体人民。"构建社会主义和谐社会，必须以科学发展观为指导，全面解决认识上的问题，解决政策上的问题，解决长效机制建设问题，包括建立和完善社会整合、社会保障、社会管理、利益矛盾协调机制，以及社会预警和危机处理等机制，充分践行科学发展观的内在价值追求。科学发展观体现了依靠人民谋发展和发展成果为人民的辩证统一，是立党为公，执政为民的具体体现。

为此，必须综合运用政策、法律、经济、行政、协商、调解等手段，坚持顾全大局的原则，疏导为主的原则，互相协商的原则，公平竞争的原则，合理分配的原则，瞻前顾后的原则，普遍受益的原则，改革成果与改革代价共同承受的原则，不能一些人只享受改革成果，一些人只承担改革代价，或者一些人享受改革成果太多，一些人承担改革代价太多，要让改革和发展的成果真正惠及全体人民。

在我国建立社会主义市场经济体制的过程中，由于体制上的弊病和漏洞，在政治、经济、伦理和社会生活的各个方面，不公正现象诸如特权、腐败、贫富差距扩大等已有显现。市场经济在促进社会活力的同时，其负面效应诸如见利忘义，坑蒙拐骗的现象时有出现。失去了公平和正义，就会导致社会的不和谐，甚至造成社会矛盾的激化。只有广大群众都享有公平的机制，公平的规则，公平的环境、公平的条件和公平的发展机会，才能真正激发社会活力，使全体人民各尽所能、各得其所而又和谐相处。

5. 科学发展观要求统筹兼顾，实现经济社会全面协调可持续发展，为构建社会主义和谐社会提供了方法指南

统筹兼顾的内在逻辑联系在空间上是全面、协调，在时间上是可持续发展。科学发展观所要求的发展，本质上是和谐发展。统筹兼顾，体现了用联系、发展、全面观点去看问题的唯物辩证法，是中国社会主义建设实践经验的总结。只有坚持发展的全面性，才能从生态、政治、文化、经济各个方面为和谐社会建设提供良好的生态环境、政治保障、精神支撑、物质基础；只有坚持发展的协调性，才能真正做到统筹兼顾，综合平衡，有效地化解和解决社会矛盾，促进社会和谐；只有坚持发展的可持续性，建设生态文明，才能为和谐社会的生生不息及人类文明的不断进步创造条件。在构建社会主义和谐社会的进程中，我国城乡二元经济结构的存在，地区发展的不平衡，经济的快速增长对资源、环境的压力日益加大等，这些都要求我们的发展要更加注重统筹兼顾，做到城乡协调发展、区域协调发展、经济社会协调发展、人与自然和谐发展，推进生产力和生产关系、经济基础和上层建筑相协调，推进经济、政治、文化、生态建设的各个环节、各个方面相协调。社会利益主体越多，领域越广，利益关系越复杂，就越要确立科学发展观的统筹兼顾理念，妥善处理当前各方面突出矛盾、协调好各种利益关系，实现全面、协调、可持续的发展。

面对新世纪新阶段的新形势和新任务，党的十六届三中全会关于完善社会主义市场经济体制若干问题的决定，提出了落实科学发展观的"五统筹"即统筹城乡发展，统筹区域发展，统筹经济社会发展，统筹人与自然和谐发展，统筹国内发展和对外开放。

同时又提出了"五坚持"即坚持社会主义市场经济的改革方向，注重制度建设和体制创新；坚持群众的首创精神，充分发挥中央和地方两个积极性；坚持正确处理改革发展稳定的关系，有重点、有步骤地推进改革；坚持统筹兼顾，协调好改革与发展中的各种利益关系；坚持全面、协调、可持续的发展观，促进经济社会和人的全面发展。这集中反映了面对新形势新任务中国共产党人坚持统筹兼顾的方法论自觉，也使统筹兼顾的方法论意义更加凸现出来。

实践表明，坚持统筹兼顾，对于正确处理人民内部矛盾，协调各方面的利益关系，避免社会矛盾的激化，把党内外，国内外一切积极因素都调动起来，

共同建设社会主义具有重要作用。统筹兼顾也是我们应对世界金融危机的有效策略之一。在应对金融危机中,必须按照统筹兼顾的原则来调节各种利益关系。我们的全部工作,我们的一切方针、政策、计划、措施,都必须立足于统筹安排,协调社会再生产各环节之间,国民经济各部门之间,经济、科技、社会之间,人口、资源、环境之间的关系,并且把各方面的积极性都充分调动起来,科学地组织起来,使之发挥最有效的作用,以使我国的国民经济越来越健康地运行,使危机成为经济繁荣的新起点。

只有发展,才能在经济实力增长,综合国力提升的基础上,实现社会的全面进步和人的全面发展,才能更好地维护社会公平,激发社会活力,化解社会矛盾,保障社会稳定,发展社会事业,加强社会建设,实现社会和谐。只有坚持发展的全面性,才能从经济、政治、文化等各个方面为和谐社会建设提供物质基础、政治保障和精神支撑。只有坚持发展的协调性,才能有效地减少和化解社会矛盾,为和谐社会建设提供良好环境。只有坚持发展的可持续性,才能使和谐社会建设始终充满生机和活力。坚持全面协调可持续发展,是构建社会主义和谐社会的必然要求,社会主义和谐社会的实现,则是坚持全面协调可持续发展的必然结果。

全面,是指发展不是单打一,而是集科技、经济、社会、政治和文化于一体的完整现象,是一个多维的综合的系统工程,是社会主义物质文明、政治文明、精神文明、生态文明的协调发展,是经济、社会和人的综合发展,是经济增长,政治民主,文化繁荣,社会和谐的全面发展。协调,是指处理好改革、发展、稳定的关系,处理好各方面的利益关系,处理好新形势的人民内部矛盾和其他社会矛盾,积极稳妥地推进改革,同时让全体人民共享改革成果。可持续,是指建设生态文明,注重发展进程的持久性、连续性和可再生性,是发展与人口、资源和生态环境的相适应和良性循环。

纵观世界,发展中国家为参与国际竞争,实现赶超战略,在现代化进程中往往以资源的过度消耗,环境的严重恶化为代价,这实在是令人痛心。传统的单纯追求经济增长的发展观,在实现经济指数增长的同时,带来了人口爆炸,土壤沙化,粮食短缺,生态破坏,环境污染等一系列严重问题,使发展面临着新的严峻形势。在中国的现代化建设中,必须把可持续发展作为一个重要原则,决不能吃祖宗饭,断子孙路,走浪费资源和先污染后治理的路子。

坚持与运用统筹兼顾方法论,是落实科学发展观的必然要求,也是构建社会主义和谐社会的必然要求。统筹城乡发展,就是要使城乡二元经济结构向现代社会经济结构转变,实现城乡和谐发展。统筹区域发展,就是要把握大局,兼顾各方,促进东部、中部、西部的共同发展与和谐发展。统筹经济和社会发展,就是要在经济发展基础上实现社会全面进步,改变经济与社会发展"一条腿长,一条腿短"的状况,实现经济与社会和谐发展。统筹人与自然的关系,就是要更加重视人口、资源、环境在经济与社会发展中的作用,推动整个社会走上生产发展、生活富裕、生态良好的文明发展之路,实现人与自然的和谐发展。统筹国内发展和对外开放,就是要更好地利用国内外两种资源、两种市场,把国内的和谐发展与国际的和平发展结合起来。

第五章

以求真务实的精神推动科学发展

在新世纪新阶段,在求真务实思想路线指导下,提出了以科学发展观为代表的一系列理论创新成果,这些都是我们党在求真务实的实践中所取得的理论创新成果。

一、求真务实与"科学发展论"的内在统一

胡锦涛总书记在中央纪律检查委员会第三次全体会议上的重要讲话强调指出,认识规律、把握规律、遵循和运用规律,是坚持求真务实的根本要求。求真务实,就要求社会主义建设规律和人类社会发展规律之真,务抓好发展这个党执政兴国的第一要务之实。要树立和落实科学发展观,必须要以求真务实的精神作为根本的思想和作风保障。正如胡锦涛总书记指出的:"树立和落实科学发展观,与大兴求真务实之风是内在统一的。""树立和落实科学发展观要以求真务实为着力点,用求真务实的作风落实科学发展观"。科学发展观体现了用联系、发展、全面观点去看问题的唯物辩证法。只有求真务实,掌握辩证思维方法,理论联系实际、实事求是,提高认识水平,才能戒掉形而上学的片面性,用联系、发展、全面的观点看问题,才能真正树立和落实党中央提出的科学发展观。

树立和落实科学发展观就必须大力弘扬求真务实精神,按照求真务实"三个根本"的要求来贯彻落实科学发展观。求真务实的"全心全意为人民服务,摆正同人民群众的关系"① 这个根本准则,是和以人为本这个科学发展观的核心相统一的。以人为本是新一届中央领导集体思考和观察问题的着眼点和

---

① 胡锦涛:《在全党大力弘扬求真务实精神 大兴求真务实之风》[N],《人民日报》2004年01月13第1版

根本价值标准。在以人为本这一理念上求真务实,以胡锦涛为总书记的党中央,提出了坚持立党为公、执政为民,关键是要做到权为民所用、情为民所系、利为民所谋的思想。要求把最广大人民的根本利益作为党一切工作的出发点和落脚点,切实解决人民群众最关心、最直接、最现实的利益问题。人民群众的根本利益既是谋发展的着眼点,也是促发展的着力点。求人民群众的历史地位和作用之真,坚持以人为本,就是要把依靠人作为根本前提、把提高人作为根本途径、把尊重人作为根本准则、把为了人作为根本目标。如胡锦涛总书记所指出的:"求真务实,要紧紧围绕落实党和国家的各项工作来进行,最重要的是付诸实践、见诸行动、取得成效"。科学发展观是在建设中国特色社会主义新的实践中得出的重要结论,也是新世纪新阶段指导党和国家事业发展的重大战略思想。

求真务实就是要坚持一切从实际出发,解放思想,实事求是,与时俱进,"求我国社会主义初级阶段基本国情之真,务坚持长期艰苦奋斗之实;求社会主义建设规律和人类社会发展规律之真,务抓好发展这个党执政兴国的第一要务之实;求人民群众的历史地位和作用之真,务发展最广大人民根本利益之实;求共产党执政规律之真,务全面加强和改进党的建设之实",①求真务实进一步把党的思想路线和群众路线、思想作风统一起来,把握住党的思想路线的真谛,围绕发展这个党执政兴国的第一要务,在推进中国特色社会主义事业的伟大实践中及马克思主义中国化的进程中,以求真务实的思想、求真务实的作风、求真务实的实践进行解放思想、实事求是、与时俱进。求真务实是辩证唯物主义世界观的基本要求,它既是一种思想方法,也是一种精神状态。求真务实与解放思想、实事求是、与时俱进在本质上是统一的。一方面,"求真"通过开拓创新而形成新的想法、新的方法和新的理论必然是解放思想、实事求是、与时俱进的产物;另一方面,解放思想、实事求是、与时俱进必须"务实",即着眼于现代化建设的实际,改革开放的实际,全面建设小康社会的实际。因此,解放思想、实事求是、与时俱进、求真务实体现了辩证唯物主义物质观和实践观的基本要求。它是人们实践把握物质世界的重要思想方法,也是实践把握物质世界的一种精神状态和精神境界。

在求共产党执政规律之真,务全面加强和改进党的建设之实这一求真务实

---

① 《保持共产党员先进性教育读本》,2004 年版,党建读物出版社,第 272 页

思想的指导下，提出了加强党的执政能力建设、党的先进性建设的理论；在求社会主义建设规律和人类社会发展规律之真，务抓好发展这个党执政兴国的第一要务之实这一求真务实思想的指导下，提出了科学发展观、构建社会主义和谐社会的理论及坚持走和平发展道路、建设和谐世界的思想；在求人民群众的历史地位和作用之真，务发展最广大人民根本利益之实这一求真务实思想的指导下，坚持以人为本，提出"权为民所用、情为民所系、利为民所谋"的思想；在求我国社会主义初级阶段基本国情之真，务坚持长期艰苦奋斗之实这一求真务实思想的指导下，强调"两个务必"，提出实现科学、和谐、全面、创新发展的一系列重大战略举措。

坚持求真务实思想路线对于推进中国特色社会主义现代化建设事业具有非常重要的意义和作用。正如胡锦涛总书记所指出："我们经常面临的一个问题是：从中央到地方为推进事业发展提出的好思路、好政策、好措施不少，但很多事情往往提出来后只是热闹了一阵，并没有真正落实。也没有达到预期的效果。追根寻源，重要原因还是由于没有做到求真务实。"① "求真"就是探索真理，就是透过现象把握本质的认识过程，就是以认真负责的精神、实事求是的态度、科学严谨的方法，查明事实真相、揭示客观规律；"务实"就是把"实际"作为认识和实践的主要内容，就是为国家、为人民扎扎实实办事，不折不扣实践，将中央的正确决策付诸实践、见诸行动、取得实效。"求真"和"务实"是紧密联系的辩证统一体，二者互为前提和基础，相互影响和促进。

"求真"是"务实"的前提，没有正确的决策，盲目蛮干的"务实"会劳民伤财甚至造成恶果。"求真"是为了更好地"务实"，"务实"则是"求真"的落脚点、支撑点及将正确的决策付诸实施。求真务实体现了马克思主义所要求的认识真理、把握规律、发挥主观能动性而又一切从实际出发，理论联系实际，实事求是，在实践中检验和发展真理的理论和实践、知和行的具体的历史的统一，是认识真理、实践真理与发展真理、改造世界的辩证统一，是新一届中央领导集体进行理论创新和做好各项工作的正确指导思想。

---

① 胡锦涛：《在全党大力弘扬求真务实精神　大兴求真务实之风》[N]，《人民日报》2004年01月13日第1版

二、求真务实在"科学发展论"理论创新中起着承上启下的作用

求真务实作为贯穿"科学发展论"的指导思想,贯穿在"科学发展论"的形成过程中。落实科学发展观、构建社会主义和谐社会、加强党的执政能力建设与加强党的先进性建设、坚持和平发展战略、建设创新型国家都是求真务实思想路线在社会主义现代化建设、执政党建设和国际战略上合乎逻辑的展开所形成的在理论上相互联系在实践上良性互动的统一整体。

求真务实贯穿在"科学发展论"理论创新的形成过程中,并且在"科学发展论"理论创新中起着承上启下的作用。"承上"在于,求真务实从理论上总结提炼了新一届中央领导集体理论创新的初步成果,提出求真务实是党的思想路线的核心内容;"启下"在于,求真务实开启了加强党的执政能力建设、树立和落实科学发展观、构建社会主义和谐社会、坚持走和平发展道路、建设和谐世界、加强党的先进性建设、树立社会主义荣辱观、增强自主创新、建设创新型国家等一系列理论创新的闸门,这一系列理论成果,都是求真务实的结果。

"承上"表现在:2002年12月,胡锦涛总书记在考察西柏坡时号召全党在新的历史条件下,要牢记"两个务必",继续保持艰苦奋斗的优良传统。号召各级领导干部要坚持深入基层、深入群众,倾听群众呼声,关心群众疾苦,时刻把人民群众的安危冷暖挂在心上,做到权为民所用,情为民所系,利为民所谋。要坚持革命精神和科学务实态度的统一,脚踏实地,埋头苦干,讲实效,办实事。在这次讲话中,虽然没有明确提出求真务实,但他倡导"科学务实",已经从作风上体现出求真务实的精神,标志着求真务实思想的萌芽状态。2003年7月,胡锦涛在"三个代表"重要思想理论研讨会上强调"三个代表"重要思想的本质是立党为公、执政为民,学习贯彻"三个代表"必须以最广大人民利益为根本出发点和落脚点。为此,"要立足我国正处于并将长期处于社会主义初级阶段这个实际,脚踏实地地为实现党在现阶段的基本纲领而不懈努力。""要坚持权为民所用,情为民所系,利为民所谋,为群众诚心诚意办实事,尽心竭力解难事,坚持不懈做好事";要"转变思想作风和工作作风,坚决防止和克服形式主义、官僚主义,坚决维护人民群众的合法权益";要"围绕人民最现实、最关心、最直接的利益来落实";要"始终把最

广大人民的根本利益放在第一位,切实把关心群众的工作做好、做细、做实"。这些要求,无不体现出求真务实的作风。2003年10月,在党的十六届三中全会上,胡锦涛总书记强调:"要着眼于我国基本国情,坚持一切从实际出发,因地制宜,把改革的力度、发展的速度和社会可承受的程度统一起来,及时化解各种矛盾,确保社会稳定和工作有序进行",又一次体现出求真务实精神。在这些思想酝酿的基础上,2004年1月,胡锦涛总书记在中央纪委第三次全体会议上的讲话中强调,在全党大力弘扬求真务实精神、大兴求真务实之风。强调求真务实是辩证唯物主义和历史唯物主义一以贯之的科学精神,是我们党的思想路线的核心内容,也是党的优良传统和共产党人应该具有的品格。并且指出"我们党八十多年的历程充分标明,求真务实是党的活力之所在,也是党和人民事业兴旺发达的关键之所在"。① 至此,明确提出了求真务实思想,并提出"四求"、"四务"的根本要求,深化了我们对求真务实要求的理解和认识。这也是对新一届中央领导集体理论创新初步成果的总结、提炼与升华。

"启下"在于:求真务实开启了新一届中央领导集体理论创新的闸门,提出求真务实是党的思想路线的核心内容以后,一系列理论创新成果便如雨后春笋般涌现出来。新一届中央领导集体本着求真务实的精神,提出了以人为本,民主执政、科学执政、依法执政的执政理念;科学发展、持续发展、和谐发展的执政理念等。所以,新一届中央领导集体与时俱进、探索执政新理念、进行理论创新的一个重要指导思想就是求真务实。

三、求真务实是落实科学发展观的指导思想

科学发展观是在求社会主义建设规律和人类社会发展规律之真,务抓好发展这个党执政兴国的第一要务之实这一求真务实思想的指导下提出的。求真务实,就要求社会主义建设规律和人类社会发展规律之真,务抓好发展这个党执政兴国的第一要务之实。要树立和落实科学发展观,必须要以求真务实的思想路线作为根本的思想和作风保障。树立和落实科学发展观要以求真务实的态度、求真务实的作风贯彻实施。科学发展观体现了用联系、发展、全面观点去

---

① 胡锦涛:《在全党大力弘扬求真务实精神 大兴求真务实之风》[N],《人民日报》2004年01月13第1版

看问题的唯物辩证法。只有求真务实，掌握辩证思维方法，理论联系实际、实事求是，提高认识水平，才能戒掉形而上学的片面性，用联系、发展、全面的观点看问题，才能真正树立和落实党中央提出的科学发展观。

树立和落实科学发展观就必须大力弘扬求真务实精神，按照求真务实"三个根本"的要求来贯彻落实科学发展观。求真务实的"坚持全心全意为人民服务，摆正同人民群众的关系"① 这个根本准则，是和以人为本这个科学发展观的核心相统一的。以人为本是新一届中央领导集体思考和观察问题的着眼点和根本价值标准。在以人为本这一理念上求真务实，以胡锦涛为总书记的党中央，提出了坚持立党为公、执政为民，关键是要做到权为民所用、情为民所系、利为民所谋的思想。要求把最广大人民的根本利益作为党一切工作的出发点和落脚点，切实解决人民群众最关心、最直接、最现实的利益问题。人民群众的根本利益既是谋发展的着眼点，也是促发展的着力点。求人民群众的历史地位和作用之真，坚持以人为本，就是要把依靠人作为根本前提、把提高人作为根本途径、把尊重人作为根本准则、把为了人作为根本目标。科学发展观是在建设中国特色社会主义新的实践中得出的重要结论，也是新世纪新阶段指导党和国家事业发展的重大战略思想。

四、坚定不移地推动科学发展必须大力弘扬求真务实精神

"科学发展，社会和谐，是发展中国特色社会主义的基本要求，是实现经济社会又好又快发展的内在需要，必须坚定不移地加以落实"②。构建社会主义和谐社会是中国共产党以求真务实的精神，在深刻把握唯物史观基本原理的基础上，从中国特色社会主义建设实际出发，深刻把握全面建设小康社会的系统性、结构性、实践性、主体性和规律性所做出的自觉调节过程。正如胡锦涛总书记所指出的："构建社会主义和谐社会，是我们党从中国特色社会主义事业总体布局和全面建设小康社会全局出发提出的重大战略任务，反映了建设富强民主和谐的社会主义现代化国家的内在要求，体现了全党全国各族人民的共

---

① 胡锦涛：《在全党大力弘扬求真务实精神 大兴求真务实之风》[N]，《人民日报》2004 年 01 月 13 第 1 版

② 胡锦涛：《坚定不移走中国特色社会主义伟大道路 为夺取全面建设小康社会新胜利而奋斗》（在中央党校省部级干部进修班上的讲话），新华社北京 2007 年 6 月 25 日电

同愿望。"① 胡锦涛总书记指出，正确认识国情，坚持一切从基本国情出发，是把求真务实精神付诸实践的关键环节，是坚持求真务实的根本依据。构建社会主义和谐社会是按照求真务实"正确认识国情，按照国情制定路线方针政策和开展工作"② 这个根本依据的要求，以求真务实的精神，根据国情，在实践中贯彻落实科学发展观所得出的必然结论。构建社会主义和谐社会是从求真务实的"认识规律、把握规律、遵循和运用规律"③ 这个根本要求出发，自觉地调整人与社会、自然的关系，自觉的实践"五个统筹"，自觉的发挥整合社会的功能，从而使社会更加和谐统一，使社会协调发展，使社会健康、有序地运行。

胡锦涛总书记倡导弘扬求真务实精神，其宗旨还在于通过弘扬求真务实精神，进一步发扬党的优良传统，特别是艰苦奋斗的精神。我们党的性质、宗旨和所担负的历史使命，决定了艰苦奋斗是我们党的政治本色。当前，我国经过近30年的改革开放，取得举世瞩目的建设成就，这使一些人淡忘了我国仍然处在社会主义初级阶段的客观事实，讲究高消费，追求超豪华，一味追求享受，缺乏艰苦奋斗的精神。一些地方和部门出现了不顾客观条件、盲目攀比、盲目发展的情形。邓小平同志曾反复告诫全党："中国搞四个现代化，要老老实实的艰苦创业。我们穷，底子薄，教育、科学、文化都落后，这就决定了我们还要有一个艰苦奋斗的过程。"④ 在实现中华民族伟大复兴的进程中，艰苦奋斗既是凝聚党心民心、激励全党全国人民为实现国家富强、社会和谐、民族振兴、人民幸福而共同奋斗的精神动力，也是我们党保持同人民群众血肉联系，同甘共苦、齐心奋斗、科学发展的精神纽带，更是凝聚和激励全党励精图治的精神动力源泉。为此，胡锦涛在向全党提出牢记"两个务必"的基础上，进而提出求真务实，要求全党不断求我国社会主义初级阶段基本国情之真，务坚持长期艰苦奋斗之实。这对提醒全党保持清醒头脑，在现代化的伟大实践中，实现科学、和谐、全面发展，其重大意义不言而喻。

为此，以胡锦涛为总书记的党中央从国情出发，求真务实、脚踏实地、落

---

① 胡锦涛：《切实做好构建社会主义和谐社会的各项工作　把中国特色社会主义伟大事业推向前进》,《求是》2007年第1期

② 胡锦涛：《在全党大力弘扬求真务实精神　大兴求真务实之风》[N],《人民日报》2004年01月13第1版

③ 胡锦涛：《在全党大力弘扬求真务实精神　大兴求真务实之风》[N],《人民日报》2004年01月13第1版

④ 《邓小平党的建设理论学习纲要》，党建读物出版社，1998年版，第103页

实科学发展观，统筹兼顾，正确处理改革、发展、稳定的关系，协调好改革和发展中的各种利益关系，解决阻碍社会和谐的民生问题，合理调节收入分配、缩小贫富差距，采取积极就业政策，建立和完善多层次、广覆盖的社保、医保和养老保险体系，完善救济制度，解决新形势下教育、卫生、住房和文化方面的问题，帮助困难群众解决生产生活问题，提出建设社会主义新农村，缩小城乡差距，坚决遏制腐败，稳步推进政治民主改革，落实宪法赋予公民的权利，以实现和谐社会这一人类社会发展的美好目标。

五、以求真务实的精神推动科学发展关键是要抓好党的自身建设

"我们党要带领人民夺取全面建设小康社会新胜利，开创中国特色社会主义事业新局面，关键是要抓好党的自身建设。必须坚持党要管党、从严治党，继续推进党的建设新的伟大工程。"①

求真务实，就要求共产党执政规律之真，务全面加强和改进党的建设之实。在求共产党执政规律之真，务全面加强和改进党的建设之实这一求真务实思想的指导下，提出了加强党的执政能力建设、党的先进性建设的理论。为此，党的十六届四中全会《关于加强党的执政能力建设的决定》，鲜明提出了科学执政、民主执政、依法执政的重要思想，其根本出发点就在于求真务实，提高全党治国理政的能力，推进现代化建设和各项工作的开展。加强党的执政能力，成为科学执政、民主执政、依法执政的执政党，是新一届中央领导集体顺应时代发展的潮流，根据世情、国情、党情，求真务实，回应民众要求的体现，是我党执政治国理念的重大转变。其出发点和落脚点仍然是"立党为公、执政为民"，是党的执政宗旨在党的建设方面的展开。

胡锦涛总书记在中央党校省部级干部进修班上的讲话中指出："要全面加强党的思想作风、学风、工作作风、领导作风和干部生活作风建设，大力改进学风和文风，反对形式主义、官僚主义和弄虚作假，反对奢侈浪费，使全党同志特别是各级领导干部更加自觉地坚持求真务实精神，更加自觉地坚持全心全意为人民服务的宗旨，更加自觉地坚持党的群众路线。要坚持权为民所用、情

---

① 胡锦涛：《坚定不移走中国特色社会主义伟大道路　为夺取全面建设小康社会新胜利而奋斗》（在中央党校省部级干部进修班上的讲话），新华社北京 2007 年 6 月 25 日电

为民所系、利为民所谋,真诚倾听群众呼声,真实反映群众愿望,真情关心群众疾苦,多为群众办好事、办实事。"① 求真,体现在党的思想作风、学风上,就要解放思想,实事求是,追求真理,自觉地把思想从官僚主义、主观主义、教条主义、形而上学的桎梏中解放出来,紧密结合实际去研究新情况,深入基层,体察民情,了解民意;务实,体现在工作作风、领导作风上,就要认真去落实科学发展观的要求,狠抓落实,踏踏实实去解决群众所面临的困难和问题,不断地把人民群众的利益发展好、维护好、实现好。

---

① 胡锦涛:《坚定不移走中国特色社会主义伟大道路 为夺取全面建设小康社会新胜利而奋斗》(在中央党校省部级干部进修班上的讲话),新华社北京2007年6月25日电

第六章

科学发展实现社会和谐

党的十七大报告指出：深入贯彻落实科学发展观，要求我们积极构建社会主义和谐社会。社会和谐是中国特色社会主义的本质属性。科学发展和社会和谐是内在统一的。没有科学发展就没有社会和谐，没有社会和谐也难以实现科学发展。构建社会主义和谐社会是贯穿中国特色社会主义事业全过程的长期历史任务，是在发展的基础上正确处理各种社会矛盾的历史过程和社会结果。

一、社会和谐是人类文明进步的表现

实现社会和谐是马克思主义以人为本的价值观、唯物辩证的发展观孜孜追求的目标，这一目标呈现为建立在正确处理人与自然的关系和正确处理人与人的关系基础上的人类文明进步。

马克思创立了科学社会主义学说，在一定意义上，是为了消除社会冲突，建立一个公正、和谐的社会，其最终目标是实现人的自由全面发展和人与社会、自然的和谐共生，使社会能够走上科学发展从而实现社会和谐的康庄大道。马克思在《1844年经济学哲学手稿》中写道，他的理想社会就是共产主义——"是通过人并且为了人而对人的本质的真正占有；……它是人和自然之间、人与人之间的矛盾的真正解决，是存在和本质、对象化和自我确证、自由和必然、个体和类之间的斗争的真正解决。"①

这说明，马克思对未来理想社会的构建，其发展目标的直接指向就是人与自然、人与人矛盾的妥善处理和解决，以及在此基础上新型和谐关系的建立、和谐社会的构建。"通过人并且为了人"充分体现了马克思主义以人为本的价值观。和谐社会，在总体上是指实现了人际和谐和人与自然和谐的社会。马克

---

① 《马克思恩格斯全集》第42卷[M]，人民出版社，1972年版，第120页

思恩格斯从揭示和优化处理人与人的社会关系和人与自然的关系入手，揭示和探索了实现社会和谐的途径与方法，表明了马克思主义以人为本的价值观、唯物辩证的发展观孜孜追求的目标是实现社会和谐。

（一）关于正确处理人与自然的关系

马克思恩格斯在研究自然、人、社会演变的历史过程及三者之间的相互关系的基础上揭示出：人本身是自然界的产物，是在自己所处的环境中并且和这个环境一起发展起来的。自然是人类生存和表现自我的基本条件，正确处理人与自然的关系，必须正确运用而不可违背自然规律。恩格斯指出："我们不要过分陶醉于我们人类对自然界的胜利，对于每一次这样的胜利，自然界都对我们进行报复。"① 他告诫我们要遵循自然规律，否则就会受到自然规律的惩罚。并且提醒"我们每走一步都要记住：我们统治自然界，决不像征服者统治异族人那样，决不是像站在自然界之外的人似的——相反的，我们连同我们的肉、血和头脑都是属于自然界和存在于自然界之中的；我们对自然界的全部统治力量，就在于我们比其他一切生物强，能够认识和正确运用自然规律。"② 当今环境恶化、气候异常等，在一定程度上可以说是人类违背自然规律破坏生态平衡、污染环境所造成的恶果。提出科学发展观，就是要自觉地遵循客观规律，把马克思主义以人为本的价值观、唯物辩证的发展观与改革开放的发展道路和新型工业化生态文明的发展模式有机结合，按客观规律办事，以促进自然、社会的良性运行和协调发展，促进人与自然的和谐发展。

马克思恩格斯指出：劳动使人们以一定的方式结成一定的社会关系，社会把人与人、人与自然联系起来，社会是人与自然关系的中介。社会的发展水平和社会制度直接影响人与自然的关系。资本主义社会中资本家惟利是图的本性和生产的无政府状态必然导致资源的浪费和社会公害，而资本主义竞争则加剧了产业之间、资本家之间，甚至资本主义国家之间对全球自然资源的争相掠夺，甚至不惜动用武力，引发战争，导致对资源的更大破坏。只有建立科学合理的社会制度，才能从根本上解决人与自然的矛盾，实现自然、社会和人的和谐发展。为此，必须正确处理人与人的关系。

（二）关于正确处理人与人的关系

资本主义社会不和谐并引发社会冲突的根源在于资本主义的剥削和压迫破

---

① 《马克思恩格斯选集》第4卷［M］，人民出版社，1995年版，第383页
② 《马克思恩格斯选集》第4卷［M］，人民出版社，1995年版，第384页

坏了社会公正，导致人的异化和社会的分裂。为此，正确处理人与人的关系就必须建立一个公正合理的社会制度。公平正义是一个社会健康运行的基本原则和价值取向，社会公正的实现是社会成员和谐相处、社会正常运行和健康发展的基本条件。资本主义的剥削和压迫破坏了社会公正，导致人的异化和社会的分裂。支撑剥削和压迫的根源在于资本主义私有制。所以，1848年《共产党宣言》明确宣告"共产党人可以把自己的理论概括为一句话：消灭私有制。"

历史唯物主义认为，社会冲突表面上是人们在社会交换中一种对抗性行为和关系，但其根源在于人们在社会生产中的地位不平等。这种不平等表现在社会结构的不同层面上：最基础、最根本的是生产力与生产关系的冲突，然后是经济基础与上层建筑的矛盾，最后表现在社会群体关系上则是阶级与阶级之间的冲突。马克思创立科学社会主义学说，从剖析资本主义有机体入手，从本质上批判了资本主义事实上的不公平、不公正、不合理的社会运行机制，揭露了资本主义平等的虚伪性，指出资本主义平等是金钱面前的平等，资本面前的平等，是以表面上的平等掩盖实质上的不平等。未来的制度设计，要真正体现并落实公正（公平、正义、平等）的原则，提出人类的理想社会，是实现充分体现并落实公平正义精神的共产主义社会，在共产主义社会，全体社会成员共同拥有社会财富，每个人自由而全面发展。

社会主义对资本主义的超越在于在制度设计上切实维护社会的平等和公正，消灭剥削和压迫，达到以人的解放为最终目标的全面、和谐发展，开拓了人间正道。社会公正是马克思对未来社会制度设计的理念、立足点和出发点，社会主义制度的确立为实现社会公正奠定了基础。"正义是社会制度的首要价值，正象真理是思想体系的首要价值一样"。① 马克思将人类社会看作是一个共同体，一个有机体。在这个共同体中，依据公正的原则，在组织结构、要素、匹配条件等方面相互约束、相互支持、相互促进、共同发展。各个成员之间在特定的生产条件下，进行生产交换，分工合作，共享财富。这样，使人与人的关系得以正确处理和优化，从而使社会得以和谐。

马克思主义认为：人的自由和解放必须建立在社会的健康、和谐的发展上。在铲除资本主义的分裂与对抗的基础上建立起来的社会主义社会，特别强调社会的公正与和谐。从经济上生产资料的共同占有、按劳分配，到政治上人民普遍享有选举权、被选举权等政治权利，到文化上的注重精神文明建设，丰

---

① ［美］罗尔斯：《正义论》，中国社会科学出版社，1988年版，第1页

富人民群众的精神生活,公平、正义、和谐的理念是贯穿始终的红线。本着公平、正义、和谐、人民群众是历史的创造者的精神,社会主义对资本主义撕裂人类社会的巨大社会鸿沟给予了移山填海般的社会再造,扫除了剥削和压迫,构建起自人类社会阶级产生以来第一个真正蕴涵公平、正义的社会制度,为实现社会的和谐奠定了制度基础。

社会公正是科学发展观的价值追求,也是构建社会主义和谐社会的内在要求。提出科学发展观发展理念和构建社会主义和谐社会的实践都是为了更好的兑现制度设计和执政党纲领上的政治诺言。胡锦涛同志指出:"实现社会公平和正义,涉及最广大人民的根本利益,是我们党坚持立党为公、执政为民的必然要求,也是我国社会主义制度的本质要求"。因此,在把发展作为党执政兴国的第一要务、促进发展的同时,要把维护社会公平放到更加突出的位置,综合运用多种手段,逐步实现权利公平、机会公平、规则公平、分配公平,使全体人民朝着共同富裕、全面发展的方向稳步前进。

(三)建立一个更加文明的和谐社会

正确处理人与自然的关系和人与人的关系之后,将会建立和呈现一个更加文明的和谐社会。马克思主义认为,资本主义之后人类文明将进入更高的发展阶段,这种更高的发展阶段,将是一种人的自由而全面发展、社会全面进步以及人与自然、社会的和谐共生的文明形态;这种更高的发展阶段,将是合目的性与合规律性的统一;这种更高的发展阶段,是对以财富为惟一追求目标的资本主义所谓文明的否定;这种更高的发展阶段,将是物质文明、政治文明、精神文明、生态文明相互协调发展所体现的人类文明进步。和谐共产主义社会最终目标是实现人的自由全面发展和人与社会、自然的和谐共生。实现人的自由而全面发展,是共产主义者的以人为本的最高标准。实现人的解放,是共产主义的核心问题,是其以人为本原则的体现。对此,恩格斯在《社会主义从空想到科学的发展》热情洋溢地写道:"人们第一次成为自然界的自觉和真正的主人,因为他们已经成为自身的社会结合的主人了……只是从这时起,人们才完全自觉地自己创造自己的历史;只是从这时起,由人们使之起作用的社会原因才大部分并且越来越多地达到他们所预期的结果。这是人类从必然王国进入自由王国的飞跃。"①

---

① 《马克思恩格斯选集》第3卷[M],人民出版社,1995年版,第758页

二、走向社会和谐的途径是科学发展

走向社会和谐的途径是科学发展，科学发展观是正确处理人与人的关系和正确处理人与自然的关系构建社会主义和谐社会的指南。科学发展观融会了马克思主义以人为本的价值观、唯物辩证的发展观与新型工业化生态文明的发展模式，是正确处理人与自然的关系和人与人的关系的科学指南。社会主义发展观在本质上是"以人为本"，资本主义发展观是"以物为本"，"以物为本"表现为不惜牺牲人本身的发展为代价来发展生产，社会主义"以人为本"的发展观是对资本主义"以物为本"的发展观的否定与超越。社会主义制度的确立，为实现社会和谐奠定了制度基础，提供了前提条件，但社会和谐的实现不会自动地发生，实现社会和谐仍需要有科学理论的指导，构建起实现社会和谐的有效运行机制，构筑起走向社会和谐的康庄大道。

社会主义和谐社会是我国发展的重要任务和目标。为了实现这个目标，就必须发展。而发展不能是盲目的发展，盲目的发展，不能实现社会和谐的目标。必须有科学理论的指导。科学发展观强调发展是全面、协调、可持续的发展，必须作为一个多维的系统来把握。和谐社会建设是一个系统工程，科学发展观则是和谐社会建设的"系统论"，是包括发展指导思想、宗旨、方向和目标、实现途径与评价标准在内的一整套发展理论。科学发展观作为指导发展的世界观和方法论的集中体现，回答的是怎么样发展的问题，恰好为将我国经济社会发展纳入科学发展的轨道，以实现社会主义和谐社会的美好目标提供了科学指导。

因为科学发展观作为我们党统领经济社会发展全局的战略思想，从世界观和方法论的结合上深刻揭示了社会有机体系统独特的运动规律和特点，进一步深化了对经济社会发展一般规律的认识，它以求真务实的视野审视世界各国的发展理论和发展实践，以新的理论概括凝练了我们党半个多世纪对我国发展认识的重要理论成果，把社会主义的发展方向、改革开放的发展道路和新型工业化生态文明的发展模式融会贯通，并注入了鲜活的符合时代要求的一系列新思想、新观念，是马克思主义中国化和时代化的理论创新，为构建起实现社会和谐的有效运行机制，为我党在新的历史时期科学执政、提高科学决策能力提供了指南。构建社会主义和谐社会是落实科学发展观的具体实践和生动体现。实现社会和谐，乃是科学发展观之精髓。落实科学发展观，必须切实把发展的重点转移到深化改革、优化结构、提高质量和效益、转变经济增长方式上来,坚持走科技含量高、经济效益好、资源消耗低、环境污染少、人力资源优势得到充分发挥的新型工业化道路。

科学发展观第一要义是发展,核心是以人为本,基本要求是全面协调可持续,根本方法是统筹兼顾。其内在逻辑联系在于,发展必须以经济建设为中心,这要求加强物质文明建设。而达到全面、协调、可持续发展,就必须全面推进经济、政治、文化、生态建设,促进物质文明、政治文明、精神文明和生态文明的协调发展。实现社会和谐,是科学发展观在社会发展形态上的价值追求和根本要求。科学发展观所蕴含的科学精神、原则和方法,对社会主义和谐社会建设具有根本的指导意义和促进作用。狭义上的和谐社会建设是与社会主义经济建设、政治建设、文化建设相并列的一个概念,广义上的社会主义和谐社会是我们所要建设的中国特色社会主义从总体上所要达到的重要价值目标。这个和谐社会是"民主法治、公平正义、诚信友爱、充满活力、安定有序、人与自然和谐相处的社会",从而是一个"全体人民各尽其能、各得其所而又和谐相处的社会"。从和谐社会的六个基本特征和含义来看,广义上的和谐社会建设包括物质文明(充满活力)建设、政治文明(民主法治、公平正义、安定有序)建设、精神文明(诚信友爱)建设、生态文明(人与自然和谐相处)建设。只有科学的发展,以人为本,全面、协调和可持续发展,才能促进物质文明、政治文明、精神文明、生态文明内部的和谐以及这些子系统之间的和谐,使经济、政治、文化和生态协调发展,使物质文明、政治文明、精神文明和生态文明优化协调,实现全面协调可持续发展,彰显社会公正,正确处理人与自然的关系及人与人的关系,促进人与人关系的和谐及人与自然关系的和谐,全面发展,共同进步,实现社会和谐的美好目标。因此,科学发展观提出的全面、协调、可持续的发展,就是社会走向和谐的发展途径。

三、科学发展要求落实以人为本,加强政治文明和精神文明建设

科学发展要求落实以人为本,加强政治文明和精神文明建设,促进人与人关系的和谐,构建社会主义和谐社会。科学发展观的实质,就是要追求体现社会主义本质、符合经济社会发展规律的科学发展。以人为本是科学发展观的核心,也是和谐社会的核心及根本要求。离开了科学发展观所坚持的以人为本的

价值取向，和谐社会建设就失去了目标、方向和动力。坚持以人为本体现出社会主义发展的根本目的，是要满足人的全面发展的需要，以人民群众的根本利益为出发点和落脚点，这是科学发展观与社会主义和谐社会的共同价值取向、共同价值追求。

科学发展观揭示了社会发展的动力机制和平衡机制及社会系统各个要素的内在联系和辩证统一关系。促进人的全面发展是马克思主义关于建设社会主义新社会的本质要求，也是科学发展观的核心思想。科学发展观的本质和核心是坚持以人为本。以人为本，揭示了社会发展的动力机制，科学发展，实现社会和谐，才能激发社会活力，"整合社会资源，使全国各族人民万众一心，同心同德，团结协作，和谐相处，调动一切积极因素，把各种干扰、摩擦、内耗最大限度的减少，使'历史的合力'最大限度的发挥作用，"① 为社会的发展提供不竭动力；以人为本，揭示了社会发展的平衡机制，它要求以实现人的全面发展为目标，从人民群众的根本利益出发谋发展、促发展，不断满足人民群众日益增长的物质文化需要，让发展的成果惠及全体人民，实现公平正义，促进社会和谐，从而实现发展促和谐与和谐促发展的良性互动。

科学发展观的全面发展、协调发展和"以人为本"，正是全面小康、和谐社会合乎逻辑的展开与实践。构建社会主义和谐社会是科学发展观的内在价值追求。"以人为本"是贯穿了科学发展观与和谐社会的一根红线，都强调"以人的全面发展为目标"，"让发展的成果惠及全体人民。"这体现了唯物史观关于人的发展与社会发展互为前提和基础的观点。马克思主义认为，"在人类历史进程中，社会进步与人的发展是社会发展的两个方面，两者构成了相辅相成的辩证统一关系。一方面，社会进步是人的发展的客观前提；另一方面，人的全面发展是社会发展的目的、手段和动力"。② 人的全面发展主要涉及两个方面的内容，一是每个人的各种素质之间协调、全面发展，二是个人全面发展与社会全面发展的协调。

促进"人的全面发展"，使"每个人的各种素质之间协调、全面发展"，需要加强精神文明建设；"让发展的成果惠及全体人民"促进"个人全面发展与社会全面发展的协调"，使"全体人民各尽其能、各得其所而又和谐相处"，需要加强政治文明建设。

---

① 孙寅生：《构建社会主义和谐社会的哲学意蕴》，《贵州省委党校学报》2005 年第 1 期
② 蔡永生：《马克思主义哲学原理》，高等教育出版社，2003 年版，第 294 页

（一）精神文明建设是贯彻落实科学发展观的内在要求，也是构建社会主义和谐社会的奠基工程与灵魂

落实科学发展观的"以人为本"，就要加强社会主义精神文明建设，提高全体公民的思想道德素质和科学文化素质，使"每个人的各种素质之间协调、全面发展"，促进"人的全面发展"。从这个意义上讲，社会主义精神文明建设是构建社会主义和谐社会的奠基工程，因为随着全体公民素养的提高，更易形成平等、互助、团结、遵纪守法、诚信友爱的人际关系，从而有助于社会主义和谐社会的构建。今天，加强精神文明建设，加强思想战线的工作，就要宏扬社会主义核心价值体系，增强社会主义意识形态的吸引力和凝聚力。那么，如何增强社会主义意识形态的吸引力和凝聚力？回答是"要巩固马克思主义指导地位，坚持不懈地用马克思主义中国化最新成果武装全党、教育人民，用中国特色社会主义共同理想凝聚力量，用以爱国主义为核心的民族精神和以改革创新为核心的时代精神鼓舞斗志，用社会主义荣辱观引领风尚，巩固全党全国各族人民团结奋斗的共同思想基础。"①

1. 巩固马克思主义指导地位

增强社会主义意识形态的吸引力和凝聚力，就要巩固马克思主义指导地位。当今世界，对国家而言，是一个迅速发展，激烈变化的时代，只有坚持真理原则，发挥马克思主义所具有的批判、反思、前瞻的认识功能，透析现象，把握本质，从事物的根柢处思考问题，知源明流，洞察事物的发展，高瞻远瞩，才能有自己的主心骨。一个失去主见、失去民族精神，失去指导思想、核心价值的民族也就丧失了自己的精神家园。前苏联"戈尔巴乔夫上台后，公开否定马克思主义，放弃思想阵地，自乱阵脚并搞乱了人民的思想。这样，苏共凝聚人民的指导思想、价值体系瓦解了，凝聚人心的合法性资源丧失了，苏共下台，苏联解体"。②

苏东剧变的沉痛教训告诉我们，苏联解体的前奏是苏共不坚持真理原则，抛弃马克思主义的指导，苏联社会主义文化被西方资本主义文化所瓦解，使苏联失去了自己的指导思想和主体文化，失去了自己的主见和民族凝聚力，被西方的"新自由主义"牵着鼻子走，最后在"政治多元化、经济私有化"的过

---

① 胡锦涛：《高举中国特色社会主义伟大旗帜，为夺取全面建设小康社会新胜利而奋斗——在中国共产党第十七次全国代表大会上的报告》，2007年10月15日，人民网
② 孙祥生，孙寅生：《先进性：执政党合法性的真谛》[J]，《理论导刊》2006年第10期

程中分崩离析、走向解体。

借鉴教训，总结经验，面对某些西方国家的文化"渗透"图谋，面对全球化过程中各种思想文化的相互激荡，面对在全球化浪潮下，国际间的政治、经济、外交、科技、传媒借助于强势文化得以扩展，在中国实现和平发展的进程中，"要大力建设社会主义核心价值体系，巩固全党全国各族人民团结奋斗的共同思想基础"。① 以马克思主义引领社会思潮，巩固马克思主义在意识形态领域的指导地位，引导人们坚持运用马克思主义、毛泽东思想、邓小平理论，"三个代表"重要思想和科学发展观这一真理原则作为价值取向的指导，来统一、协调各种价值取向，端正人们的思想，来统一、协调各种社会意识，来分析、吸纳或批判各种社会思潮，消除杂音，使音律和谐，增强社会主义意识形态的感召力和凝聚力。

马克思主义是我们立党立国的根本指导思想，是社会主义意识形态的旗帜。坚持不懈地用马克思主义中国化最新成果武装全党、教育人民，就要不断与时俱进、审时度势进行理论创新，这样才能增强社会主义意识形态的吸引力和凝聚力。"在列宁时代，社会主义思想以其先进性成为俄罗斯人民的信仰和追求。但列宁逝世后，苏共的理论开始僵化。从斯大林开始执政到戈尔巴乔夫上台，苏共几乎没有什么理论创新，也就根本谈不上在思想理论上保持其先进性。苏联人民对僵化的理论感到厌烦。"② 从而使前苏联的意识形态缺乏吸引力和凝聚力。因此，一个执政党的价值体系、思想意识必须与时俱进，保持思想和理念上的先进性，才能有足够的吸引力和凝聚力。这说明，增强社会主义意识形态的吸引力和凝聚力，必须坚持解放思想、实事求是、与时俱进、勇于变革、勇于创新、永不僵化、永不停滞、与时代发展同进步、与人民群众同命运，才能焕发出强大的感召力、凝聚力、吸引力。

2. 用中国特色社会主义共同理想凝聚力量

增强社会主义意识形态的吸引力和凝聚力，就要用中国特色社会主义共同理想凝聚力量。中国特色社会主义共同理想，就是在中国共产党领导下，走中国特色社会主义道路，实现中华民族的伟大复兴。邓小平同志在改革开放之初就指出："我们这么大一个国家，怎样才能团结起来、组织起来呢？一靠理

---

① 胡锦涛：《坚定不移走中国特色社会主义伟大道路　为夺取全面建设小康社会新胜利而奋斗》（在中央党校省部级干部进修班上的讲话），新华社北京6月25日电

② 孙祥生、孙寅生：《先进性：执政党合法性的真谛》[J]，《理论导刊》2006年第10期

想,二靠纪律。组织起来就有力量。没有理想,没有纪律,就会像旧中国那样一盘散沙,那我们的革命怎么能够成功?我们的建设怎么能够成功?"① 因此,必须牢固树立中国特色社会主义共同理想,用中国特色社会主义共同理想凝聚力量,才能使全国各族人民团结起来,齐心协力进行社会主义现代化建设。

中国特色社会主义共同理想是全体中国人民的共识、认同和追求,是与实现中华民族的伟大复兴紧密联系的全中国人民的向往和追求。中国特色社会主义共同理想昭示我们:要把我国建设成为富强、民主、文明、和谐的社会主义国家。在本世纪头二十年,实现全面建设小康社会的目标,到本世纪中叶基本实现现代化。中国特色社会主义共同理想全面地包含着社会主义现代化建设各个方面的发展状态及社会的经济、政治、文化、生态、社会生活等多方面的理想状态并把这种理想与信念紧密地、有机地联系在一起的,并且指明了实现这个理想目标的道路和实现途径。胡锦涛同志指出:"理想信念,是一个政党治国理政的旗帜,是一个民族奋力前行的向导"。建立新中国的共同理想,曾经激励无数仁人志士不惜抛头颅、洒热血为之奋斗。共同理想产生感召力、凝聚力、向心力、内驱力、激励力。中国特色社会主义共同理想之所以具有很大的包容性和亲和力、吸引力,是因为它集中代表了我国工人、农民、知识分子和其他劳动者、建设者、爱国者的利益、愿望和要求,集中体现了不同社会阶层、各个利益群体的人们利益和要求。因此,建设中国特色社会主义的共同理想代表了我们的奋进目标,是我们党治国安邦、科学理政高举的旗帜,是我们中华民族奋斗前行的向导,是全国各族人民团结奋斗的理想信念和强大推动力,是增强社会主义意识形态的吸引力和凝聚力的基础。

作为增强社会主义意识形态的吸引力和凝聚力的基础,中国特色社会主义共同理想,是社会主义核心价值体系中理想信念的集中体现,是凝聚全国各族人民的力量奋力前行的精神支柱与精神动力。今天,建设有中国特色社会主义、实现中华民族伟大复兴的共同理想是"使全国各族人民万众一心,同心同德,团结协作,和谐相处,调动一切积极因素,把各种干扰、摩擦、内耗最大限度的减少",让'历史的合力'最大限度的发挥作用实现宏伟蓝图的精神力量。②

---

① 《邓小平文选》第3卷[M],北京:人民出版社,1993年版,第111页
② 孙寅生:《构建社会主义和谐社会的哲学意蕴》[J],《中共贵州省委党校学报》2005年第1期

3. 用民族精神和时代精神鼓舞斗志

增强社会主义意识形态的吸引力和凝聚力，就要用以爱国主义为核心的民族精神和以改革创新为核心的时代精神鼓舞斗志。以爱国主义为核心的民族精神，是中华民族生生不息、薪火相传、团结奋进的精神支撑，是当代中国人民不断创造崭新业绩的力量源泉。中国特色社会主义事业，是一项充满挑战、充满艰辛、充满创造的事业。伟大的事业需要崇高的精神，以此来催化新的民族觉醒和民族奋进的自觉，以此来支撑和推动着伟大的事业。这种崇高的精神就是以爱国主义为核心的民族精神和以改革创新为核心的时代精神。民族精神和时代精神相互交融，共同构成中华民族自立自强的精神品格，成为推动中华民族伟大复兴的精神动力。

以爱国主义为核心的民族精神是强化我们的主体文化，坚守自己的精神阵地的精神家园，是不断增强我们民族的自尊心、自信心、自豪感，巩固中华民族的凝聚力，培育公民热爱祖国的责任感，确保国家核心价值观不受侵犯的根本保障。江泽民同志指出："在五千多年的发展中，中华民族形成了以爱国主义为核心的团结统一、爱好和平、勤劳勇敢、自强不息的伟大民族精神。"[①]中华民族精神是中华民族生生不息、发展壮大的强大精神动力。弘扬民族精神，既要弘扬中国古代民族精神的精华，又要大力弘扬近代以来中国人民在争取民族独立、人民解放、实现国家富强和人民共同富裕的历史进程中所形成的伟大民族精神，将长征精神、延安精神、铁人精神、雷锋精神、两弹一星精神、载人航天精神、抗洪抢险精神等不断发扬光大。与此同时，要有面向世界的开放心态，不搞狭隘的民族主义。我们要通过广泛、深入、持久的精神文明建设及世界文明对话，不断增强中华文化国际影响力，形成同和平发展大国形象、与负责任大国形象相适应的文化理念、文化心态与文化行为。

以改革创新为核心的时代精神，是在新的历史条件下形成和发展的体现民族特质、顺应时代潮流的思想观念、行为方式、价值取向、精神风貌和社会风尚的总和。民族精神是时代精神的基础，时代精神是民族精神的时代性体现，二者的有机统一，构成了社会主义核心价值体系的重要内容。以改革创新为核心的时代精神，是激发社会创造活力、始终保持昂扬向上的精神状态、增强社会主义意识形态的感召力、吸引力和凝聚力的强大力量。改革是发展中国特色社会主义的强大动力，是建立充满活力的社会主义市场经济体制的内在要求，

---

① 《江泽民文选》第 3 卷 [M]，北京：人民出版社，2006 年版，第 559 页

是解放和发展社会生产力、推动我国社会主义制度自我完善和发展、实现国家现代化、实现人民富裕、国家振兴的必然要求。改革创新，包括理论创新、制度创新、科技创新、文化创新等。改革创新是中华民族进步的灵魂，使我国兴旺发达的不竭动力，也是我们党永葆生机的源泉。弘扬时代精神，就要不断解放思想、与时代同进步，坚持实事求是、勇于创新，以此来激发社会创造活力，增强自主创新能力，推动社会发展、国家进步，为建设创新型国家，为实现从"中国制造"向"中国创造"的跨越，为实现全面建设小康社会新胜利提供精神动力与智力支撑。

4. 用社会主义荣辱观引领风尚

增强社会主义意识形态的吸引力和凝聚力，就要用社会主义荣辱观引领风尚。怎样才能树立共同的理想信念和良好的道德规范？怎样才能培养民族精神和时代精神？一个首要的问题就是要树立社会主义荣辱观。荣辱观是最基本的一种伦理价值观念，是对人们是否履行一定的社会义务和是否表现为应当的行为的道德价值认识和评价。只有分清荣辱、明辨善恶，一个人才能形成正确的价值判断，一个社会才能形成良好的道德风尚。社会主义荣辱观是社会主义价值观的灵魂，其最基本的价值就是发挥其调节、导向、评价功能。"八荣八耻"的新概括明确提出了在社会主义市场经济条件下应该倡导的道德观念和行为准则，体现了构建社会主义和谐社会的内在要求，是引导广大群众和青少年树立共同的理想信念的航标。

尽管广大群众和青少年的道德价值观念和趋向发生多元化的变化，但在社会主义道德价值观的主导方向上应该强调一元化，坚持核心价值观的主导地位，将广大干部群众特别是青少年的非核心价值观引导到核心价值观认可的范围中，增强核心价值观的吸引力和凝聚力，克服非核心价值观的离心力。胡锦涛总书记提出的"八荣八耻"社会主义荣辱观，是将社会主义意识形态的主导价值观加以重新整合，从社会的价值导向上旗帜鲜明地提出善与恶、是与非、美与丑、光荣与可耻的标准与界线，引导广大干部群众弘扬以爱国主义为核心的民族精神和以改革创新为核心的时代精神，增强社会主义意识形态的吸引力和凝聚力，弘扬集体主义、社会主义思想，为解决我国公民价值观冲突提供了标尺、树立了指针，为引领和整合多样化的社会意识和社会思潮，消除各种错误和腐朽思想的不良影响，以在包容多样中形成共识、在尊重差异中扩大社会认同，在思想观念上为社会主义和谐社会的建设提供了价值指南。

综上所述，社会主义核心价值体系是社会主义制度的内在精神，是社会主义制度在价值层面的本质规定，是社会主义政治、经济、文化、科技的发展动力，是维护国家核心利益和建设富强、民主、文明、和谐的社会主义现代化国家的内在要求。为此，必须大力加强社会主义核心价值体系建设，以增强社会主义意识形态的感召力、向心力、激励力、吸引力和凝聚力，充分发挥社会主义核心价值体系在全面建设小康社会、在构建社会主义和谐社会、在实现中华民族的伟大复兴中的思想道德保证和精神资源作用。

（二）贯彻落实科学发展观，加强政治文明建设，为构建社会主义和谐社会提供动力和保障

落实科学发展观的"以人为本"，"让发展的成果惠及全体人民"，促进"个人全面发展与社会全面发展的协调"，使"全体人民各尽其能、各得其所"，就要加强政治文明建设。人与人之间所形成的社会关系的和谐，从某种意义上，取决于政治关系的和谐。因为政治关系在社会关系中处于架构地位，在一定程度上决定着社会关系的面貌，并且统领着关系人的全面发展的科技、教育、文化、卫生、体育以及社会管理、社会秩序、社会公正、社会就业、社会保障等，这些都牵涉到人的全面发展以及社会能否和谐的问题。从操作性的角度看，促进每个人各种素质之间的全面发展，就是使每个人获得切实的经济、政治、文化和社会利益，切实保障公民的经济、政治、文化和社会方面的权利。

1. 加强和改善党的领导，为贯彻落实科学发展观构建社会主义和谐社会提供政治保证

中国共产党的领导，是中国特色社会主义政治文明建设具有决定意义的特点。坚持中国共产党的领导，是构建社会主义和谐社会的政治保证。我国是一个有10多亿人口的发展中大国，人民利益的广泛性和实现人民利益的复杂性、艰巨性，必然要求有一个代表最广大人民根本利益的坚强的政治核心，来凝聚全国人民的力量和意志，来正确处理各种社会矛盾，使政通人和，以构建社会主义和谐社会。实践证明，中国共产党还是构建社会主义和谐社会的积极推动力量。正是中国共产党，提出了构建社会主义和谐社会的美好目标，并对自身提出了增强构建社会主义和谐社会的能力的要求，努力将这一美好目标在社会主义的中国变成现实。从系统论的视角来看，结构决定功能，一个社会能否和谐，取决于社会的基本结构，主要指在政治结构架构下的经济和社会结构。促进政治关系的和谐要求加强政治文明建设，以政治文明的进步促进社会的和谐。为此，必须加强和改善党的领导，为构建社会主义和谐社会提供政治保证。

2. 发扬人民民主，为贯彻落实科学发展观构建社会主义和谐社会提供动力支持

发扬人民民主是社会主义政治文明建设的基本内容，是落实科学发展观"以人为本"的根本要求，也是构建社会主义和谐社会的重要动力。人民民主是中国特色社会主义政治文明的本质特点，是社会主义政治文明的精髓和核心。发扬人民民主是社会主义政治文明建设的基本内容，也是构建社会主义和谐社会的重要动力。人民当家作主可以有力促进各族各界人士的团结，把各方面的力量凝聚到为实现中华民族伟大复兴的历史进程中来。只有使社会主义民主得到充分发扬，才能使各方面积极因素得到广泛调动，激发起人民当家作主的积极性和创造性，使社会充满活力，生机勃勃。由此可见，发扬人民民主，是构建社会主义和谐社会的重要推动力量。

3. 落实依法治国基本方略，为贯彻落实科学发展观构建社会主义和谐社会提供法治保障

落实依法治国基本方略，是中国特色社会主义政治文明的显著特点。依法治国，就是广大人民群众在党的领导下，依照宪法和法律规定，通过各种途径和形式管理国家事务，管理经济和文化事业，管理社会事务，保证国家的各项工作都依法进行，逐步实现政府主义民主的制度化、法律化。实行依法治国，是现代法治的必然要求。构建社会主义和谐社会，是一项复杂的系统工程。我国公民的基本权利和义务，民事和商事活动，国家行政管理活动，劳动关系和社会保障，违法犯罪的处罚等，只有在宪法和法律上作出明确的规定，并使这些规定成为全国人民共同遵守的规范，才能使各地各部门各行各业各个单位的工作协调一致地向前发展，实现社会的安定有序。和谐社会必然是法治社会，要使社会达到和谐充满活力而又有序的状态，必需使依法治国基本方略得到切实落实，社会主义民主得到充分发扬，实现民主法治。

落实科学发展观的"以人为本"，保障广大人民群众各种权利的实现，促进"个人全面发展与社会全面发展的协调"的实现，就要实行依法治国，维护公平正义，为构建社会主义和谐社会提供法治保障。"和谐社会必然是法治社会，要使社会达到和谐充满活力而又有序的状态，必需使依法治国基本方略得到切实落实，社会主义民主得到充分发扬，实现民主法治"。① 从建设社会

---

① 孙寅生：《和谐社会建设的法治视野》，《求实》2006年第1期

主义和谐社会所要达到的"民主法治、公平正义、诚信友爱、充满活力、安定有序、人与自然和谐相处"的目标来看,加强法治建设,落实依法治国基本方略是实现和谐社会一系列目标的保障。和谐的要义在公平与正义,而正确处理人民内部矛盾和各种社会矛盾如民事、经济纠纷,协调各种利益关系,实现社会的公平正义需要法治保障,因为宪法和法律的核心就是保障公民的权利,实现公平正义。诚信友爱是和谐社会做事、做人的准则,而法律是诚信友爱的底线,保障线与督促力量。要做到诚信友爱,一方面需要加强诚信建设,构建良好的社会主义社会关系,另一方面,也需要贯彻落实合同法及其他经济、民事法律和刑法作保障。充满活力,就是能够使一切有利于社会进步的创造愿望得到尊重,创造活动得到支持,创造才能得到发挥,创造成果得到肯定,而体现尊重知识,尊重人才,尊重劳动,尊重创造,需要劳动法、专利法、著作权法、商标法等法律作为保障。人与自然和谐相处,就是生产发展,生活富裕,生态良好。实现人与自然和谐相处需要环境保护法、循环经济促进法、能源法、海洋资源法、植物资源法、土地资源法、矿产资源法、野生动物保护法等法律作保障。安定有序,就是社会组织机制健全,社会管理完善,社会秩序良好,人民群众安居乐业,社会保持安定团结。在一个法治的社会中,不同的利益群体和个体通过合法渠道实现和维护自身的利益,使社会处于一种有序的状态,才能保持社会稳定与和谐。落实依法治国基本方略,依照宪法和法律规定管理国家事务,管理经济文化事业,管理社会事务,才能有社会组织机制的健全、社会管理的完善。因此,实行依法治国,实现民主法治,是构建社会主义和谐社会的重要保障。

总之,政治文明建设是贯彻落实科学发展观构建社会主义和谐社会的动力、政治保证和法治保障。在构建社会主义和谐社会的进程中,政治文明发挥着推动、规范和保证的作用。以胡锦涛为总书记的党中央提出构建社会主义和谐社会本身,并对执政党自身提出了提高构建社会主义和谐社会的能力的要求,就是政治文明进步的一个重要体现和成果。

四、科学发展要求把发展作为第一要务,加强社会主义物质文明建设

科学发展要求把发展作为党执政兴国的第一要务,加强社会主义物质文明建设,为人与人关系的和谐、为构建社会主义和谐社会奠定坚实的物质基础。

科学发展观坚持了马克思主义关于生产力是社会发展的决定力量的观点。发展观的第一要义是发展。倡导科学发展,其根本着眼点是要用新的发展思路实现更快更好地发展。社会主义社会是一个经济、政治、文化和生态协调发展,物质文明、政治文明、精神文明和生态文明共同进步的社会。在这个社会系统中,物质文明是建设社会主义和谐社会的基础。因为,构建社会主义和谐社会的物质基础是生产力水平的不断提高和社会物质财富的日益丰富。

在一个贫困的社会,不能产生真正的和谐,而且,贫困是社会不和谐的重要原因。正如马克思所指出的,生产力的这种发展之所以是绝对必需的实际前提,还因为如果没有这种发展,那就只会有贫穷、极端贫困的普遍化,而在极端贫困的情况下,必然重新开始争夺必需品的斗争,全部陈腐污浊的东西又要死灰复燃。为此,在构建社会主义和谐社会的进程中,必须把发展作为党执政兴国的第一要务,在科学发展观的指导下,实现两大部类、三大产业、各个产业等的优化协调发展,进一步深化改革和扩大开放,纠正一切妨碍发展的观念和体制、机制弊端,激发广大人民群众的创造力,实现经济持续稳定快速地发展,建设社会主义物质文明,促进社会物质财富不断增加,使广大人民群众的生活水平逐步得到改善,并体现效率与公平的统一,实现共同富裕,为促进人与人关系的和谐,为构建和谐社会奠定了坚实的物质基础。

五、科学发展要求统筹兼顾,加强生态文明建设

科学发展要求统筹兼顾,实现经济社会全面协调可持续发展,在注重政治文明、精神文明、物质文明建设的同时,加强生态文明建设,促进人与自然关系的和谐,构建社会主义和谐社会。

统筹兼顾,体现了用联系、发展、全面观点去看问题的唯物辩证法,是中国社会主义建设实践经验的总结。统筹兼顾的内在逻辑联系在空间上是全面协调、在时间上是可持续发展。只有坚持发展的全面性,才能从生态、政治、文化、经济各个方面为和谐社会建设提供良好的生态环境、政治保障、精神支撑、物质基础;只有坚持发展的协调性,才能真正做到统筹兼顾,综合平衡,有效的化解和解决社会矛盾,促进社会和谐;只有坚持发展的可持续性,建设生态文明,才能为和谐社会的生生不息及人类文明的不断进步创造条件。

科学发展观所强调的以人为本,全面协调可持续发展,其中就包括经济社会的发展必须与自然生态相协调,在促进经济社会发展的同时,要努力实现人

与自然的和谐。科学发展观强调人类社会系统与自然环境的和谐，坚持走生产发展、生活富裕、生态良好的文明发展道路。

（一）生态文明的实质是正确处理人与自然的关系

在人（社会）与自然之间存在一种认识和被认识、反映和被反映、遵循和被遵循的关系，这种人（社会）和自然之间的内在联系及其规律就构成了生态文明的理论关系。马克思恩格斯在研究自然、人、社会演变的历史过程及三者之间的相互关系的基础上揭示出：人本身是自然界的产物，是在自己所处的环境中并且和这个环境一起发展起来的。自然是人类生存和表现自我的基本条件，正确处理人与自然的关系，必须正确运用而不可违背自然规律。

当今环境恶化、气候异常等，在一定程度上可以说是人类违背自然规律破坏生态平衡、污染环境所造成的恶果。当代资源和生态环境问题日益突出，向人类提出了严峻的挑战。由于无节制地开发和利用自然资源，使人类遭受了自然和社会双重的报复和惩罚：一是自然性的报复和惩罚，如生态失衡、资源枯竭、空气污染、土壤退化、灾害频繁等等；二是社会性的报复和惩罚，如交通拥挤、油价上涨等等。人类为创造现代物质生活和保持经济持续增长，有了"室内现代化"却付出了"室外脏乱差"的沉重代价，并且已严重威胁到了人类社会的生存与发展。这要求我们进行科技、经济、社会、资源、生态环境的协调与整合，建设生态文明。一些生态灾难，不是"天灾"，而是"人祸"，是由于不尊重辩证法而受到的惩罚。随着"我们一天天地学会更正确的理解自然规律，学会认识我们对自然界的习常过程所做的干预所引起的较近或较远的后果，而且也认识到自身和自然界的一体性，而那种关于精神和物质、人与自然、灵魂和肉体之间的对立的荒谬的、反自然的观点，也就越不可能成立了"。①

为此，我们必须走出人与自然对立的误区，树立珍爱和善待自然，保护自然的理念。人类同所有生物一样，生活在自然环境中，人类通过不断吸收自然界中的物质和能量来维持自身的生存。人类的生存是以自然为基础的，人类文明的发展史应是一部人类与自然和谐共生的历史。

造成世界性环境危机的根源是人类对自身与自然环境的相互关系的片面性、错误性认识以及由此而形成的社会发展理念和发展模式。人类必须抛弃工

---

① 《马克思恩格斯选集》第 4 卷［M］，人民出版社，1995 年版，第 384 页

业文明时代的"主观价值论",进而选择使我们在自然中获得幸福的价值观,这就是包含自然、经济、社会和谐统一的整体价值观和生态经济价值观,正确处理人与自然的关系,与自然融洽相处,共生共荣,和谐发展,高度重视生态文明建设,把建设资源节约型、环境友好型社会放在工业化、现代化发展战略的突出位置,回归和谐。

(二)建设生态文明必须建立科学合理的社会制度

马克思恩格斯认为:人类完全可以在与自然的和谐共处中求得生存、发展与进步。人类文明之所以同自然生态发生"对抗",无法"和解",从而遭遇困境,其根本原因在于"到目前为止的一切生产方式",即社会制度问题。马克思恩格斯揭示:劳动使人们以一定的方式结成一定的社会关系,社会是人与自然关系的中介,把人与人、人与自然联系起来,社会是人与自然关系的中介。社会的发展水平和社会制度直接影响人与自然的关系。只有建立科学合理的社会制度,才能从根本上解决人与自然的矛盾,实现自然、社会和人的和谐发展。这表明:建设生态文明必须建立科学合理的社会制度。

对于建立科学合理的社会制度的原因,马克思恩格斯深刻揭示:资本主义制度使人类与自然生态之间的矛盾发展到了"两极对立"的程度,因为每个资本家都是为了直接的利润而从事生产和交换,他们首先考虑的只能是最近的最直接的结果,而根本不会顾及环境的恶化、资源的浪费和经济社会发展的平衡问题。资本主义社会中资本家惟利是图的本性和生产的无政府状态必然导致资源的浪费和社会公害,而资本主义竞争则加剧了产业之间、资本家之间,甚至资本主义国家之间对全球自然资源的争相掠夺,甚至不惜动用武力,引发战争,导致对资源的更大破坏。马克思恩格斯一方面深刻地分析了人类文明在生态方面遭遇困境的原因,另一方面又指出摆脱困境、走向光明的途径,那就是对我们直到目前为止的生产方式,以及同这种生产方式一起对我们现今的整个社会制度实行完全的变革。马克思提出他的理想社会就是共产主义——"是通过人并且为了人而对人的本质的真正占有……它是人和自然之间、人与人之间的矛盾的真正解决,是存在和本质、对象化和自我确证、自由和必然、个体和类之间的斗争的真正解决"①。这表明,马克思对未来理想社会的构建,其发展目标的直接指向就是人与自然、人与人矛盾的妥善处理和解决,以及在此

---

① 《马克思恩格斯全集》第42卷 [M],人民出版社,1972年版,第120页

基础上新型和谐社会关系的建立。解决"人与自然"的矛盾，表明马克思对生态文明建设的高度关注。马克思描述了未来社会人与自然和谐发展的图景："社会化的人联合起来的生产者，将合理的调节他们和自然之间的物质交换，把它置于他们的共同控制之下，而不让他作为盲目的力量来统治自己；靠消耗最小的力量，在最无愧于和最适合于他们的人类本性的条件下来进行这种物质变换"。①

共产主义社会的目标是实现人的自由全面发展和人与社会、自然的和谐共生。对此，恩格斯在《社会主义从空想到科学的发展》热情洋溢地写道："人们第一次成为自然界的自觉和真正的主人，因为他们已经成为自身的社会结合的主人了……只是从这时起，人们才完全自觉地自己创造自己的历史；只是从这时起，由人们使之起作用的社会原因才大部分并且越来越多地达到他们所预期的结果。这是人类从必然王国进入自由王国的飞跃。"②

恩格斯的论述表明：自觉、正确的处理人与自然的关系和人与人、人与社会的关系之后，生态文明、物质文明、政治文明、精神文明高度发展，将会建立和呈现一个更加文明的和谐社会。这种人类文明更高的发展阶段，将是一种人的自由而全面发展、社会全面进步以及人与自然、社会的和谐共生的文明形态；这种更高的发展阶段，将是合目的性与合规律性的统一；这种更高的发展阶段，是对以财富为惟一追求目标的资本主义所谓文明的否定；这种更高的发展阶段，将是物质文明、政治文明、精神文明、生态文明相互协调发展所体现的人类文明进步。物质文明、政治文明、精神文明、生态文明是一个有机整体，它们相互联系、相互渗透、相互促进、互为条件、相辅相成，共同推进社会主义文明的发展和进步。

（三）生态文明的境界：一个和谐的社会有机体寓于人与自然的和谐之中，社会是人同自然界完成了的本质的统一

马克思曾指出："社会是人同自然界完成了的本质的统一，是自然界的真正复活，是人的实现了的自然主义和自然界的实现了的人道主义"。③ 一个和谐的社会有机体寓于人与自然的和谐之中，自然界在和谐社会中体现充满生机的真实自我，人与自然界在美好的理想社会中完成了相互作用、相互依存的统

---

① 《马克思恩格斯全集》第 25 卷 [M]，人民出版社，1972 年版，第 926 页
② 《马克思恩格斯选集》第 3 卷 [M]，人民出版社，1995 年版，第 758 页
③ 马克思：《1844 年经济学——哲学手稿》，人民出版社，1985 年版，第 79 页

一。人能动地遵循自然规律,与自然界互利互惠,共生共荣,让山川秀美,让河水清澈,让蓝天、青山、碧水、白云、鲜花、绿草、森林交相辉映,以达到"人同自然界完成本质的统一"及"人的自然主义和自然界的人道主义"境界的实现。要促进人和自然的协调与和谐,就必须正确处理人与自然的关系,保护自然环境与生态平衡,建设生态文明,为人类的生存和发展提供一个良好的生态环境。建设生态文明,就是要生态和谐,限制对自然环境的过度开发,建设节约型社会,保持与自然环境的生态平衡,积极改善与优化人与自然的关系。

作为"人的实现了的自然主义和自然界的实现了的人道主义"的生态文明是现代社会走上文明发展道路的重要标志。在现代社会,良好的植被、优美的环境已成为一个国家或地区文明进步的标志。生态文明是政治文明、精神文明、物质文明得以延续、发展的基础和前提。因为没有良好的生态条件,如良好的空气、水、食物等,人类就会陷入由于自然环境恶化所导致的生存危机。"社会主义的物质文明、政治文明和精神文明离不开生态文明,没有良好的生态条件,人不可能有高度的物质享受、政治享受和精神享受。没有生态安全,人类自身就会陷入不可逆转的生存危机。生态文明是物质文明、政治文明和精神文明的前提。"① 生态文明建设关系到人类社会文明能否得以延续,得以可持续发展的问题。

目前地球上日益严峻的生态状况告诉我们:必须摆正人类在自然界中的位置,正确处理人与自然的关系,自觉地对唯利是图、目光短浅、急功近利的生产方式和经济行为实行彻底的变革,同时自觉对人类自身的伦理观念、道德意识和行为方式进行深刻的反思和更新,自觉地认识到人与自然万物是唇齿相依、息息相关的,人不是大自然的"主宰者"或"统治者",而是大自然家庭中平等的一员。人类社会系统是一个有机整体,只有系统的要素形成优化协调统一的关系,这包括系统的各个子系统内部的优化与和谐、各个子系统之间的和谐以及整个系统与环境的和谐,才有整个社会系统的良性运行与协调发展。生态文明作为人类文明的重要组成部分,它强调现代经济社会的发展必须建立在生态系统良性循环的基础之上,要求我们在发展经济的同时,有效地解决经济社会活动的需求与自然生态环境系统供给之间的矛盾,实现人类与自然的协调发展。

---

① 潘岳:《社会主义生态文明》,《学习时报》2006年9月27日

生态文明建设是现代社会走上文明发展道路的重要标志。在现代社会，良好的植被、优美的环境已成为一个国家或地区文明进步的标志。世界上许多国家都愈来愈注重保护自然环境。我们党正是基于对生态环境问题的深刻认识和对发展模式的正确选择，倡导和落实科学发展观，带领全国人民推动整个社会走上生产发展、生活富裕、生态良好的文明发展道路。物质文明、政治文明、精神文明、生态文明是一个有机整体，它们相互联系、相互渗透、相互促进、互为条件、相辅相成，共同推进社会主义文明的发展和进步。人类社会系统是一个有机整体，只有系统的要素形成优化协调统一的关系，这包括系统的各个子系统内部的优化与和谐、各个子系统之间的和谐以及整个系统与环境的和谐，才有整个社会系统的良性运行与协调发展。生态文明作为人类文明的重要组成部分，它强调现代经济社会的发展必须建立在生态系统良性循环的基础之上，要求我们在发展经济的同时，有效地解决经济社会活动的需求与自然生态环境系统供给之间的矛盾，实现人类与自然的协调发展。

透过以上分析，科学发展观所揭示的底蕴在于：人类文明进步是生态文明、物质文明、精神文明、政治文明优化协调发展的过程，是以人为本，全面、协调和可持续发展所达到的社会进步状态——和谐社会。和谐社会是一种文明状态，并且体现了人类文明、人类社会的整体进步状态，体现了人类在政治、经济、文化、生态方面的所有进步，体现了科学发展观的内在要求与逻辑结论。科学发展观之所以"科学"，就是因为它透过历史长河发展进程的滚滚烟雾，全面地、辩证地、系统地揭示了发展的规律，理性地纠正了发展的迷失，指明了正确的发展道路。为"认识和利用自然规律"、"从必然王国进入自由王国"构建社会主义和谐社会提供了途径和指南。

第七章

科学发展观与新时期党的建设

科学发展观对党建提出新要求。科学发展观从如何发展的角度阐述新的执政理念和要求，把发展与党的建设紧密联系起来，把能否科学发展、科学执政作为检验执政能力、执政水平和执政绩效的重要指标。这从科学执政、治国的角度对治党——"建设一个什么样的党，怎样建设党"以及如何保持党的先进性提出了新要求。

一、科学发展观对于党的建设的重要意义

（一）党的先进性建设的重要保证

贯彻落实科学发展观，要求继续深入加强党的先进性建设和党的执政能力建设，以改革创新的精神全面推进党的建设新的伟大工程。党的十七大报告指出：深入贯彻落实科学发展观，要求我们切实加强和改进党的建设。要站在完成党执政兴国使命的高度，把提高党的执政能力、保持和发展党的先进性，体现到领导科学发展、促进社会和谐上来，落实到引领中国发展进步、更好代表和实现最广大人民的根本利益上来，使党的工作和党的建设更加符合科学发展观的要求，为科学发展提供可靠的政治和组织保障。贯彻落实科学发展观，要求我们党成为立党为公、执政为民的执政党，成为科学执政、民主执政、依法执政的执政党，成为开拓创新、求真务实、勤政高效、清正廉洁的执政党，增强发展中国特色社会主义的自觉性，将中国特色社会主义事业不断推向胜利。

（二）永葆生机与活力的理论指南

"以人为本"是科学发展观的核心。"以人为本"集中体现了中国共产党执政的价值观。我们建设有中国特色社会主义事业的各项事业，都要着眼于人民现实的物质文化生活需要，同时又着眼于人民素质的提高，也就是要努力促

进人的全面发展。"以人为本"要求始终把实现好、维护好、发展好最广大人民的根本利益作为党和国家一切工作的出发点和落脚点,尊重人民主体地位,发挥人民首创精神,保障人民各项权益,走共同富裕道路,促进人的全面发展,做到发展为了人民、发展依靠人民、发展成果由人民共享。"以人为本"是我们党永葆生机与活力的理论指南。为了落实"以人为本",就必须揭示并落实发展本质,代表中国最广大人民的根本利益,实现好、维护好、发展好人民群众的根本利益。实现科学发展要求把党的领导和党的建设摆在十分突出的位置来认识、来谋划,围绕新时期党的建设面临的新情况新问题及党的历史方位的变化,准确把握当代中国社会前进的脉搏,不断优化党的人才队伍,提高党的执政能力,保持和发展党的先进性,使党永葆生机与活力。

(三)求真务实精神的的内在体现

在求社会主义建设规律和人类社会发展规律之真,务抓好发展这个党执政兴国的第一要务之实这一求真务实思想的指导下,提出了科学发展观。胡锦涛总书记在中央纪律检查委员会第三次全体会议上的重要讲话强调指出,认识规律、把握规律、遵循和运用规律,是坚持求真务实的根本要求。求真务实,就要求社会主义建设规律和人类社会发展规律之真,务抓好发展这个党执政兴国的第一要务之实。要树立和落实科学发展观,必须要以求真务实的思想路线作为根本的思想和作风保障。正如胡锦涛总书记指出的:"树立和落实科学发展观,与大兴求真务实之风是内在统一的。""树立和落实科学发展观要以求真务实为着力点,用求真务实的作风落实科学发展观"。科学发展观体现了用联系、发展、全面观点去看问题的唯物辩证法。只有求真务实,掌握辩证思维方法,理论联系实际、实事求是,提高认识水平,才能戒掉形而上学的片面性,用联系、发展、全面的观点看问题,才能真正树立和落实党中央提出的科学发展观。树立和落实科学发展观就必须大力弘扬求真务实精神,按照求真务实"三个根本"的要求来贯彻落实科学发展观。求真务实地"全心全意为人民服务,摆正同人民群众的关系"①。

这个根本准则是和以人为本这个科学发展观的核心相统一的。以人为本是新一届中央领导集体思考和观察问题的着眼点和根本价值标准。在以人为本这一理念上求真务实,以胡锦涛为总书记的党中央,提出了坚持立党为公、执政

---

① 胡锦涛:《在全党大力弘扬求真务实精神 大兴求真务实之风》[N],《人民日报》2004年01月13第1版

为民,关键是要做到权为民所用、情为民所系、利为民所谋的思想。要求把最广大人民的根本利益作为党一切工作的出发点和落脚点,切实解决人民群众最关心、最直接、最现实的利益问题。人民群众的根本利益既是谋发展的着眼点,也是促发展的着力点。求人民群众的历史地位和作用之真,坚持以人为本,就是要把依靠人作为根本前提、把提高人作为根本途径、把尊重人作为根本准则、把为了人作为根本目标。如胡锦涛总书记所指出的:"求真务实,要紧紧围绕落实党和国家的各项工作来进行,最重要的是付诸实践、见诸行动、取得成效"。科学发展观是在建设中国特色社会主义新的实践中得出的重要结论,也是新世纪新阶段指导党和国家事业发展的重大战略思想。

二、在党的建设实践中切实贯彻落实科学发展观

(一)领导干部要带头践行科学发展观

科学发展观代表和反映了世界潮流。对传统发展观的超越和突破,代表着人类期望的一种全新的发展理念,体现出的是对人的重视。联合国1986年的《发展权利宣言》强调:"发展是经济、社会、文化和政治的全面进程,其目的是在全体人民和所有个人积极、自由和有意义地参与发展及其带来的利益的公平分配的基础上,不断改善全体人民和所有个人的福利。"1995年哥本哈根社会发展世界首脑大会通过的《宣言》和《行动纲领》认定:"社会发展的最终目标是改善和提高全体人民的生活质量",并致力于"建立一个以人为中心的社会发展框架"。

党的十七大报告指出:"全党同志要全面把握科学发展观的科学内涵和精神实质,增强贯彻落实科学发展观的自觉性和坚定性,着力转变不适应不符合科学发展观的思想观念,着力解决影响和制约科学发展的突出问题,把全社会的发展积极性引导到科学发展上来,把科学发展观贯彻落实到经济社会发展各个方面。"

"以人为本"的科学发展观,既是我国社会现实发展的需要,又是对当代社会发展经验的总结和概括。从工业革命时候起,一直延续到20世纪50年代,人们对发展的理解主要是经济增长。这在历史上起过重大作用。但是由于单纯追求经济增长,主要靠资源消耗和资金投入,不重视社会发展和社会公平,忽视环境保护和能源、资源节约,导致一些国家出现了经济结构失衡,社会发展滞后,能源和资源日趋紧张,生态环境急剧恶化,以及高增长下的两极

分化、失业增加、社会腐败、政治动荡等问题。事实说明,经济增长并不会自动带来社会的发展与人民的幸福。经过理性反思,要求突破单纯追求经济增长的传统发展观的呼声成为时代的强音。领导干部要带头践行科学发展观,就"要把树立和落实科学发展观与坚持正确的政绩观紧密结合起来。科学发展观引导着正确的政绩观的树立,正确的政绩观又保证着科学发展观的落实。"①领导干部要带头践行科学发展观,要牢牢把握"以人为本"这个科学发展观的核心,在提高决策科学化和民主化上下工夫。决策科学化和民主化是提高党的执政能力、永葆党的先进性的重要保障。加强党的先进性建设,全面提高党的执政能力,具体说来,就是要形成党科学民主的领导体制和工作机制。科学民主的领导体制和工作机制主要表现在决策的科学化和民主化上。

(二) 加强党的执政能力建设

加强党的执政能力建设,按照科学发展观的要求,其中要增强促进科学发展的能力。因为科学发展观的第一要义是发展。这是因为,增强综合国力,改善人民生活,离不开发展;保持社会稳定,实现长治久安,离不开发展;提高国际竞争力,在激烈的国际竞争中掌握主动权,离不开发展;巩固和完善社会主义制度,增强社会主义制度的吸引力和生命力,离不开发展;完成祖国统一大业,实现中华民族的伟大复兴,也离不开发展。中国特色社会主义之所以具有强大的生命力、创造力、感召力,就在于它是坚持解放思想的社会主义,是实行改革开放的社会主义,是以人为本的社会主义,是中国共产党领导的社会主义,是推动科学发展的社会主义。

科学发展观是新一届中央领导集体执政理念的展开。它坚持以经济建设为中心,坚持社会主义物质文明、政治文明和精神文明的协调发展,强调在经济发展的基础上,促进社会全面进步和人的全面发展。科学发展观的提出,标志着我们党对社会主义现代化建设规律的认识更加深入、更加全面,也标志着我们党的执政理念有了新的升华。发展观是关于发展的本质、目的、内涵和要求的总体看法和根本观点,是党的执政理念的重要组成部分,在一定程度上标志着党的执政理念发展和进步的水平。科学发展观是新一届中央领导集体总结了我国改革开放和现代化建设的成功经验,吸取了世界上其他国家在发展进程中的经验教训,着眼于把握发展规律、丰富发展内涵、创新发展观念、开拓发展

---

① 胡锦涛:《把科学发展观贯穿于发展的整个过程》,《十六大以来重要文献选编》(中) 第71～72页

思路、破解发展难题而提出来的,揭示了经济社会发展的客观规律,反映了我们党对发展问题的新认识。

科学发展观是我党贯彻以人为本的执政理念,落实"立党为公、执政为民"的执政宗旨,带领人民构建和谐社会的指导思想,反映了实现和谐社会的必然要求。只有坚持全面、协调、可持续发展,才能在经济实力不断增强的条件下,逐步理顺各方面的经济社会关系,促进经济社会发展更加健康有序,各项社会事业蓬勃发展,社会管理和公共服务不断完善和创新,安定团结的政治局面持续巩固。只有坚持全面、协调、可持续发展,党的构建和谐社会的能力才能不断增强。

(三) 科学执政、民主执政、依法执政的有机统一

党要始终成为科学执政、民主执政、依法执政的执政党,是贯彻落实科学发展观的内在要求。这三种执政各有特点,又相互联系。一方面,科学执政与民主执政互为条件。要做到科学决策,必须充分发扬民主,广泛听取意见;实现民主执政,必须以科学的思想、方法和制度为前提。另一方面,科学执政、民主执政很大程度上要依靠依法执政来体现,科学执政是民主执政和依法执政的态度、方法和指向;民主执政是科学执政、依法执政的保证;依法执政是对科学执政、民主执政的要求。

决策科学化和民主化是科学发展观理论体系的重要构成,也是实现科学发展观的重要保障。我们党提出的科学发展观,是发展和完善社会主义市场经济的指导思想,是建立在民主、法制基础上的发展观。江泽民同志指出:"决策的科学化、民主化是实行民主集中制的重要环节,是社会主义民主政治建设的重要任务。"我们党在十六届四中全会的《决定》,就紧迫地提出要改革和完善决策机制,推进决策的科学化、民主化。决策的科学化和民主化是贯彻落实科学发展观的内在要求。党的决策的科学化、民主化,直接决定着国家大政方针的科学化、民主化。非民主、非科学的决策,贻害无穷。个别领导的"拍脑瓜"决策,由于它的随意性和盲目性,由于缺乏推理实际、缺乏民主基础和科学依据,违反科学与规律,会在经济上造成无法挽回的重大损失,在政治上给党的形象抹黑。

(四) 造就高素质干部队伍和人才队伍

贯彻落实科学发展观,干部是关键。从组织人事工作的视角来看,就是继续深化干部人事制度改革,就是要不断提高每一个党员的思想道德素质和科学

文化素质,就是要造就人才济济的高素质的执政党,提高全党统领科学发展的能力。人才至关重要。邓小平同志深刻指出:正确的政治路线要靠正确的组织路线来保证。办好中国的事情,从一定意义上说,关键在人。保持党的先进性要求我们选拔优秀人才,也只有选拔出优秀的人才并使党内人才资源得到科学、合理的优化配置才能更好地增强党的执政能力,担负起执政兴国的历史使命。

提高全党统领科学发展的能力,一方面要着力提高全体党员的素质,努力提高全体党员的思想素质和政治觉悟,解决一些党员和党组织存在的突出问题和影响改革发展稳定、涉及群众切身利益的实际问题,建立新形势下广大党员长期受教育、永葆先进性的长效工作机制;另一方面,要着眼于党内人才结构的调整和优化,优化党内人才资源的配置,把符合"四化"标准、德才兼备,能体现和实践"三个代表"的优秀党员选拔到领导岗位上来。邓小平同志曾提醒全党,在领导班子建设中,选用什么人,不选用什么人,关系极大,必须制定和贯彻正确的政策,把握好选用干部的标准。江泽民同志指出:当今和未来的世界竞争,从根本上说是人才的竞争。这种人才竞争是全面的,包括领导人才在内的各个方面各个层次的人才,都面临着各种竞争和斗争的检验与考验。历史和现实都表明,一个政党,一个国家,能不能不断培养出优秀的领导人才,在很大程度上决定着这个政党、这个国家的兴衰存亡。中国的社会主义事业能不能巩固和发展下去,中国能不能在未来激烈的国际竞争中始终强盛不衰,关键就要看我们党能不能不断培养造就一大批高素质的领导人才。

提高全党统领科学发展的能力,必须优化党内人才选拔机制,将那些真正德才兼备、年富力强,能够为事业献身的党员选拔到领导岗位上来,将党内人才选拔纳入到科学化、规范化、有序化的轨道上来。如民主推荐、民主测评、公开选拔、竞争上岗、考察预告、任前公示、公推公选、公推直选等改革措施要普遍推行,以不断提高干部人事工作的民主化、科学化。优化党内人才选拔机制要求执政党必须加强制度建设和组织建设,优化党内人才选拔机制,以增强党的向心力、凝聚力和战斗力,增强引领科学发展的能力。

(五)实现领导体制科学化

提高全党统领科学发展的能力,使党的工作和党的建设更加符合科学发展观的要求,为科学发展提供可靠的政治和组织保障,就必须实现领导体制科学化。

1. 正确的权力配置

权力配置是否正确,即领导体制的核心结构要素是否科学而合理,是能否实现领导体制科学化的一个重要问题。要搞好权力配置,必须以我国的国情为基础,遵循有利于发扬社会主义民主,有利于增强领导活力,有利于调动地方、基层和人民群众的积极性,有利于政治体制的灵活运转,有利于消除官僚主义来进行。在权力配置中,必须各级领导的职、责、权相统一,彻底改变那种职、责权衡致使人浮拜、扯皮推诿的状况,使各级领导者及每一单位的领导者之间的权力配置科学而合理,以保证提高领导效能并防止权力的滥用和异化,增强问责制,对错误决策承担责任,以保证科学发展。

2. 适当而合理的机构设置

虽然机构设置有统一的标准和固定不变的模式,但也是有科学的原则为遵守的。现在,我们必须也正在着手对整个机构中长期形成的不符社会主义市场经济发展要求和民主政治需要的妨碍宏伟大业进程的弊端和映陷,进行比较全面、比较系统的改进。本着精简、统一、效能、节约和消除官僚主义这五项要求,使机构设置趋于合理科学化。领导机构设置和人员配备既不宜过多,也不宜过少。过少,该做的工作无人去做,不行。过多,容易造成机构臃肿人浮于事,甚至互相相扯皮,降低效能,即所谓"二个和尚,抬水吃,三个和尚没水吃"的现象,同样不行。总之,凡是必要的机构就要设置,凡是可有可无的机构都要裁减。凡是设一个机构就可以的,就不要设两个机构,凡是设一个人(事情)能办的,就不要设两个人。力求做到整个领导系统各部门都有明确的任务,清楚的分工,以便各负其责,防止政出多门,使组织机构设置科学化,以保证现代化建设事业的顺利进行。

3. 协调的职能关系

协调的职能关系,是完成领导任务,实现领导目标的重要条件。如果国家机构及其每一个单位和工作人员为正当事务在行动上密切配合一致,那么其职能关系就是协调的。相反,诸如工作中的扯长和相互之间的磨擦以及制造许多人为的障碍,就是职能关系不协调的表现。只有领导组织整体的职能关系协调了,才能使各级机构及其工作人员在明确分工的基础上,各尽其职,各负其责,互相配合,密切协作,减少内耗,提高工作效率,增强领导效果。

4. 优化的领导组合

领导活动是有组织的社会实践活动。领导组织只是实现领导的物质运行基础。优化的领导组合,是领导体制科学化的一个体现。如果领导组织结构科学合理，各个要素之间互相配合、互相补充，能发挥出整体大于部分之和的效果，从而使领导组织高效运转，整体功能获得较好的发挥。相反，如果结构不合理，即使各要素功能很好，也难以产生理想的整体效能。因此，优化的领导组合，需要优化的群体结构，而优化的群体结构，需要把不同领导专长，不同专业特长，不同气质性格特点，不同年龄等的领导干部科学的组合在一起，共同进行领导活动，发挥优化的群体智慧，做好领导工作。

5. 科学的信息及决策系统

决策是领导和管理的核心，是成败的关键。而同样的信息是决策的基础。在过去，很多情况是简单明了的，凭经验，以智慧及临时分析就可以决策，但到了社会的政治、经济、科技等日益复杂的今天，单凭以经验及简单的临时分析进行决策已不适用了。今天，一切领导者，要在复杂多变的情况下果断地作出正确的决策，必须掌握和有效地利用全方位的信息。需要掌握和利用全方位的信息，就必须加强健全信息机构，以便给决策者配备现代化的"千里眼"和"顺风耳"，使耳聪目明，信息灵通起来，从而减少和避免由于情况不明的盲目性所带来的决策的失误。特别是在我们这样幅员广阔的大国及发展有计划的商品经济的今天，要在调查研究的基础上，对基层的实际情况和群众意愿进行全面了解，要对社会的经济、文化、科技等方面的情况进行掌握，要及时的得到政策执行过程中的反馈信息，以便上情下达，下情上达，就必须建立起发达的信息系统，为决策提供可靠且全面的依据，以减少决策的盲目性及失误，为实现科学发展提供保障。

6. 完善而科学的干部人事管理

在我们提出的实现党和国家领导体制科学化的目标中，必须落实"以人为本"。实践和历史表明，每一项成功的事业，都是一次人才的大聚光。从某种意义上说，人才才是根本。当今国际国内的经济竞争、科技竞争、军事竞争，归根结底是人才的竞争。作为领导人才，更发挥着重要作用。"路线确定之后，干部就是决定因素"。对此，我们已有共识。

在实现党和国家领导体制科学化的进程中，无论是机构设置、权力配置、工作制度、班子构成、运行机制，都与有着密切的关系，从这个意义上说，要制约和影响着其他目标，而且，完善而科学的干部人事制度，对于提高干部素质，调动其积极性，也起着重要作用。因此，要实现党和国家领导体制的科学化，必须建立完善而科学的干部人事制度。改变缺乏科学分类，管理权限过分集中，管人与管事脱节等缺陷。我们建立完善而科学的干部人事制度，就是解决和消除由于这些缺陷所造成的种种弊端以及其他不符合领导科学原理的环节和方面，为领导体制科学化作好组织保证。

7. 健全的规章制度

只有建立健全的规章制度，制定完善的工作细则，明确工作责任，划清职责范围，才能使领导机关和领导有章可循，从制度上保证各尽其职，各负其责，增强组织纪律性，做好各项工作。从而避免那种由于制度不够健全所造成的诸如遇事推诿、办事拖拉以及工作上敷衍塞责等不良现象的发生。

8. 思想政治教育工作的加强和改善

领导体制良性运行的思想政治教育保障，是实现党和国家领导体制科学化的一个不可缺少的条件。

首先，只有真正做好思想政治教育工作，使全体干部统一思想，统一认识，统一行动，顾全大局，才能产生"磁化"效应，使每一个成员减少不规则、非正常行为的发生，从而保证良好的运行机制。唯有如此，才能有效地防止和消除"上有政策，下有对策"的不良现象。具体点说，改进和搞好思想政治教育工作，是使各队干部提高坚持四项式本原则的直觉性，在思想上、政治上与党中央保持一致的要求；是使全体干部牢记党的宗指，克凡奉公，全心全意为人民服务的需要；是使全体干部增强革命的坚定性，始终保持旺盛的革命斗志，饱满的工作热情的需要是促使各级领导者加强自身的修养，形成良好的道德品质的需要。

其次，在实现党和国家领导体制科学化的过程中，由于领导体制的改进，必然引起和导致多方面权力、关系的变化与调整，这就不能不使广大干部，特别是各级党政领导干部面临如何对待这种权利，如何认识和对待"升、降、调、转"的考验。适时地做好思想政治教育工作，使一些有思想疙瘩的干部对"四个服从"心悦诚服，从而保证领导体制科学的顺利实现。

9. 灵活的调节机制

鉴于我们提出的目标不仅着眼于现在，而且放眼于未来，因此，在我们提出的领导体制科学化的目标中就不能不包含自我发展完善机制，即具有适应新形势变化的灵活的自我调节能力，以适应客观环境和周围长期条件的变化。这样不断趋自科学化以满足社会实践活动的需要的目标，自然也就蕴涵了领导体制走向科学化，自我更新完善机制，以便不断摧发出新的生机永葆其青春。

此外，在领导过程中的调节，在接受到反馈信息以后，根据反馈信息，及时发出调节和控制的指令，以保证领导活动的正常运行和原定目标的实现。调节领导过程中自身的冲突。领导体制各个要素之间的调节，比如领导结构中的权力制约、工作纪律规范等要素的和谐作用，使机构能够自检、自律、自我免疫。

10. 严明的法治保障

要实现党和国家领导体制的科学化，不能不运用法治这一有效工具，只有有了法律的保障，才能给各个领导机构的组织和活动作出明确的规定，并对干部提出明确的要求，作出法律约束，从而使领导活动依法执行党的路线、方针、政策，消除不正之风，杜绝徇私舞弊，保障人民群众的合法权益，并便于人民群众进行监督。唯有把科学的领导制度及组织形式、职责权限，考核奖惩标准及措施、人才构成及运用，权力配置和运行程序，升降交流，退职退休等用法规形式固定下来，规范领导者的行为，实现法制，并逐渐形成国民意识才能铲除非正常行为的发生，使领导体制全面走向健康发展的轨道。

（六）加强反腐倡廉建设

实践证明，腐败是制约科学发展的绊脚石，要实现科学发展，必须加强反腐倡廉建设。腐败所造成的结果是腐蚀社会有机体，破坏上层建筑与经济基础的和谐关系，使科学发展观不能得到有效的落实。不仅如此，党风廉政建设与反腐败斗争还关系到国家的长治久安，关系到党的生死存亡。"党内不允许有腐败分子的藏身之地，我们一定要以党风廉政建设的实际成果取信于民。"①

童中贤在 2002 年 2 月 2 日的《光明日报》上撰文认为：以往人们对腐败的成因缺乏系统的认识，往往是孤立地解决其中的某一因素，这当然收不到好的效果。欲开展有效的反腐败斗争，就必须从腐败三要素的整体出发，制定科学、管用、有效的预防和惩戒对策。同任何事物一样，腐败的产生也是一定要素作用的结果。虽然不同行业和不同类型的腐败所借助的要素各不相同，但有三个要素即腐败主体、腐败对象、腐败机会却是相同的。

胡锦涛总书记在十七大报告中指出，"把反腐倡廉建设放在更加突出的位置"，"坚持标本兼治、综合治理、惩防并举、注重预防的方针，扎实推进惩治和预防腐败体系建设"，"在坚决惩治腐败的同时，更加注重治本，更加注重预防，更加注重制度建设"，这为促进反腐倡廉工作，加强对领导干部权力的制约，健全多种监督机制，从标本兼治的理论与实践上探索反腐倡廉的新路

---

① 《江泽民文选》第 3 卷 [M]，人民出版社，2006 年版，第 292 页

子指明了方向。

党的十七届四中全会明确提出，要推进反腐倡廉制度创新，不断取得反腐败斗争新成效：把反腐倡廉建设放在更加突出的位置，坚持标本兼治、综合治理、惩防并举、注重预防的方针；严格执行党风廉政建设责任制；加大教育、监督、改革、制度创新力度，更有效地预防腐败；加大查办违纪违法案件工作力度，健全权力运行制约和监督机制。

面对新世纪新阶段国内外错综复杂的形势，全党在以胡锦涛同志为总书记的党中央的领导下，不断探讨和研究如何发挥群众监督、法律监督、行政监督、经济监督、民主监督、舆论监督的作用，形成党内、法律、行政、经济、民主、群众与舆论"七位一体"的权力监督系统和协调机制，抓紧建立健全与社会主义市场经济体制相适应的教育、制度、监督并重的惩治和预防腐败体系，以抓好党风政风建设，促进领导干部廉洁自律。所以，加强教育、发展民主、健全法制、强化监督、创新体制，从源头上预防和治理腐败问题，是反腐倡廉工作的治本之策。

第八章

贯彻科学发展改善民生推进社会建设

胡锦涛总书记在党的十七大报告中提出,要加快推进以改善民生为重点的社会建设,并对此作了明确部署:必须在经济发展的基础上,更加注重社会建设,着力保障和改善民生,推进社会体制改革,扩大公共服务,完善社会管理,促进社会公平正义。这是我们党着眼于发展中国特色社会主义,推动科学发展,促进社会和谐,实现全面建设小康社会奋斗目标作出的重大决策和部署。孙中山先生的"三民主义"就曾提到"民生"问题。《辞海》中对于"民生"的解释是"人民的生计",是一个带有人本思想和人文关怀的词语,洋溢着一种大众情怀。在现代社会中,民生和民主、民权相互倚重。改善民生就是要努力使全体人民学有所教、劳有所得、病有所医、老有所养、住有所居,推动建设和谐社会。加快推进以改善民生为重点的社会建设,抓住了维护和实现社会公平正义的关键,抓住了解决经济社会发展不平衡和影响社会和谐安定问题的关键。

一、贯彻科学发展改善民生推进社会建设的重要意义

社会建设作为中国特色社会主义事业总体布局的重要组成部分,其内涵主要包括发展社会事业、扩大公共服务、协调利益关系、完善社会管理、调处社会矛盾、促进社会公平正义等,以及这些方面的改革和建设。强调以改善民生为重点加快推进社会建设,这是我们党对中国特色社会主义事业的新认识、新概括,在理论上和实践上都具有重大意义。

(一)改善民生是构建和谐社会的基础工程

民生问题事关科学发展及其落实,改善民生是落实科学发展观"以人为本"的内在要求。"民生问题就是一个社会成员,如何从社会和政府获得自己

生存和发展的社会资源和社会机会，用来支撑自己的物质需要和精神需要"①，民生连着国运。纵览中国上下五千年，"盛世"都是休养生息、民生改善的时期；"乱世"都是民不聊生、矛盾激化的阶段。从表面上看，衣食住行、养老就医、子女教育都是个人小事，但从全局看、从深层次看，民生是国家发展进步的重要标志，民生状况是社会文明发展的标志，民生是社会发展状况的重要指标，是关系民心向背、政党执政的大事。

民生问题不解决，社会就不可能和谐。当前，我们正处于一个新的发展阶段，经济体制深刻变革，社会结构深刻变动，利益格局深刻调整，影响社会和谐的矛盾和问题日益凸显。在这种情况下，民生问题不仅仅是社会问题、经济问题，更是政治问题。加快推进以改善民生为重点的社会建设，是深入贯彻落实科学发展观的重要内容，是构建社会主义和谐社会的关键环节，是推动经济、政治、文化、社会等诸方面协调发展的着力点，是构建和谐社会的基础工程。

（二）改善民生是社会主义现代化建设又好又快发展的需要

着力保障和改善民生是社会主义现代化又好又快发展的需要。从经济上看，解决衣食住行、养老就医、子女教育也是扩大内需的过程，是社会主义现代化又好又快发展的内在要求。"现代化"是指从传统的农业社会向近现代工业化社会的转化过程。改革开放以后，邓小平从中国具体国情出发研究现代化的问题，确立了三步走的发展战略，确定21世纪中叶实现中国的现代化的目标。改革开放30多年来，我国取得了辉煌的成绩，人民生活总体上已达到小康水平，但我们目前的小康还是低水平、不全面、不平衡的小康。要建设一个高水平的、全面的、均衡的小康，就要在发展观上进行一次革命性的变革。我国已经解决了10多亿人口的温饱问题。但在实现现代化的过程中，也出现了一系列问题，如城乡差距拉大、区域发展不平衡、经济社会发展不协调、资源环境压力加大等。这些问题的存在已经影响到了我国现代化建设的质量与成效，影响到全面小康社会的实现。在这个关键时刻，我们党提出了科学发展观。

科学发展观是全面建设现代化的科学指南，是实现全面小康社会战略目标的必然要求。落实科学发展观，尽快实现我国的现代化，要求必须刻不容缓地

---

① 郑杭生：《抓住改善民生不放，推动和谐社会构建——从社会学视角领会十七大报告的有关精神》，《广东社会科学》2008年第1期

采取有效措施，切实把发展的重点转移到深化改革、优化结构、提高质量和效益、转变经济增长方式上来，坚持走科技含量高、经济效益好、资源消耗低、环境污染少、人力资源优势得到充分发挥的新型工业化道路。能不能用科学发展观统领经济社会发展全局，尽快实现经济结构转型和增长方式转变，使经济社会真正转到全面协调可持续的科学发展的轨道上来，是对我国能否实现现代化的新的考验。

只有牢固树立和认真落实科学发展观，按照以经济建设为中心、以人为本、全面、协调、可持续发展的原则和要求，想问题、办事请、作决策，才能使低水平、不全面、发展很不平衡的小康向高水平的、全面的、均衡的小康方向发展；才能实现我国的现代化；才能真正做到在经济发展基础上促进社会全面进步，保证人民共享发展成果。只有以科学发展观为指导，辩证地认识和处理与发展相联系的各方面重大关系，发展才能有新思路，改革才能有新突破，开放才能有新局面；才能紧紧抓住和充分用好战略机遇期，解决前进道路上面临的矛盾和问题，顺利推进全面建设小康社会和整个现代化事业，不断改善民生，提高人民生活水平，维护社会稳定，实现全面建设小康社会战略目标，增强国防实力，维护国家安全，在风云变幻的国际局势中立于不败之地。

（三）改善民生是落实科学发展观"以人为本"的内在要求

改善民生之所以是落实科学发展观"以人为本"的内在要求，是因为社会建设与人民幸福安康息息相关，既体现了中国特色社会主义本质的要求，又体现了深入贯彻落实科学发展观的要求，突出了社会建设的着力点。社会建设作为中国特色社会主义事业总体布局的重要组成部分，其内涵主要包括发展社会事业、扩大公共服务、协调利益关系、完善社会管理、调处社会矛盾、促进社会公平正义等，以及这些方面的改革和建设。强调以改善民生为重点加快推进社会建设，在理论上和实践上都具有重要的意义。

改善民生一要关心公民的衣食住行等关乎生存的基本方面，二要关心公民的发展机会和发展能力，三要关心公民良好的社会福利状况。纵观改革开放的历史进程，我们党关于现代化建设"三步走"的战略部署，每一步都把经济发展的目标同改善人民生活和促进社会进步的目标有机地结合起来。科学发展观的核心是以人为本。发展必须坚持以人为本，尊重人民主体地位，发挥人民首创精神，做到发展为了人民、发展依靠人民、发展成果由人民共享。为此，必须着力解决关系人民群众切身利益的生活、生产问题，保障人民群众的经济、政治、文化和社会权益，努力实现人的全面发展。强调以改善民生为重点加快推进社会建设,坚持把保障和改善民生作为关系全局的重大任务,通过坚持不懈地努力,不断朝着使全体人民学有所教、劳有所得、病有所医、老有所养、住有所居的目标前进,这是我们党牢牢把握中国特色社会主义本质特征的集中体现,也是贯彻落实科学发展观的内在要求。

党的十七届五中全会提出要高举中国特色社会主义伟大旗帜,以邓小平理论和"三个代表"重要思想为指导,深入贯彻落实科学发展观,坚持科学发展,更加注重以人为本,顺应各族人民过上更好生活新期待,更加注重保障和改善民生,促进社会公平正义。以科学发展为主题,以加快转变经济发展方式为主线,深化改革开放,保障和改善民生。

二、贯彻科学发展改善民生推进社会建设的内容

所谓民生,从人权角度看,就是人的全部生存权和普遍发展权;从需求角度看,民生是指与实现人的生存权利有关的全部需求和与实现人的发展权利有关的普遍需求。前者强调的是生存条件,后者追求的是生活质量,即保证生存条件的全部需求和改善生活质量的普遍需求;从责任角度看,就是党和政府施政的义务与责任。

邓小平同志说:社会主义财富属于人民,社会主义的致富是全民共同致富。构建和谐社会,就是要把民生问题作为重中之重,让广大人民群众有活干,有学上,有饭吃,有衣穿,有屋住,病有医,老有养,生活幸福,都过上好日子。以改善民生为重点的社会建设,必须在经济发展的基础上,更加注重社会建设,着力保障和改善民生,推进社会体制改革,扩大公共服务,完善社会管理,促进社会公平正义,努力使全体人民学有所教、劳有所得、病有所医、老有所养、住有所居,推动建设和谐社会。胡锦涛总书记在党的十七届一中全会上提出,要着力保障和改善民生,着力解决人民最关心、最直接、最现实的利益问题,着力化解人民内部矛盾和不和谐因素,多为群众办好事、办实事,特别是要千方百计帮助困难群众排忧解难,努力使全体人民学有所教、劳有所得、病有所医、老有所养、住有所居。温家宝总理在2009年的政府工作报告里多次提到"民生",指出越是困难的时候,越要关注民生,要坚持把保障和改善民生作为经济工作的出发点和落脚点。党的十七大报告从六个方面对改善民生作出了安排。

（一）优先发展教育，建设人力资源强国

教育公平是社会公平的重要基础，是民族振兴的基石，发展教育也是把我国巨大人口压力转化为人力资源优势的根本途径和必然抉择。教育问题在十六大报告中是放在文化事业发展的章节中来论述的，在十七大报告中放在社会建设里，表明教育问题事关民生，事关和谐社会建设，也反映了党中央在"四位一体"中国特色社会主义事业总体格局中对教育的新思考、新认识。

要全面贯彻党的教育方针，坚持育人为本、德育为先，实施素质教育，提高教育现代化水平，培养德智体美全面发展的社会主义建设者和接班人，办好人民满意的教育。优化教育结构，促进义务教育均衡发展，加快普及高中阶段教育，大力发展职业教育，提高高等教育质量。重视学前教育，关心特殊教育。更新教育观念，深化教学内容方式、考试招生制度、质量评价制度等改革，减轻中小学生课业负担，提高学生综合素质。坚持教育公益性质，加大财政对教育投入，规范教育收费，扶持贫困地区、民族地区教育，健全学生资助制度，保障经济困难家庭、进城务工人员子女平等接受义务教育。加强教师队伍建设，重点提高农村教师素质。鼓励和规范社会力量兴办教育。发展远程教育和继续教育，建设全民学习、终身学习的学习型社会。

教育是民生之基，就是说教育是强国富民的基础，要努力提高国民素质，把教育放在优先发展的战略地位。这是因为，当今世界，提高人力资本水平、优化人力资本是刺激经济增长、缩小收入差距、实现社会富裕的根本所在，是提高科技与经济发展水平，增强国家核心竞争力的关键所在。

当代西方经济学认为，资本采用两种形式，即物力资本和人力资本。投入生产过程的厂房、机器、设备、资金等物质生产要素为物力资本，体现于劳动者身上的资本为人力资本。在舒尔茨之前，西方经济学普遍强调物力资本的作用，忽视甚至批判人力资本在经济增长、财富增加的过程中所起的重要作用，虽然也有经济学家从技术因素、制度因素来探讨经济增长，但都没有充分重视人力资本的作用。

诺贝尔经济学奖获得者舒尔茨从劳动力要素的角度，研究人在推动技术进步和经济发展中的特殊作用，认为提高人力资本水平、优化人力资本是刺激经济增长、缩小收入差距、实现社会富裕的根本所在。舒尔茨是第一个系统地论述人力资本的人，他认为人力资本（Human Capital）是社会进步的决定性因素，是投资的结果，掌握了知识和技能的人力资源是一切生产资源中最重要的资源，它是以复杂劳动力为载体而形成的一种资本形态。

舒尔茨从不同的角度对人力资本下过经典定义。按照舒尔茨的理解，人力资本包含三层含义。第一，人力资本体现在人的身上，表现为人的知识、技能、资历、经验和熟练程度等，即表现为人的能力和素质；第二，人的能力素质是通过人力资本投资获得的，因此，人力资本又可以理解为是对人力的投资而形成的资本，从货币形态看，它表现为提高人力的各项开支，主要有保健支出、学校教育以及在职教育支出、劳动力迁移的支出等；第三，既然人力是一种资本，无论是个人还是社会对人力投资，都必然会受益。因此，人力资本的大小、高低也可表现在人力所有者——劳动者的收入上。他在1960年美国经济联合会的主席就职演讲中，提出的题为"人力资本的投资"一文中，抨击了古典的资本理论："把人力资源当作一种资本，一种生产的方式，一种生产的投资（在理论上）是失败的，这种古典理论把劳动仅仅当作一种手工工作的能力而不是知识和技能。根据这种观点，所有的劳动者都是一样的。"

后来舒尔茨也用了其他许多因素来解释人力资本。舒尔茨对人力资本的理论提出了挑战和假设。他认为身体资本与人力资本最大的不同在于人力资本作为一种能增值的价值是嵌入在劳动者自身之中的。二者之间典型的不同是，人力资本是由教育、训练和经验来衡量的。对一部分劳动者在人力资本上的投资不仅对公司有利而且对劳动者自身也是有好处的。人力资本增加了劳动的价值，价值的一部分通过工人的谈判就变成了工人的工资和福利。

舒尔茨的人力资本理论源于对经济发展实践进行实事求是的分析。第二次世界大战以后，西欧、日本的许多城市毁于战火，基础设施也被破坏，但战争结束不久，这些国家的发展，其经济恢复与崛起之快确实出人意料。深入进行分析，这里有外资援助因素，如马歇尔计划等。但同样也有一些发展中国家也得到了经济援助，却仍然发展缓慢，不尽人意。这是为什么？这种用传统经济理论无法阐述清楚的现象，引起了发展经济学家的深入研究，发现根本原因就在于这两类国家在人力资本上存在着重大差异。西欧等发达国家在战争中毁坏的只是基础设施，物质设备，而具有较高文化、技术和技能素养的人力资源大多得以留存，再加上这悠久的文化传统和重视教育的现代国策为经济发展提供了大量高素质的劳动力，一旦有了资金、物质可供利用，其社会经济就会迅速复苏起来，所以重建经济的核心在于人力资源。人力资源使经济发展得以建立在高技术水平和高效益基础上，并得以奇迹般地发展。

建设人力资源强国需要办好人民满意的教育，办好人民满意的教育就要把教育放在优先发展的战略位置。为此，要做好以下几个方面的工作。

第一,全面贯彻党的教育方针。要坚持育人为本、德育为先,培养德智体美全面发展的社会主义建设者和接班人。发展教育的根本任务是培养人,培育全面发展的人,提高全体国民素质,使学生思想道德素质、科学文化素质、身体素质、心理素质和劳动技能素质全面协调发展。

第二,优化教育结构。要坚持按照教育发展规律和经济社会发展需要,优化教育资源配置,促进义务教育均衡发展,加快普及高中阶段教育,大力发展职业教育,提高高等教育质量和办学效益,重视学前教育,关心特殊教育,形成各级各类教育全面协调可持续发展的良好格局。理顺高校学业和就业的办学目标,使大学生既能掌握知识又能学有所用,适应社会就业需要。

第三,推进教育改革创新。要着眼于构建现代国民教育体系,提高学生综合素质,大力实施素质教育。关键是更新教育观念,改进人才培养模式,深化教学内容方式、考试招生制度、质量评价制度等改革,特别要推进教育教学与生产劳动和社会实践的紧密结合,使学生得到主动的、生动活泼的发展,注重培养学生的独立思考能力、创造能力和就业能力、创业能力。

第四,坚持教育公益性质。教育是关系社会公共利益,对全体国民、对国家和民族现在和未来具有重大影响的公共事业,政府负有义不容辞的重要责任,必须加大财政对教育的投入,规范教育收费,健全公共财政投入和保障机制,为全体国民提供接受良好教育的机会和条件。

(二)实施扩大就业的发展战略,促进以创业带动就业

就业是民生之本,建立统一规范的人力资源市场,形成城乡劳动者平等就业的制度。这些新提法在我们党的报告中首次出现,并且还提出一系列针对弱势就业群体的倾斜政策,充分体现了党中央所倡导的城乡劳动者就业机会平等的新主张。

近年来,随着我国经济快速发展,就业再就业工作也取得了明显成效。但就业再就业形势依然较为严峻。当前我国的就业压力较大,造成这种局面的原因是多方面的。其一,我国人口基数大,需要就业的人员多,就业高峰持续时间长。近几年,随着高校招生规模的扩大,高等教育已步入大众化,大学生的就业高峰与全社会的就业高峰重叠,大学生就业压力也开始凸现出来。其二,就业机制有待完善。这是因为:旧的计划经济体制的影响仍然存在并在一定范围内发生作用,用人机制还不健全,仍然存在很大程度上的计划安置,人才流动机制还有待完善;劳动力市场发育不完善,劳动力要素的配置还未达到完全优化。其三,就业观念有待更新。当前在就业问题上,许多人的就业观念滞

贯彻科学发展改善民生推进社会建设

后,缺乏主动择业创业的积极性,"等"、"靠"、"要"的思想仍然存在,而且不从自身条件和现实环境出发,就业期望值过高。

为了缓解就业压力,提供更多的就业机会,近年来国家采取了积极的就业政策,即确立了"劳动者自主就业,市场调节就业,政府促进就业"的就业方针,坚持通过发展经济、调整经济结构、深化改革、协调发展城乡经济以及完善社会保障体系促进就业,并采取各种有效措施,千方百计增加就业,扩大就业规模,努力把失业率控制在社会可承受的限度内。实践证明,国家实施的积极就业政策已经产生了实际的效果,近年来社会就业率和再就业率不断提高。

解决就业问题是一项十分复杂的社会工程,不可能一蹴而就。不仅要化解各种客观矛盾的制约,还需要发挥人的主观能动性。从实际情况来看,目前我国的就业形势是不少就业岗位并非人满为患,既存在着"人找岗位"的现象,也存在着"岗位找人"的现象。当前,比较突出的是结构性失业和摩擦性失业的问题。所谓结构性失业,是指需要就业的劳动者的职业技能、素质、择业观念与经济结构调整或生产技术转变带来的就业岗位要求难以适应,导致有工作不能干。由于涉及经济体制转换、产业结构调整和教育模式改革等问题,这种失业状况解决起来费力费时。所谓摩擦性失业,是指劳动者由于工作不如意,或者为了寻求更高的待遇和更好的发展机会而造成的暂时性失业。这种失业是市场经济条件下,人力资源配置过程中的一种常态,通过就业观念的引导和信息披露,相对而言比较容易解决。

此外,失业类型中还包括发展性失业和周期性失业,前者是指农村富余劳动力在向城镇转移的过程中,往往会造成一部分人处于失业状态。后者是指经济不景气所造成的对劳动力需求的萎缩,其对经济发展产生的负面影响最大,也是各国宏观经济政策力图降低的指标。这两种失业均是由社会客观因素造成的,与择业者主观愿望的错位关联不大。解决目前的就业问题,固然需要党和政府为就业创造良好的条件和环境,但更需要每一个公民树立正确的择业观和创业观。

所谓择业是指个人根据自己的意愿和社会的需要,主动选择自己所从事的工作的过程;所谓创业则是通过发挥自己的主动性和创造性,开辟新的工作岗位、拓展职业活动范围、创造新的业绩的实践过程。在个人的职业生涯中,择业与创业并不是两个孤立的环节,择业是创业的基础,创业又是择业的内在要求。在实际生活中,择业和创业往往是相互联系、不能截然分开的。

要坚持实施积极的就业政策，加强政府引导，完善市场就业机制，扩大就业规模，改善就业结构。完善支持自主创业、自谋职业政策，加强就业观念教育，使更多劳动者成为创业者。建立统一规范的人力资源市场，形成城乡劳动者平等就业的制度。规范和协调劳动关系，完善和落实国家对农民工的政策，依法维护劳动者权益。

就业是民生之本，是保障和改善人民生活的重要条件。坚持把解决就业问题作为解决民生的核心问题，高度重视并突出抓好就业工作。加快完善覆盖城乡的就业服务体系，重视大中专毕业生和新增劳动力就业，加强技能培训和信息服务，加强岗前技能培训，建立人力资源供求信息分析评估制度，及时预测和发布劳动力市场和人才市场供求信息。实施积极就业政策，大力发展各类社区服务业，不断增加就业容量。大力解决下岗职工再就业，引导农村富余劳动力向非农产业转移，抓好高校毕业生、复转军人、新增劳动力的就业问题，实行"劳动者自主择业，市场调节就业，政府促进就业"的方针，使人人有活干，有饭吃。

创业不仅使创业者自己实现就业，还可以创造更多的就业岗位，带动更多的人就业。实施扩大就业的发展战略，促进以创业带动就业。千方百计增加就业岗位。坚持发展经济与促进就业互动，积极发展经济和调整结构，以发展促进就业，扩大就业规模，改善就业结构。鼓励自主创业、自谋职业。促进以创业带动就业，是解决就业问题的一个重大方针。要加强就业观念教育，营造自主创业的社会环境。运用好财税、金融政策，增加融资渠道，放宽市场准入限制，积极培育创业主体，使更多劳动者成为创业者，推动创业型社会建设，扩大就业容量。推进就业体制改革创新。积极做好高校毕业生就业工作，鼓励和引导大学生面向农村、面向基层就业。

（三）深化收入分配制度改革，增加城乡居民收入

吴康妹教授2005年就提出初次分配就要重视公平问题。她说"构建公平合理的收入分配关系，是社会主义和谐社会的重要内容。在社会主义市场经济条件下，效率与公平之间相互依赖、相互促进，但也存在着相互矛盾。"效率优先，兼顾公平"的原则，调动了劳动者和不同要素所有者的积极性，加快了经济发展的步伐。但强调效率优先，并不意味着兼顾公平无足轻重，如果片面追求效率而忽视公平。就可能出现收入差距过大，产生贫富悬殊、两极分化，导致劳动者和公众积极性严重挫伤，严重影响社会主义和谐社会的构建。当前，国家除了进一步加强再分配领域的公平调节外，还应重视初次分配领域

中的公平问题。"①

十七大报告提出,初次分配和再分配都要处理好效率和公平的关系,再分配更加注重公平。逐步提高居民收入在国民收入分配中的比重。着力提高低收入者收入。创造条件让更多群众拥有财产性收入。这些针对分配领域的新提法,不仅表明了党中央对分配制度的深入思考和探索,更反映了党对收入分配公平的关注,体现了对低收入群体的政策倾斜和关心,标志着我们党收入分配理论的升华和更趋成熟,并预示着我国分配领域的深层次改革正在加快推进。

合理的收入分配制度是社会公平的重要体现。改革开放以来,我国收入分配制度改革不断深化,打破了平均主义、"大锅饭"制度,形成了按劳分配为主体、多种分配方式并存的分配制度,有力地促进了经济社会发展,同时也出现了城乡、地区、行业和部分居民之间收入差距持续拉大的现象。为此,必须对国民收入分配格局进行重要调整。

要坚持和完善按劳分配为主体、多种分配方式并存的分配制度,健全劳动、资本、技术、管理等生产要素按贡献参与分配的制度,逐步提高居民收入在国民收入分配中的比重,提高劳动报酬在初次分配中的比重。着力提高低收入者收入,逐步提高扶贫标准和最低工资标准,建立企业职工工资正常增长机制和支付保障机制。一个时期以来,在我国国民收入分配中,政府和企业所占比重持续提高,而居民收入所占比重明显偏低,劳动报酬在初次分配中的比重偏低。这是多年来固定资产投资增长过快、投资率持续偏高,消费增长缓慢、消费率偏低的重要原因。提高这两个比重,有利于理顺国家、企业和个人三者的分配关系,有利于增加广大劳动者收入,维护劳动者权益,也有利于合理调整投资与消费关系,促进经济社会协调健康发展。

创造条件让更多群众拥有财产性收入。保护合法收入,调节过高收入,取缔非法收入,扩大转移支付,及时进行税制改革,提高个人所得税起征点,强化税收调节,打破经营垄断,创造机会公平,整顿分配秩序,逐步扭转收入分配差距扩大趋势,建立正常的工资增长机制,使改革发展成果让人民共享,缩小贫富差距,形成两头小、中间大的社会财富分配格局,让广大人民群众都过上幸福的好日子。

曾几时何,人们往往关注初次分配解决效率问题、再分配解决公平问题,实际上目前许多分配不公问题产生于初次分配领域。党的十七大报告强调,初

---

① 吴康妹:《浅谈初次分配领域中的公平》,《贵州师范大学学报》,2005年第3期

次分配和再分配都要处理好效率和公平的关系,再分配更加注重公平。这是对我国收入分配制度内涵的丰富和完善,具有很强的现实针对性。这既有利于提高经济效率,不断增加社会财富,又有利于促进社会公平正义,充分发挥各方面的积极性。坚持和完善按劳分配为主体、多种分配方式并存的分配制度,健全劳动、资本、技术、管理等生产要素按贡献参与分配的制度。与此同时,要逐步提高居民收入在国民收入分配中的比重,提高劳动报酬在初次分配中的比重。

(四)加快建立覆盖城乡居民的社会保障体系,保障人民基本生活

《中共中央关于构建社会主义和谐社会若干重大问题的决定》指出构建社会主义和谐社会的一个重要目标和任务是"覆盖城乡居民的社会保障体系基本建立。"① 十七大报告提出,要加快建立覆盖城乡居民的社会保障体系,保障人民基本生活。要以社会保险、社会救助、社会福利为基础,以基本养老、基本医疗、最低生活保障制度为重点,以慈善事业、商业保险为补充,加快完善社会保障体系。报告提出了加快建立覆盖城乡居民的社会保障体系的概念,也是第一次对社会保障体系进行如此系统地深刻表述。

社会保障制度是国家依据一定的法律和法规,保证社会成员的基本生活、生存需要、保证社会稳定的一项社会安全制度。完善社会保障已引起中央和社会各界的广泛关注。保障了人们的基本生存,就等于社会有了"安全网"和"减震器"。完善的社会保障,是构建和谐社会的内在要求。社会保障制度从其建立之日起,就有互助互济、保障公平的固有特性。为政之要在于安民,建立健全社会保障制度对构建社会主义和谐社会具有十分重要的现实意义。

胡锦涛指出:"要进一步完善社会保障体系,逐步扩大社会保障的覆盖面,切实保障各方面困难群众的基本生活,让他们感受到社会主义大家庭的温暖。要从法律上、制度上、政策上努力营造公平的社会环境,从收入分配、利益调节、社会保障、公民权利保障、政府施政、执法司法等方面采取切实措施,逐步做到保证社会成员都能够接受教育,都能够进行劳动创造,都能够平等地参与市场竞争、参与社会生活、都能够依靠法律和制度来维护自己的正当

---

① 《中共中央关于构建社会主义和谐社会若干重大问题的决定》(2006年10月11日中国共产党第十六届中央委员会第六次全体会议通过)

权益。"①

一个国家要想长治久安、社会和谐，经济繁荣发展，根本的前提是使社会成员的物质生活获得保障。社会保障关系亿万人民的切身利益。当一部分社会成员的生存发生困难时，政府和社会必须给予他们必要的物质帮助，以维持起码的基本生活，这样才能消除社会的不安定因素。因此，许多人把社会保障称为社会运行的"安全网"和"稳定器"。社会保障作为一种再分配手段，通过对生活在贫困线以下的公民、暂时或永久丧失劳动能力或劳动机会的公民支付救济金、伤残抚恤金和失业金等，在社会成员之间转移支付，从而降低收入差别、贫富悬殊的程度，减少市场经济负效应的不利影响，发挥社会不同群体收入分配的"调节器"作用，兼顾效率与公平，从而有助于实现社会的和谐。社会保障制度是社会稳定的"安全网"保障。社会保障制度通过保障人民的基本生活，使老有所养，病有所医，工伤有保险，灾害有赔偿，失业有救济，残疾有安置，贫困有支援，发挥经济、社会发展的"稳定器"作用，实现社会的稳定安康与和谐。所以，建立完善的社会保障体系，加大社会保障力度，促进公平和正义，是构建社会主义和谐社会的内在要求。

改革开放以来，我国已经逐步建立起包括社会保险、社会福利、优抚安置、社会救助和住房保障等的社会保障体系基本框架。社会保障在覆盖面、资金规模和保障水平，都取得了前所未有的进步，但我们也应该看到在社会保障领域也还存在着一些不足，离构建和谐社会的要求，还有一定的差距，必须进一步加以完善。

在市场经济的条件下，竞争往往异常激烈而无情。竞争要追求高效率，必然会排斥老、弱、病、残，而这些人又通过各种关系与社会广泛而紧密地联系着。因而当他们的生存受到威胁时，就必然产生社会问题，影响社会稳定与社会主义和谐社会的构建。在社会主义市场经济条件下，构建社会主义和谐社会，必须建立健全社会保障制度，为和谐社会的构建创造稳定、和谐安康的社会环境。

1. 扩大社会保障覆盖面，建立包括城乡所有劳动者的社会保障体系

《中共中央关于构建社会主义和谐社会若干重大问题的决定》指出："完善社会保障制度，保障群众基本生活。适应人口老龄化、城镇化、就业方式多

---

① 胡锦涛：《在省部级主要领导干部提高构建社会主义和谐社会能力专题研讨班上的讲话》[R]，人民日报，2005年2月19日

样化，逐步建立社会保险、社会救助、社会福利、慈善事业相衔接的覆盖城乡居民的社会保障体系"。① 要构建和谐社会，就必须有统一的社会保障体系，加快完善城乡协调的社会保障体系，让所有符合条件的城乡居民都成为保障的对象。从大保障的角度来说，政府要在理顺部门职能的同时，加快新型社会保障体系的建立。

2. 加强政府在完善社会保障中的作用

在我国目前的现实情况下，最有效的、最快的机制，首先要强化各级政府的劳动保障工作责任。对此，政府应做到"三个纳入"，即必须把劳动保障事业纳入国民经济和社会发展的总体格局来落实；必须把劳动保障事业纳入宏观调控体系；必须把劳动保障事业纳入党政领导班子和领导干部的政绩体系来考核。完善社会保障制度，保证下岗人员的最低生活费按时足额发放，保证对落后地区贫困人口的社会救济，保证进城务工人员的合法权益，建立和发展农业自然灾害保险，完善城镇职工的养老保险。同时政府要加强对社会保障资金的管理。围绕构建和谐社会和完善社会保障体系的要求，安排对医疗保险资金、失业保险资金以及被征地农民保障情况的审计和专项审计调查，促进建立健全社会信用体系和与经济发展水平相适应的社会保障体系。

3. 加强社会保障立法与执行，实现社会保障运行的法治化

社会保障只有建立在法治的基础上，才能保证其社会化和制度化。社会保障基金收缴难，管理不统一，使用不规范，一个重要的原因就是缺乏法律的强制力和约束力。现在，社会保障法律体系虽然达到了有法可依，但法律"钢性"不强、制约手段不硬、处理程序过长。因此，不仅要加快健全社会保障法律体系建设，而且要增强"执行力"，使社会保障的各项工作能够不折不扣真正落实。

4. 完善城镇居民最低生活保障制度

这是保证下岗职工的基本权利的根本途径，保障了下岗职工的基本生存需要，也就起到"减震器"的作用。我国面向城镇困难群体的最低生活保障制度已经基本确立，但在资金筹集、救助标准测算、评估依据、实施程序等方面还需要完善。目前的实际情况还表明，这一制度还需要把食物保障与教育救助、住房救助、医疗救助等制度结合起来。城镇居民最低生活保障制度最终将

---

① 《中共中央关于构建社会主义和谐社会若干重大问题的决定》（2006年10月11日中国共产党第十六届中央委员会第六次全体会议通过）

向由政府负责、强化救助功能、程序规范的综合型社会救助机制迈进。随着中国步入老龄化社会,养老保险问题凸现出来,为此还必须继续完善城镇职工的养老保险制度,并逐步建立农村老年人的养老保险体系,这是保证老年人等弱势群体的根本途径。

5. 逐步建立健全农村社会保障体系,让农民也享受到经济社会发展成果

温家宝总理在政府工作报告中指出:"2007 年要在全国范围建立农村最低生活保障制度。"当前要解决好失地农民的社会保障问题,医疗保险、自然灾害保险等制度,进一步改革完善农村社会养老保险。当前农村养老保障以家庭为主,但应同时强化社区保障和国家救济相结合。要加快建立覆盖城乡的新型社会救助体系,逐步建立农民与市民、各种所有制企业职工平等一致覆盖全社会包括养老保险、失业保险和医疗保险等在内的社会保障体系,加快建立健全同构建和谐社会要求相适应的社会保障体系,为构建社会主义和谐社会编织一张全面的社会安全网。要解决好农民工的社会保障问题。以农民工为主体的流动人口,已经成为中国现阶段一个达到 1 亿多人的规模群体,他们的共同特点是流动性强,非正规就业者多处于相对弱势地位,与传统型正规就业者在社会保障方面存在着较大差距。因此,有必要对流动人口采取分类分层保障的办法,以有效地保障这部分弱势群体的生活权益,尽快建立面向农民工及其他流动劳动者的大病或疾病住院保障机制,并建立相应的社会救援制度。

6. 通过法律和政策,健全分配秩序,理顺分配关系

在完善社会保障体系的同时,应加快税收立法进程,建立健全公共财政预算体系,建立完善如收入监测、预警体系,充分发挥金融、财务、审计、税收等监督调控职能,保证收入分配更加公平合理。特别是要完善税收,调节收入,管理垄断收益分配,用法律和法规规范垄断行业的收益分配,将留在部门和企业的垄断收益收归国家财政,推动社会财富的全民共享而不是小团体受益,增强国家对社会保障的支付能力。

社会保障是社会安定的重要保证。健全的社会保障体系,历来被称为人民生活的"安全网"、社会运行的"稳定器"和收入分配的"调节器",是国家的一项重要社会制度,是维护社会稳定和国家长治久安的重要保障。要以社会保险、社会救助、社会福利为基础,以基本养老、基本医疗、最低生活保障制度为重点,以慈善事业、商业保险为补充,加快完善社会保障体系。促进企业、机关、事业单位基本养老保险制度改革,探索建立农村养老保险制度。全面推进城镇职工基本医疗保险、城镇居民基本医疗保险、新型农村合作医疗制

度建设。完善城乡居民最低生活保障制度，逐步提高保障水平。完善失业、工伤、生育保险制度。提高统筹层次，制定全国统一的社会保险关系转续办法。采取多种方式充实社会保障基金，加强基金监管，实现保值增值。健全社会救助体系，做好优抚安置工作。发扬人道主义精神，发展残疾人事业。加强老龄工作。强化防灾减灾工作。健全廉租住房制度，加快解决城市低收入家庭住房困难。社保是人民生存和发展的依托，完善和健全养老、失业、医疗等社会保障机制，落实城镇居民最低生活保障；建立农村养老、医疗保险和最低生活保障制度；大力加强对特殊困难群众的救助，确保弱势群体的生活底线，使人民群众老有所养，病有所医，居有其屋，衣食无忧。

（五）建立基本医疗卫生制度，提高全民健康水平

关于医疗卫生，十七大报告为早日实现人人享有基本医疗卫生服务的目标，提高全民健康水平，作出了具体部署，提出建立基本医疗卫生制度，建设覆盖城乡居民的公共卫生服务体系、医疗服务体系、医疗保障体系、药品供应保障体系。这是党的报告首次对建设覆盖城乡居民的医疗卫生体系所作出的创新性阐述。由于我国是人口大国，仍处于并将长期处于社会主义初级阶段，尽管党和国家及社会付出了巨大努力，但卫生事业发展仍滞后于经济和其他社会事业发展，医疗卫生服务与人民日益增长的健康需求不适应的矛盾还相当突出，城乡之间医疗卫生资源配置不尽合理、医疗保障制度不够健全等制约我国医疗卫生事业发展的诸多问题还没有根本解决，看病难、看病贵问题始终没有得到有效缓解。为从根本上解决惠及百姓"病有所医"问题，党的十七大作出了"建立基本医疗卫生制度，提高全民健康水平"的部署，这是我们党全心全意为人民服务的根本宗旨的具体体现，具有极为重要的现实意义。

贯彻落实党的十七大精神，实现人人享有基本医疗卫生服务的奋斗目标，必须用科学发展观指导我国卫生事业的改革与发展，"必须坚持以人为本，必须充分认识提高国民健康素质在促进经济社会全面发展中的基础性地位，坚持卫生工作为人民健康服务的方向和公共医疗卫生的公益性质，把实现好、维护好、发展好人民健康权益，维护和增进人民健康，作为卫生改革发展的根本出发点和落脚点；必须坚持社会公平正义原则，把人人公平享有基本医疗卫生服务作为衡量改革发展成效的基本标准，努力缩小城乡、区域和人群之间的医疗卫生服务差距，促进公共医疗卫生服务的均等化，实现卫生事业发展成果由全

体人民共享。"①

健康是人全面发展的基础，关系千家万户的幸福。要坚持公共医疗卫生的公益性质，坚持预防为主、以农村为重点、中西医并重，实行政事分开、管办分开、医药分开、营利性和非营利性分开，强化政府责任和投入，完善国民健康政策，鼓励社会参与，建设覆盖城乡居民的公共卫生服务体系、医疗服务体系、医疗保障体系、药品供应保障体系，为群众提供安全、有效、方便、价廉的医疗卫生服务。完善重大疾病防控体系，提高突发公共卫生事件应急处置能力。加强农村三级卫生服务网络和城市社区卫生服务体系建设，深化公立医院改革。建立国家基本药物制度，保证群众基本用药。扶持中医药和民族医药事业发展。

多年来，我国医疗卫生事业取得了显著成就，但与人民群众对医疗卫生的需求仍然差距较大，依然存在着看病难、看病贵的问题。大力发展医疗卫生服务，是广大人民群众的迫切愿望。十七大报告关于健康的重要论断，提出的"人人享有基本医疗卫生服务"的奋斗目标，符合党的一贯主张，与我国宪法的有关规定相一致，与国际发展趋势相吻合，是从我国国情出发，对健康与经济社会发展内在关系的深刻认识和高度概括。为此，必须建立覆盖全民的基本医疗卫生制度。建立覆盖全民的基本医疗卫生制度，是实现人人享有基本医疗卫生服务目标的基础和前提，是全国600万医疗卫生人员光荣而艰巨的任务。这包括：（1）建设覆盖城乡居民的公共卫生服务体系；（2）建设覆盖城乡居民的医疗服务体系；（3）建设覆盖城乡居民的医疗保障体系；（4）建设药品供应保障体系；（5）建设卫生监督执法体系；（6）转变政府职能，强化政府责任。

（六）完善社会管理，维护社会安定团结

中国近代军阀混战的历史证明，稳定是人民安居乐业的内在需要。"利莫大于治，害莫大于乱"，所以我们要重视社会稳定工作，健全社会矛盾纠纷处理机制，排难解纷，化解矛盾。社会稳定是人民群众的共同心愿，是改革发展的重要前提。发展是目的，改革是动力，稳定是保障。稳定随着改革开放不断深入和社会主义市场经济不断发展，我国的经济体制、社会结构、利益格局和人们思想观念发生深刻变化。这种空前的社会变革，给我国经济社会发展带来

---

① 陈竺，高强：《使人人享有基本医疗卫生服务》新华网2008年01月18日

巨大活力，同时也必然带来各种各样的矛盾和问题，增加了社会管理的难度和复杂性。完善社会管理，维护社会安定团结是改善民生和促进社会和谐的重要任务。社会稳定是人民群众的共同心愿，是改革发展的重要前提。

完善社会管理，维护社会安定团结健全党委领导、政府负责、社会协同、公众参与的社会管理格局，健全基层社会管理体制。最大限度激发社会创造活力，最大限度增加和谐因素，最大限度减少不和谐因素。妥善处理人民内部矛盾，完善信访制度，健全党和政府主导的维护群众权益机制。重视社会组织建设和管理。加强流动人口服务和管理。坚持安全发展，强化安全生产管理和监督，有效遏制重特大安全事故。完善突发事件应急管理机制。健全社会治安防控体系，加强社会治安综合治理，深入开展平安创建活动，改革和加强城乡社区警务工作，依法防范和打击违法犯罪活动，保障人民生命财产安全。完善国家安全战略，健全国家安全体制，高度警惕和坚决防范各种分裂、渗透、颠覆活动，切实维护国家安全。

为此，必须健全党和政府主导的维护群众权益机制，重视社会组织建设和管理，完善突发事件应急管理体制，健全社会治安防控体系，加强社会治安综合治理，改善和加强城乡社区警务工作。这些具体措施为人民生命财产安全编织好的一张社会安全网。党的十七大报告提出，"要完善社会管理体制，最大限度激发社会创造活力，最大限度增加和谐因素，最大限度减少不和谐因素"。①

社会管理由点点滴滴的小事和具体工作组成。大力推进社区建设，完善社区事务办事大厅"一门式"服务工作机制，拓展与群众生活密切相关的服务内容，按照"便民"原则优化办事流程。提升社区物业服务水平问题。改善交通，大力发展城市公共交通，抓好普通公交、快速公交、出租车和农村客运的运营管理，提升客运服务质量。

运行机制创新是社会管理体制创新的重点。由于社会管理涉及面广、内容多，既要全面部署、整体推进，又要突出重点、解决难点、抓住关键点。

为创新社会管理体制，整合社会管理资源，提高社会管理水平，努力营造安定和谐的局面。完善社会管理，维护社会安定团结，要着力抓好十五个方面工作：

---

① 胡锦涛：《高举中国特色社会主义伟大旗帜，为夺取全面建设小康社会新胜利而奋斗——在中国共产党第十七次全国代表大会上的报告》，新华社北京 2007 年 10 月 24 日

贯彻科学发展改善民生推进社会建设

一要加强社会治安综合治理，增强人民群众安全感，全力维护社会长治久安。健全完善治安防控机制，切实加强路面防控，依法严厉打击各类违法犯罪活动，保障人民生命财产安全。

二要健全社会组织，增强服务社会功能，健全多元化的社会治理结构。

三要推进社区建设，完善基层管理和服务网络，提高城乡管理水平。

四要完善应急管理机制，有效应对各种风险，增强危机管理和抗风险能力。完善重大危险源监控、应急管理体制机制和预案体系，加强气象防灾减灾和应对气候变化能力建设，提高保障公共安全和处置突发事件能力。

五要统筹协调各方面利益关系，妥善处理社会矛盾，以维护和实现最广大人民群众根本利益为出发点和落脚点，以发现得早、化解得了、控制得住、处置得好为工作目标，建立完善矛盾纠纷排查调处和维护社会稳定工作机制，立足预防，明确责任，着力将矛盾化解在基层，化解在萌芽状态，维护社会大局稳定。做好群众来信来访、法律服务、法律援助和人民调解工作，完善多元化纠纷解决平台建设和工作机制，建立健全领导接访长效机制，及时化解各类社会矛盾。

六要健全社会利益协调和诉求表达机制，建立健全舆情汇集和分析机制，建立党委政府定期分析社会稳定形势制度和社情民意反映和跟踪监测体系，及时开展矛盾化解和调处工作，加快构建有利于正确处理人民内部矛盾的长效机制。强化劳动监察，提高劳动争议仲裁效能，构建和谐劳动关系。

七要高度重视并认真研究新时期人民内部矛盾发生、发展的特点和规律，坚持统筹兼顾、综合配套，审时度势、把握机遇，综合运用政策、法律、经济、行政等手段和民主的、说服教育的、相互沟通的方式，努力从源头上解决事关群众切身利益的问题。

八要针对改革攻坚容易引发社会矛盾的实际，要建立高层次、综合性的改革协调机制，加强对改革的统一领导和综合协调，强化改革的决策机制，对改革进程实施统一协调，有效兼顾不同群体的利益，保证全体社会成员利益的相对均衡，使改革发展的成果为全社会所共享。要完善信访制度，健全党和政府主导的维护群众权益机制，统筹协调各方面利益关系，有效预防和化解各类社会矛盾。

九要健全政府职责体系，完善公共服务体系，强化社会管理和公共服务为目标，加快行政管理体制改革，建设服务型政府。

十要完善和加强社会建设和管理的政策法规体系。

十一要健全社会治安防控体系。要加强社会治安综合治理，深入开展平安创建活动，改革和加强城乡社区警务工作，依法防范和打击违法犯罪活动。

十二要完善国家安全战略，高度警惕和坚决防范各种分裂、渗透、颠覆活动，切实维护国家安全。

十三要加快电子政务建设。电子政务建设有助于及时发布公共信息，推进公共服务的信息化，为群众生活和参与经济社会活动创造便利条件。同时，电子政务建设还能有效促进政务公开化，这对解决目前困扰我们的诸多现实问题，维护社会稳定是非常有益的。

十四要落实安全生产责任制和行政问责制，继续抓好海陆交通、危险化学品、非煤矿山、森林火灾、建筑施工等安全专项整治，预防重特大事故发生。

十五要整合各类社会管理资源，广开渠道，增强整个社会的服务功能。推进社会管理体制改革创新。要健全党委领导、政府负责、社会协同、公众参与的社会管理格局，健全基层社会管理体制。在服务中实施管理，在管理中实现服务，最大限度地激发社会创造活力，最大限度地增加和谐因素，最大限度地减少不和谐因素。整合社会资源，形成社会建设和管理的整体合力。随着现代化进程的加快，社会经济成分、组织形式、就业方式、利益关系和分配方式日益多样化，人们活动的独立性、选择性、流动性、多变性、差异性日益凸显，公众物质文化需要不断提高并更趋多样化，社会利益关系更趋复杂。在这种形势下，各类社会团体、行业组织、中介组织在政府和社会各阶层人民之间的桥梁和纽带作用就显得十分重要和突出。要充分发挥它们提供社会服务、反映群众诉求和协调利益、化解矛盾、排忧解难、维护稳定的作用。

三、贯彻科学发展改善民生推进社会建设的重要举措

中国特色社会主义事业取得了举世瞩目的成就，但是，在前进的道路上还面临不少困难和问题，突出的是：经济增长的资源环境代价过大；城乡、区域、经济社会发展仍然不平衡；农业稳定发展和农民持续增收难度加大；劳动就业、社会保障、收入分配、教育卫生、居民住房、安全生产、司法和社会治安等方面关系群众切身利益的问题仍然较多，部分低收入群众生活比较困难；等等。解决这些问题，必须关注民生，以解决民生问题为切入点，切实解决教育、卫生、社会保障、公共服务、生活环境等问题。

（一）建设社会主义新农村改善农民的民生问题

建设社会主义新农村是改善民生的重要举措。中国是一个农民人口占多数的国家，改善了农民的民生问题，民生问题就解决了一大半。贯彻落实科学发展观，有利于我们加快社会主义新农村建设的自觉性。所谓新农村是指生产发展、生活宽裕、乡风文明、村容整洁、管理民主的农村。在社会主义现代化建设的起步阶段，是农村支持城市、农业支持工业的发展。目前，城乡差距越来越大，已经影响到了和谐社会的构建。美国总统罗斯福在演讲时针对美国的经济危机和贫富分化曾指出：在一个一半兴隆一半破产的国家是不能实现持久繁荣的。2005 年 9 月，中国共产党十六届五中全会提出了建设社会主义新农村的重大任务。建设社会主义新农村是中国现代化进程中的重大任务，是贯彻落实科学发展观、构建社会主义和谐社会的重大步骤；是加强农业、富裕农民、繁荣农村的重大举措。

科学发展观提出的统筹城乡协调发展是建设社会主义新农村的根本指导思想。要想实现新农村建设的目标，就要用新的发展观作指导，改变那种牺牲农村发展城市的发展观，实行工业反哺农业、城市支持农村，促进农村现代化、市场化、工业化和城镇化健康发展；就要牢固树立以人为本、统筹协调、科技进步、改革创新、可持续发展的观念，创新发展思路，加快发展步伐，提高发展质量，逐步把农业和农村经济发展转入科学发展的轨道，实现农业和农村经济持续健康发展；就要依靠政策调动农民的种粮积极性，依靠综合措施提高粮食生产能力，通过科技进步、优化结构和加工转化提高产品附加值，实现增粮增收"双赢"。总之，要用科学发展观统领社会主义新农村建设，统筹城乡发展，加快推进社会主义新农村建设。

党的十七届三中全会提出要更加自觉、更加坚定地抓好发展这个党执政兴国的第一要务，更加自觉、更加坚定地推动科学发展，深入贯彻落实科学发展观，加快推进社会主义新农村建设，大力推动城乡统筹发展。全会指出，农业、农村、农民问题关系党和国家事业发展全局。在革命、建设、改革各个历史时期，我们党坚持把马克思主义基本原理同我国具体实际相结合，始终高度重视、认真对待、着力解决农业、农村、农民问题，成功开辟了新民主主义革命胜利道路和社会主义事业发展道路。农村改革发展的伟大实践，极大调动了亿万农民积极性，极大解放和发展了农村社会生产力，极大改善了广大农民物质文化生活。更为重要的是，农村改革发展的伟大实践，为建立和完善我国社会主义初级阶段基本经济制度和社会主义市场经济体制进行了创造性探索，为实现人民生活从温饱不足到总体小康的历史性跨越、推进社会主义现代化作出了巨大贡献，为战胜各种困难和风险、保持社会大局稳定奠定了坚实基础，为成功开辟中国特色社会主义道路、形成中国特色社会主义理论体系积累了宝贵经验。实践充分证明，只有坚持把解决好农业、农村、农民问题作为全党工作重中之重，坚持农业基础地位，坚持社会主义市场经济改革方向，坚持走中国特色农业现代化道路，坚持保障农民物质利益和民主权利，才能不断解放和发展农村社会生产力，推动农村经济社会全面发展。

（二）废除农业税，跳出"黄宗羲定律"的怪圈

黄宗羲经过研究发现中国历史上赋税改革历朝历代都进行过，虽赋税改革目的和初衷很多是为了减轻农民负担，改善国家财政，每次税费改革后，农民负担在短时间内确实有下降，但随后又增长到比改革前更高的水平，国家财政最后也得不到改善。换句话说就是不管怎么减，最后都增加。这一定律后被学者秦晖总结命名为"黄宗羲定律"。

"黄宗羲定律"揭示了历代王朝改革的目的或是为了征收便利，或是为了减轻农民负担，但是其最终的结果是加重了农民的负担。明代的一条鞭法实行后，虽然一时间公私称便，但没过多久，废除或归并的杂税重来，官吏们似乎忘记了，"一条鞭"中已经包括了杂税了。明末更在一条鞭法的基础上增派各种"饷"，如"辽饷"、"练饷"、"剿饷"———蜂拥而至，天下民穷财尽，最终国破家亡。黄宗羲称这种情况是"积累莫返之害"。也就是说历史上的每一次由于危机所导致的财政改革，虽有减缓农民负担的意愿，但由于把多种掠取用一个名字替代了，模糊了农民多种负担的事实，反而给日后加征、加派留下了一个很好的借口。这就是人们称之为"怪圈"的"黄宗羲定律"。动机与效果相悖，本来是要减轻农民的负担，最后是加重农民的负担，即"年年喊减负，负担逐年增"。黄宗羲发现这个定律，说明了一千多年来农民受皇权压迫剥削日益加深的事实。使我们在减轻农民负担时有一个借鉴。

温家宝总理在记者招待会上曾提到这一定律。中华人民共和国国务院经过研究，于2006年彻底废除农业税，全面免除两千多年的农业税并且对农民种粮实行补贴，为打破这个怪圈奠定了基础，提供了制度保障。

（三）统筹兼顾，制定各类改善民生的有效措施

解决民生问题，必须以科学发展观为理论武器分析研究民生问题，以科学发展观为重要依据谋划部署民生工作，以科学发展观为根本标准检验评价民生

改善效果。民生问题涵盖的内容相当广泛，包括就业、养老、旧区改造、社会救助、卫生医疗、教育服务、小区管理等等。

邓小平指出，世界上的事情都是干出来的，不干，半点马克思主义都没有。在改善民生工作上领导干部要真抓实干，绝不能走过场，搞形式，应当扑下身心，兢兢业业，增强改善民生的责任感和紧迫感，千方百计，统筹兼顾，制定各类改善民生的有效措施。

党的十六大以来，以胡锦涛为总书记的党中央高度重视民生问题，关注民生、重视民生、保障民生、改善民生的一系列措施纷纷出台：农村义务教育阶段全免；实行最低工资制度和最低生活保障制度；加强城镇居民基本医疗保险制度建设和新型农村合作医疗制度；制定物权法；加强廉租住房和经济适用住房建设；统筹城乡经济社会发展、调整国民收入分配体制……这些都是改善民生的具体措施。

（四）在推动科学发展中改善民生

改善民生要正确认识和处理尽力而为和量力而行的关系。我国尚处于社会主义初级阶段，目前经济发展水平总体不高而且发展很不平衡。因此，解决民生问题和发展社会事业需要作长期不懈的努力。我们既要积极进取，尽最大努力加快社会建设，抓紧解决群众关心的突出问题，又要从实际出发，充分考虑各方面的条件和承受能力。要从实际出发，随着经济发展逐步解决民生问题，稳步推动社会事业发展，而不能要求搞"大跃进"，那样既不利于解决问题，也不利于维护人民群众的根本利益。

改善民生要正确认识和处理经济建设与社会建设的关系。历史唯物主义和社会主义发展规律告诉我们，经济建设是社会建设的前提和基础，也是社会建设的重要保障；社会建设是经济建设的重要目的，也为经济建设提供强大动力和支撑。我们必须在不断增强国家经济实力、增加社会财富的基础上改善民生。否则，改善民生和社会建设就会变成无源之水、无本之木。同时，我们必须高度重视和加强社会建设，使社会建设和经济建设全面协调，相互促进。如果民生问题不解决，各方面社会矛盾必然增多，也不利于经济建设的正常进行。并且经济建设如果不以改善民生为出发点和归宿，也就会失去动力和支撑。鉴于当前我国社会建设滞后于经济建设的问题比较突出，必须更加注重社会建设，更加注重改善民生。总之，要坚持统筹兼顾，使二者相互适应、协调推进。改善民生是一个与经济社会发展相伴渐进的过程。应把人民群众的根本利益体现在经济社会发展的各个环节、各个方面，在推动科学发展中着力改善民生，在改善民生中实现科学发展。

改善民生要正确认识和处理政府主导和社会参与的关系。改善民生，加快社会建设，必须正确发挥政府和社会各方面的积极性。切实强化政府职责，充分发挥政府主导作用，特别要不断增强政府公共产品和公共服务的供给能力，减轻群众在教育、医疗卫生、养老、住房等方面的支出负担。政府要坚持以人为本，不断提高民生保障水平，要倾听群众呼声和了解群众意愿，抓住人民群众最关心、最直接、最现实的利益问题，在增加居民收入、扩大劳动就业、完善社保体系、保障食品安全、改善居住条件、保护生态环境等方面，深入扎实地做好工作，真心实意为群众办实事办好事。

第九章

营建实现科学发展的文化环境

21世纪的大幕已经拉开,在经济全球化和政治多元化的进程中,世界各国的政治、经济、军事、文化竞争日趋激烈,并且文化竞争渗透于政治、经济、军事竞争之中。面对世界范围各种思想文化的相互激荡,必须把文化建设作为重要的任务,以增强软实力、推动科学发展和应对国际文化竞争。文化是一个民族的精神和灵魂,是国家发展和民族振兴的强大力量。要实现科学发展,必须推动文化大发展大繁荣,营建实现科学发展的文化环境。营建实现科学发展的文化环境,有利于我们坚持马克思主义在意识形态领域的指导地位,牢牢把握社会主义先进文化的前进方向,加强和改进思想政治工作,提高人民群众的思想道德觉悟,进一步形成全社会共同的理想信念和道德规范,打牢全党全国各族人民实现科学发展的思想道德基础。营建实现科学发展的文化环境是落实科学发展观,提高党的执政能力,营造实现科学发展的舆论氛围,增强民族凝聚力和综合国力的重要举措,是实现科学发展的重要内容、动力和保证。

一、营建实现科学发展的文化环境的重要意义

1922年,梁启超在《五十年中国进化概论》中将中国向西方学习分为三阶段:第一期"先从器物上感觉不足",所以有了洋务运动;第二期"是制度上感觉不足",所以有了戊戌变法;第三期"便是从文化根本上感觉不足",所以便有了新文化运动。

文化是一个民族、一个国家生存和发展的本质性力量。发展先进文化,是增强民族生命力、创造力和凝聚力,实现科学发展、维护国家安全的重要保障。毛泽东同志在《新民主主义论》一文中指出:"我们共产党人,多年以来,不但为中国的政治革命和经济革命而奋斗,而且为中国的文化革命而奋

斗；一切这些的目的，在于建设一个中华民族的新社会和新国家。在这个新社会和新国家中，不但有新政治、新经济，而且有新文化。这就是说，我们不但要把一个政治上受压迫、经济上受剥削的中国，变为一个政治上自由和经济上繁荣的中国，而且要把一个被旧文化统治因而愚昧落后的中国，变为一个被新文化统治因而文明先进的中国。"

发展的历史和事实告诉我们：文化，越来越成为社会生产力中的一个不可忽略的重要资源，是社会发展前进的动力，是构成综合国力的重要实力，是参与国际竞争的民族整体能力。今天，文化越来越成为民族凝聚力和创造力的重要源泉、越来越成为综合国力竞争的重要因素，丰富精神文化生活是全面建设小康社会的重要组成部分。党的十七大报告指出："推动社会主义文化大发展大繁荣，坚持社会主义先进文化前进方向，兴起社会主义文化建设新高潮，激发全民族文化创造活力，提高国家文化软实力，使人民基本文化权益得到更好保障，使社会文化生活更加丰富多彩，使人民精神风貌更加昂扬向上。"

文化建设为经济建设、政治建设、社会建设提供思想保证、精神动力、文化环境和智力支持，没有文化建设，就没有共同的理想信念和道德规范，就不能形成昂扬向上、开拓进取的主流精神，其他建设就缺乏必要的精神支撑。文化建设为实现科学发展，营造良好的舆论氛围和文化环境。

二、营建实现科学发展的文化环境的主要内容

营造科学发展的文化环境是以人为本理念的体现和落实，是中国特色社会主义经济建设、政治建设、文化建设、社会建设四位一体总体布局全面协调发展的具体贯彻与落实，是统筹兼顾理念在社会文化建设中的具体体现。

如前所述，在贯彻落实科学发展观构建社会主义和谐社会的进程中，就其本质而言，有两个重要意蕴：

一是寻求社会发展的动力机制，与之相对应的是落实以人为本，大力开发人力资源和人才资源，使全国人民万众一心、团结一致，营造和谐社会的社会环境，将社会发展的阻力减少到最小，让"历史的合力"最大限度地发挥作用。在发展的动力中，由于科学技术是第一生产力，还需要建设创新型国家，对创新能力和竞争能力积极培育，并且使国家的自然资本、生产资本、人力资本和社会资本合理协调、优化配置、结构升级。

二是寻求社会发展的平衡机制，寻求发展的公平，解决机会不公平等一系

列问题,实现社会公正,使发展成果惠及全体社会成员,提高发展质量,构建和谐社会。相应的是构建资源节约、环境友好型社会,做好社会保障工作,实现人口、资源、环境、发展协调一致,统筹发展,构建基于科学发展观的政府绩效评价体系,实现科学执政、民主执政、依法执政的有机统一。

无论是社会发展的动力机制或平衡机制,都需要实现科学发展的良好的文化环境和舆论氛围。文化建设为实现科学发展提供思想保证、精神动力、智力支持和舆论氛围。

(一)铸造核心价值,增强文化魅力

增强文化魅力,要将建设社会主义核心价值体系融入到国民教育和公民文化建设的全过程。社会主义核心价值体系是团结全党全国各族人民共同奋斗、全面建设小康社会及构建社会主义和谐社会的思想道德基础。"天下之至柔,驰骋天下之至坚"。作为软实力的社会主义核心价值体系,对于增强民族凝聚力和吸引力、增强国家竞争力具有非常重要的意义和作用。

价值是人类社会生活中一种普遍存在的关系,是客体属性满足主体需要的关系。价值观是客观存在的价值关系在人们头脑中的反映。由于不同社会中有不同的经济利益关系和社会结构,不同的主体有不同的社会地位、不同的利益和价值需要,因而产生了各种不同的价值观念,并上升为不同的价值观体系。每一个社会都有自己占主导地位的价值观,这些价值观又都有自己的核心价值体系,它们是在一定社会基本的经济、政治制度的基础上形成并为巩固和发展经济、政治制度服务的。任何一个社会共同体,都是通过认同形成共同价值观为自身的存在进行合法性和合理性论证。"归根到底,任何社会都是一种道德秩序,它扎根于一种共同的价值体系"①,我们要建设中国特色社会主义,构建社会主义和谐社会,也必须建设自己的价值观,特别是要大力建设社会主义核心价值体系。

社会主义核心价值体系主要包括四个方面的基本内容,其中:马克思主义指导思想是灵魂,中国特色社会主义共同理想是主题,以爱国主义为核心的民族精神与以改革创新为核心的时代精神是精髓,社会主义荣辱观是基础。这四个方面的内容相互联系、相互贯通、相互促进,是一个有机统一的整体。我们要把铸造灵魂、突出主题、把握精髓、打牢基础的基本要求,体现到科学发展

---

① [美]丹尼尔·贝尔:《资本主义文化矛盾》,三联书店1989年版,第111页

的各个领域,并从政策环境、体制环境、社会环境等各方面都给予有力支撑,努力将建设社会主义核心价值体系融入到国民教育和公民文化建设的全过程,转化为人民的自觉追求,促进全社会形成奋发向上的精神风貌。

为什么要建设社会主义核心价值体系？这是因为意识形态理论是马克思主义唯物史观的极其重要部分,马克思主义经典作家用以解释社会意识、思想观念的产生根源、功能及其运行机制,揭示出任何一个阶级社会都会自觉或不自觉地借助一定的思想观念、意识形式来维护制度的生存。人们之所以需要意识形态,是因为需要借助它来对社会的生存运动作出积极反应。对中国来说,在中国共产党领导中国革命、建设以及改革开放的长期历史过程中,坚持用正确的意识形态来整合和组织人民,使马克思主义先进文化成为人民自觉投身历史运动的思想武器,这一直是我们党的重要政治与文化资源优势。

在国际上,由于一些西方国家习惯于用虚伪的"普世价值"来掩盖自己的真实目的,所以历来对马克思主义的意识形态理论采取抵制的态度。特别是上世纪下半叶以来,随着东欧剧变、苏联解体,西方学者所写的《意识形态的终结》、《历史的终结》、《文明的冲突与世界秩序的重建》等有影响的著作的出版,"意识形态终结论"一时很有影响。在此背景下,将社会主义核心价值体系定位为社会主义意识形态的本质体现,鲜明地体现了马克思主义唯物史观对价值观问题的指导地位。

美国学者舒曼早在上世纪60年代就提出:"共产党中国犹如一栋由不同的砖石砌成的大楼,她被糅合在一起,站立着,而把她糅合在一起的就是意识形态和组织。"意识形态的重要性如此突出,今天,当"这栋由不同的砖石砌成的大厦"崛起于世界之际,更没有任何理由放弃社会主义意识形态这一糅合剂。

当代中国,正处在社会转型过程中,既有价值取向多样化,也有新旧价值观转变而造成的价值真空,还会出现理想信念危机。在这种情况下,如果没有正确的价值观加以引导,一些错误的价值观就会乘虚而入。错误的思想意识必然会影响党风、政风和社会风气。为弥补当代中国社会转型过程中一些人的价值真空和纠正一些人们的错误价值取向,克服信仰危机,防止西方颓废的文化扩张和价值观的渗透,必须大力加强社会主义核心价值体系建设,坚定不移地巩固马克思主义指导地位,坚持不懈地用马克思主义中国化最新成果武装全党、教育人民,用中国特色社会主义共同理想凝聚力量,用以爱国主义为核心的民族精神和以改革创新为核心的时代精神鼓舞斗志,用社会主义荣辱观引领风尚，巩固全党全国各族人民实现科学发展的共同思想基础。为此，必须积极探索用社会主义核心价值体系引领社会思潮的有效途径，主动做好意识形态工作，既尊重差异、包容多样，又有力抵制各种错误和腐朽思想的影响。

（二）加强文化建设，优化舆论环境

当今世界，激烈的综合国力竞争中文化力的地位和作用越来越凸显。而文化力主要表现为一个国家的民族凝聚力、国民士气、国民的思想道德素质和教育科学文化素质等。因此，必须加强文化建设，优化舆论环境。所谓国际舆论环境，就是国际社会对一个国家的评论，大部分是通过媒体表达的。大多数媒体的报道和评论形成对该国的舆论，并产生影响，这就是舆论环境。为了实现科学发展，也必须营造一个良好的国际舆论环境。

江泽民同志在1999年全国外宣工作会议上要求："向全世界阐明我们党和国家的内政外交的方针政策和对国际重大事物的原则立场，介绍我国的历史和现实的情况，有针对性地开展国际舆论的斗争，这样才能树立和维护好中国的国际形象，才能创造出对我们有利的国际舆论环境。"

毛泽东在延安时说过："笔杆子和枪杆子结合起来，事情就好办了。"拿破仑也说过："一支笔杆子胜过两千条毛瑟枪。"美国总统艾森豪威尔说："一美元的外宣费用等于五美元的国防费用。"他任总统期间，建立了美国新闻署，提出"美国之音"要越过国境越过海洋，穿过铁幕和石墙，同共产主义进行你死我活的斗争。尼克松在水门事件中受挫，差点受到弹劾。他说："三份不友好的报纸比一千把刺刀更可怕。"他还说："媒体已经成为国家权力的重要资源。"基于这样的认识，"美国历届总统愈来愈认识到舆论的作用，将其作为对外战略的一个手段。1987年戈尔巴乔夫上台之后，他做了一个大动作：在美国的压力下取消了对'美国之音'的干扰、对自由亚洲广播电台的干扰。美国舆论对此大加赞扬，认为他这个行动比他决定从东欧撤走50万苏军还要重要。"[①]

目前，在经济全球化和各种思想文化思潮相互激荡的情形下，在国际交往中，我们应该通过相互尊重、和平共处、共同发展，提高我们的民族文化和中国特色社会主义价值体系的影响力。这就是说，在和平发展的进程中，我们不仅要发展自己的硬实力，也要发展自己的软实力。发展软实力既可以增强内部

---

① 赵启正：《努力建设有利于我国的国际舆论环境》，《外交学院学报》2004年第1期

凝聚力，形成强大的文化认同感，也可以缓解外界对我们的硬实力发展的不利反应，为硬实力的发展创造良好的条件，同时，软实力本身也是综合国力和影响力的重要组成部分。

为促进科学发展营造良好舆论氛围，是宣传思想战线的重要任务。当前，国际国内形势正在发生新的深刻变化，世界范围内围绕发展模式和价值观的竞争加剧，多种思想文化交流、接触、交锋日趋频繁。如对于"华盛顿共识"和"北京共识"的认同，不同国家就存在差异。国内社会思想多元、多样、多变的趋势更加明显。这就要求宣传思想战线要始终坚持团结稳定发展、正面宣传为主的方针，反映社会主流，弘扬社会正气，引导社会舆论，唱响发展主旋律，提高舆论引导力，提升精神境界，坚定信心，咬定目标，在变化中捕捉机遇，在困境中开辟新路，始终赢得思想政治工作的主动权，牢牢掌握舆论话语权，要本着准确、依法、富于建设性的要求，切实加强和改进舆论监督工作，充分发挥舆论监督在解决问题、推进工作、疏导公众情绪、促进社会和谐稳定方面不可替代的作用。抢占舆论制高点，在全社会形成积极、健康、向上的思想舆论环境，为推进科学发展营造浓厚的思想舆论氛围，全力推进科学发展、和谐发展。

（三）建设和谐文化，培育文明风尚

十六届六中全会《决定》指出："社会主义核心价值体系是建设和谐文化的根本。"如果说和谐文化是一棵大树，那么社会主义核心价值体系就是它的根基和主干。没有根基就没有大树，离开社会主义核心价值体系，就没有和谐文化。

和谐文化强调人、社会、自然的和谐，提倡经济、政治、文化、社会协调发展，要求人与自然和谐相处。那种单纯、片面追求经济增长，不惜付出环境污染、生态失衡等代价的做法，是与和谐文化所倡导的发展背道而驰的。打造和谐文化，可以帮助人们牢固树立科学发展观，创新发展模式，提高发展质量，实现文明发展、和谐发展，又好又快发展，在坚持以经济建设为中心的同时，把构建和谐社会摆在更加突出的地位，实现社会和谐发展。

任何社会的存在和发展，都需要有一定的核心价值体系或主导价值体系的指引。在市场经济条件下多种经济成分并存，人们之间的利益关系纷繁复杂，为全社会各种价值观念的滋生和发展提供了条件，也不可避免地出现不同价值观念的碰撞。在这种形势下，我们特别需要弘扬和发展社会主义主流价值观念，培育社会主义核心价值理念，引导人们超越民族、城乡、地域以及社会阶

层等方面的差异，消除彼此之间的分歧和隔阂，增进整个社会的团结稳定，形成全社会昂扬向上的精神斗志。

社会主义核心价值体系是建设和谐文化的根本。我们构建和谐社会就是要通过对各种利益关系、社会矛盾的调整和解决来实现社会的和谐与融洽，这不仅需要制度建设，也需要相应的思想共识。社会主义核心价值体系是人类先进的和谐理念的集中体现，它既蕴含着和谐社会、和谐文化的基础和目标，又提出了实现和谐社会、和谐文化的途径和方法，是和谐社会建设不可或缺的文化认同和价值追求。社会主义核心价值体系既保证了和谐文化的社会主义性质和发展方向，也为我们鉴别思想文化的政治属性提供了根本标准。

马克思主义认为，文化是指人类精神生产的能力和产品，它是一定社会经济和政治的反映，又给予一定社会的经济和政治以巨大的影响。我们党始终高度重视文化建设。经过新中国成立以来特别是改革开放以来的发展，我们党不断加深了对社会主义建设规律的认识。毛泽东强调建设一个中华民族的新社会和新国家要建设新文化；邓小平同志提出物质文明和精神文明都要抓的思想。这里的精神文明建设与社会主义文化建设的目标是一致的；党的十五大江泽民明确提出了社会主义初级阶段中国特色社会主义经济建设、政治建设和文化建设的基本纲领，强调建设有中国特色社会主义的文化，就是以马克思主义为指导，以培育有理想、有道德、有文化、有纪律的公民为目标，发展面向现代化、面向世界、面向未来的，民族的科学的大众的社会主义文化；党的十六大以后，以胡锦涛为总书记的新一届中央领导集体又提出了中国特色社会主义经济建设、政治建设、文化建设、社会建设四位一体的总体布局。文化建设作为这个总体布局的重要组成部分，是经济、政治、社会建设的反映，又对经济、政治、社会建设有着重要的影响和作用，只有大力发展社会主义和谐文化，才能为科学发展提供有力的思想保证、精神动力和智力支持。

建设和谐文化，我们要坚持以社会主义核心价值体系引领社会思潮，尊重差异，包容多样，最大限度地形成社会思想共识。就文化而言，不仅每个民族都有与其他民族相互区别的文化，而且一个民族内部也不是完全相同的。单一的文化会因时间之中的流动而划分为不同历史阶段的文化，又包含不同的亚文化——诸如都市文化、企业文化、乡村文化、商业文化、宗教文化、政治文化、学院文化、大众文化等。在这种情况下，一方面，我们必须坚持社会主义核心价值体系的主导地位，因为它集中体现了全国各民族人民的共同理想、文化认同和价值追求；另一方面，我们又必须尊重人民群众的利益差异和文化差异,引领、改造、提升、整合不同的社会观念。

和谐文化包含思想观念、思维方式、行为规范和社会风尚,折射着人们对科学发展、和谐社会的总体认识、基本理念和理想追求。和谐文化既是和谐社会的重要特征,也是实现社会和谐的精神动力。构建和谐社会需要有与之适应的和谐文化,无论是社会的科学协调发展、人与人的团结和睦,还是人与自然的和谐相处都离不开和谐文化的支撑。没有和谐文化,就没有社会和谐的思想基础,也就不可能有建设和谐社会的实践。和谐文化是全体人民团结进步的重要精神支撑。要大力弘扬爱国主义、集体主义、社会主义思想,以增强诚信意识为重点,加强社会公德、职业道德、家庭美德、个人品德建设,发挥道德模范榜样作用,引导人们自觉履行法定义务、社会责任、家庭责任。积极发展新闻出版、广播影视、文学艺术事业,坚持正确导向,弘扬社会正气。重视城乡、区域文化协调发展,着力丰富农村、偏远地区、进城务工人员的精神文化生活。加强网络文化建设和管理,营造良好网络环境。加强和改进思想政治工作,注重人文关怀和心理疏导,用正确方式处理人际关系。

在和谐文化建设中,我们可以从三个层面来理解社会和谐的含义:一是把和谐作为思维方式;二是把实现社会和谐作为一种治国方略;三是把和谐作为调整人际关系的规范。

加强和谐文化建设是提高全民族文明风尚的重要途径。马克思主义认为:生产力诸要素中,劳动者这种人的要素是最具有决定性的因素,因为物的因素能否被充分利用取决于人的素质高低。人是社会的主体,人与人之间融洽相处是社会和谐的基础。由于经济条件、社会地位、个体背景的差异,人与人之间难免会发生一些矛盾和冲突。建立良好的人际关系,需要健全的法律调解机制,需要有效的利益协调机制,也需要思想文化的引导和道德规范的约束。和谐文化强调以和为贵,主张人与人之间相互尊重,相互信任,相互帮助,反对相对敌视、相互欺诈、相互对抗。打造和谐文化,在全社会大力倡导和谐理念、培育和谐精神,就能够形成解决社会矛盾的新认识,处理社会关系的新方法,用和谐的方式处理矛盾,营造科学发展、社会和谐的社会文化氛围。

打造和谐文化,要在全社会推崇和谐、追求和谐,形成共同的理想信念、价值取向和道德行为规范,为实现科学发展、构建和谐社会营造良好的文化环境。和谐文化强调人的自身修养、自我完善,塑造健全人格和良好的意识品质,是实现人的心理健康和谐的文化源泉。通过和谐文化的熏陶,提高人的思想境界,促进人的素质提高,调节人们的情感和心理,培育全体公民的文明风尚。

(四) 弘扬中华文化,建设精神家园

在中华民族实现伟大复兴的进程中,要将中华文化的繁荣兴盛作为其推进力和重要标志。中华文化是中华民族生生不息、团结奋进的不竭动力。要全面认识祖国传统文化,取其精华,去其糟粕,使之与当代社会相适应,与现代文明相协调,保持民族性,体现时代性。加强中华优秀文化传统教育,运用现代科技手段开发利用民族文化丰厚资源,千方百计建设中华民族共有精神家园。在马克思主义这个正确的科学的理论指导下,我们用为人民服务、为社会主义服务的原则,"百花齐放、百家争鸣"的方针,"古为今用"和"洋为中用"的路线来发展文化,那么,我们就会推动社会主义文化大发展大繁荣。

人是肉体和灵魂的统一,因此人不仅需要物质生活家园以安居身躯,还需要精神生活家园来寄放灵魂,否则就会因失去自己的生存之根而不知所措。社会转型时期的种种负面现象,究其根源,都与信仰危机有关。社会的精神动力和凝聚力都是与作为信仰的精神家园联系在一起的。"提高国家文化软实力,必须始终保持对民族文化的自信心,大力发展中国特色、中国风格、中国气派的优秀文化,不断增强中华文化的魅力和生命力"。①

我们不能割断历史文化血脉和价值传统,而是在马克思主义的指导下,努力做好优秀价值传统的承接工作。在中华民族优秀文化传统中,许多价值观念在今天仍然具有传承价值和借鉴意义。如中华民族对理想社会向往和追求的观念、民本观念、和谐观念、诚信观念、天人合一思想,以爱国主义为核心的勤劳勇敢、团结统一、爱好和平、自强不息的民族精神。中国自古以来就强调"格物、致知、诚意、正心、修身、齐家、治国、平天下"。如果社会成员道德修养好了,则国家安定、社会发展;反之,社会成员道德修养不好,就有可能社会混乱,影响发展。所以说,天下之本在国,国之本在家,家之本在身。我们在实现科学发展的进程中,必须促进每个人的身心和谐、素质提升,进而达到"天人合一、身心如一"的理想状态,努力凝聚起整个社会共同的道德修养和行为规范,弘扬优良中华文化是实现整个社会和谐、促进社会发展的思想道德力量。

弘扬中华文化也是全球化背景下增强民族文化竞争力、维护国家文化安全

---

① 刘云山:《更加自觉更加主动地推动社会主义文化大发展大繁荣》,十七大报告辅导读本,人民出版社,2007年10月

的内在要求。从文化产业来讲，我国的文化产业刚刚起步，还处在分散、弱小阶段，在资金实力、科技水平、市场运作能力、创新能力和国际竞争能力等方面与发达国家相比还存在很大差距。我们将面临着西方强势文化产业的巨大挑战，面临着西方价值观念、行为模式、宗教信仰、社会制度等意识形态的长期渗透和巨大冲击，特别是面临着一些优秀传统文化断裂、濒危和多样特色文化生存的危机，在强势文化面前，一些民众尤其是年轻人对自己的文化传统和文化身份失去兴趣，这应引起我们的高度警醒。

在全球化背景下，一些国家的民族文化资源大量外流，成为别国文化产业创新的重要资源。美国好莱坞的许多大片都取材于其他国家，贴上美国"商标"，再重新推广到世界各地。因此，在开放的条件下，只有加大规划力度，整合我国的文化资源，有效抵御有害文化侵蚀，才能保持传统文化和多样特色文化生存，提升中华文化的国际竞争力。

（五）推进文化创新，增强文化活力

党的十六大以后，以胡锦涛同志为总书记的党中央发扬求真务实、开拓进取精神，不断总结实践经验，不断扩展理论视野，不断作出理论概括，提出坚持以人为本，实现科学发展，提出正确认识和妥善处理中国特色社会主义事业中的重大关系，按照四位一体总体布局全面推进社会主义现代化。在此背景下，在文化建设上，必须在时代的高起点上推动文化内容形式、体制机制、传播手段创新，解放和发展文化生产力。为此，必须深化文化体制改革，完善扶持公益性文化事业、发展文化产业、鼓励文化创新的政策，营造有利于出精品、出人才、出效益的环境，提高公共文化服务能力、满足人民群众日益多元多样多变的精神文化需求。

改革开放30年来，我国经济社会发展取得了举世瞩目的巨大成就，已基本实现了从温饱到小康的历史性跨越，人们的消费结构将逐步从满足现实的基本生活需要转向对精神文化生活的向往，文化消费的比重会明显上升。同时，市场经济的发展、科技的进步，极大地促进了生产力的发展，整个社会的劳动效率明显提高，人们的工作时间减少而可以自由支配的时间逐步增多，对文化的需求越来越多，对文化的品味要求越来越高，需求的层次也越来越多样化。

但是，相对于时代的要求，目前我们所能提供的文化产品和文化服务无论数量、品种和质量都不能满足人民群众日益增长的精神文化需求，巨大的市场空间可能会让越来越多的国外产品和服务所占领，特别是动漫、网游、卡通和影视剧等国外产品的影响力超过了国产产品，使消费者尤其是青少年缺乏对本

国文化产品的认同,既制约了我国文化产业的发展,也在思想上受到别国文化的影响。为此,必须推进文化创新,增强我国文化活力。

增强文化活力,需要加强对外文化交流,吸收各国优秀文明成果。在国际上,一个国家在国际上的文化竞争实力和影响力常常体现在知名代表性人物、品牌、建筑名胜和特色项目上。我国的文化产业还处在发展中,市场主体的竞争力还不强,面对国外强势文化产业的竞争压力,国家必须发挥社会主义集中力量办大事的制度优越性,从国际市场的长远发展出发,确立战略性文化产业,全力以赴支持这个产业的知名品牌迅速做大做强,以此提升文化产业在国际市场中的竞争力。对动漫、卡通、网游等与青少年成长密切关联的文化产品的生产,由国家统一规划,建设国家基地,集中人力、物力、财力迅速形成龙头企业和重点产品,迅速占领市场,打进国际市场。同时,实施择优扶强战略,在全国选择一批重点龙头企业,给予特殊的政策支持,迅速扶持和培育一批竞争力强、市场占有面广、跨地区的重点文化企业集团。

(六)提高驾驭能力,增强文化实力

在经济全球化、信息全球化,文化与经济、政治相互交融,各种思想文化相互激荡的今天,提高全党驾驭文化建设的能力是时代的重大课题,也是增强文化竞争力的必要保障。提高全党驾驭文化建设的能力,提高国家文化软实力,必须巩固马克思主义在意识形态领域的指导地位,坚持发展面向现代化、面向世界、面向未来的,民族的、科学的、大众的社会主义先进文化,坚持贴近实际、贴近生活、贴近群众,着力建设社会主义核心价值体系,着力巩固壮大主流思想舆论,着力推进内容形式、方法手段、体制机制改革创新,借鉴国外经验和做法,推动我国社会主义文化大发展大繁荣、兴起社会主义文化建设新高潮,提高国家文化软实力和中华文化国际影响力。

环顾世界,英国政府一方面强调文化艺术产品面向大众,鼓励民众参与,并对那些优秀的、具有创造性的文化艺术门类提供帮助。把文化艺术教育纳入教育服务体系,加强艺术教育的投入。澳大利亚等许多国家提出了"多元文化论",对抗美国的单边文化战略。法国的文化产业政策是通过文化产业的发展创造就业机会,加大对文化遗产保护的投入,带动旅游业发展,增加就业机会,以"文化例外"为手段,捍卫日益受到美国通俗产品侵蚀的民族文化。文化政策突出重视传统和鼓励创新。政府拨款支持传统艺术和图书馆、博物馆、美术馆等文化设施和机构,同时鼓励引进新的艺术品种以活跃文化市场。同时,加大对影像、游戏、动画等重点文化产业的奖励力度。通过制定并实施

文化政策来明确文化发展的方向、规模和支持的重点门类,保护民族文化和文化多样性,是各国加强文化建设的重点措施。

加强文化建设,既要讲繁荣,更要讲管理。文化建设的繁荣问题很重要,只管繁荣而不加强管理,这种繁荣就会造成许多弊端,脱离文化建设的方向。要坚持科学管理、依法管理,综合运用法律、行政、经济、行业自律等手段,推进文化领域管理工作的法制化、规范化、制度化建设。目前,由于管理工作的滞后,我国很多地方的文化事业和文化产业面临着各种各样的问题,如文化层次不高、文化垃圾盛行、人民的文化需求难以得到满足等,需要通过加强管理来解决。只有掌握正确方向,才能使文化的积极作用发挥出来,如满足了人民的精神需求、提升了人民的思想道德层次、美化了环境等,我们才能说把握住了文化建设的方向。

为此,我们必须提高驾驭能力,增强党和政府运用规划、政策、经济、法律、行政和市场等多种手段,科学规划文化事业的能力,使文化产业发展的方向、总量、结构和质量不断提升,推动文化创新发展,保障公民文化权益,增强文化竞争力,努力加深认识、营造环境、提高能力、讲究方法、带头践行社会主义核心价值体系,把建设社会主义核心价值体系融入国民教育与精神文明建设全过程,以更好更多的体现社会主义核心价值体系的精神文化产品,增强文化竞争力。

(七)提升公民道德,夯实道德基础

胡锦涛同志指出:"一个社会是否和谐,一个国家能否实现长治久安,很大程度上取决于全体社会成员的思想道德素质。没有共同的理想信念,没有良好的道德规范,是无法实现社会和谐的。"① 这段话深刻揭示了公民道德与和谐社会的密切关系,也揭示了为实现科学发展、构建社会主义和谐社会必须夯实思想道德基础。

《中共中央关于构建社会主义和谐社会若干重大问题的决定》提出,要"巩固社会和谐的思想道德基础"。提升公民道德,培育和谐文化,扎实做好构建社会主义和谐社会的基础性工作,操作层面上,要注意突出以下几个方面。

一是要从小事抓起,以小见大,凡人善举,汇江入海,不断完善群众性道德建设创建体系,为构建和谐社会增强活力和动力;进一步加强未成年人思想

---

① 胡锦涛同志2005年2月19日在省部级主要领导干部提高构建社会主义和谐社会能力专题研讨班上的讲话

道德建设,为构建和谐社会托起明天的希望;广泛开展城乡志愿服务,为构建和谐社会注入新的内涵。

二要重视养成教育。社会公德涉及全体公民的公德修养以及文明的行为习惯的养成,是一件需要经过持续的、长期的努力才能收到效果的事情。集中地针对一些普遍的突出的问题展开教育和整治是必要的。但是行为习惯的养成,还需要有经常不断的社会舆论的营造,以及包括学校、单位、社区等进行持之以恒的养成教育。

三要充分发挥志愿者活动在社会公德建设中的作用。在一个流动人口众多的大城市,开展志愿活动尤为必要。由于流动人口的情况比较复杂,有的对在现代化大城市中生活所必需掌握的基本行为习惯还很不适应,需要加以引导。而志愿者相较于一般的管理人员和执法人员更适合担当这方面的任务。

四要注重加强公共服务部门的道德建设。公共交往秩序的维系,既要靠全体公民的自觉行为,也要依靠各管理和服务部门提供有效的社会管理以及良好的公共服务。公共服务部门的工作人员直接肩负着宣传社会公德、维护公共秩序的职责,他们自身的行为对整个城市公德水平的提高关系重大。此外,提供高质量的公共服务,在一定程度上还可以激发公民对所居住城市的热爱和归属感,进而促使他们自觉自愿地遵守公共秩序,履行自己对城市文明所肩负的责任。

(八)建设先进文化,推动文化繁荣

文化建设为经济建设、政治建设、社会建设提供思想保证、精神动力、文化环境和智力支持。改革开放以来,我国的文化建设取得了辉煌的发展,但与国家整体发展战略还有很大差距。胡锦涛总书记指出,当今时代,"谁占据了文化发展的制高点,谁就能够更好地在激烈的国际竞争中掌握主动权。没有先进文化的积极引领,没有人民精神世界的极大丰富,没有全民族创新精神的充分发挥,一个国家、一个民族不可能屹立于世界先进民族之林。"因此,建设先进文化,推动社会主义文化大发展大繁荣是时代的要求。

落实科学发展观,实现社会和谐,既需要雄厚的物质基础、可靠的政治保障,也需要有力的精神支撑、良好的文化条件。我们在大力推进经济建设的同时,必须大力发展社会主义先进文化,为科学发展、社会和谐奠定思想道德基

础。"任何一个时代的统治思想始终都不过是统治阶级的思想;"① 作为执政党,中国共产党人必须把自己的价值观念、道德规范置于整个思想文化领域的核心地位,引领多样化的社会思潮,建设先进文化。另一方面,"共产党人为工人阶级的最近的目的和利益而斗争,但是他们在当前的运动中同时代表运动的未来。"② 建设社会主义核心价值体系所体现的先进性要求,是社会进步的客观要求与我们党的先进性的有机统一。

　　党的十六大报告在阐述全面建设小康社会目标时明确提出要实现"文化更加繁荣"。党的十七大报告再次强调要"加强文化建设,明显提高全民族文明素质。社会主义核心价值体系深入人心,良好思想道德风尚进一步弘扬。覆盖全社会的公共文化服务体系基本建立,文化产业占国民经济比重明显提高、国际竞争力显著增强,适应人民需要的文化产品更加丰富"。落实好这些要求,对于实现全面建设小康社会的奋斗目标具有重要意义。科学发展观的全面协调可持续发展要求:发展应该是经济、政治、文化、社会等事业的全面协调发展。因此,我们应该从落实科学观的高度去认识文化建设的意义,大力加强社会主义先进文化建设,推动社会主义文化大发展大繁荣,为促进科学发展、为全面建设小康社会作出贡献。

---

① 《马克思恩格斯选集》第 1 卷 [M],人民出版社,1995 年版,第 292 页
② 同上

第十章

建设创新型国家促进科学发展

科学发展观的目标指向之一是寻求发展的动力机制,与之相对应的是建设创新型国家,在科学发展观的指导下深化改革开放,实施人才强国战略和建立人力资源强国。推动体制创新、经济发展模式创新与科技创新,建设创新型国家,将成为经济社会发展的根本动力。党的十七大明确提出了国家发展战略的核心及提高综合国力的关键,即把增强自主创新能力作为国家发展战略,贯穿到现代化建设的各个方面,把增强自主创新能力、建设创新性国家作为实现科学发展、促进国民经济又好又快发展的关键问题,作为发展中国特色社会主义的重要动力,这是对"科学技术是第一生产力"思想和"科教兴国"战略的继承与发展,也是贯彻落实科学发展观、推动产业结构优化升级、转变经济发展方式的重大举措。

自主创新能力,是指一个国家所拥有的具有原创性、有知识产权和专利权的科学技术的能力。它是衡量一个国家科技实力的一个主要指标。提高自主创新能力拥有自主知识产权的技术和产品是提高一个企业、一个国家核心竞争力的关键所在。中国特色社会主义理论创新和发展的一个亮点是明确提出了国家发展战略的核心及提高综合国力的关键,即把增强自主创新能力作为国家发展战略,贯穿到现代化建设的各个方面,把增强自主创新能力作为发展科学技术、实现科学发展的战略基点、作为建设创新性国家的核心,这是对"科教兴国"战略的继承与发展,也是促进科学发展的重大举措。正如胡锦涛同志在全国科学技术大会上的讲话中所指出的:"贯彻落实科学发展观,推动社会主义经济建设、政治建设、文化建设、社会建设全面发展,维护国家安全,实现好、维护好、发展好最广大人民的根本利益,实现全面建设小康社会的宏伟目标、开创中国特色社会主义事业新局面,需要大力发展我国科技事业"①。

一、贯彻和落实科学发展观的重大战略——建设创新型国家战略抉择的重要意义

建设创新型国家是实现科学发展的必要保证。能不能增强自主创新能力、建设创新性国家,决定着我们讲科学发展有没有底气。增强我国的自主创新能力,建设创新型国家,是我国实现科学发展的迫切需要,是总结世界一些发达国家的历史经验及我国一些优秀企业的成功实践所得出的结论,是落实科学发展观,加快转变经济发展方式,推动产业结构优化升级的内在要求。"自主创新能力是国家竞争力的核心,是我国应对未来挑战的重大选择,是统领我国未来科技发展的战略主线,是实现建设创新型国家目标的根本途径。世界科技发展的实践告诉我们:一个国家只有拥有强大的自主创新能力,才能在激烈的国际竞争中把握先机、赢得主动。特别是在关系国民经济命脉和国家安全的关键领域,真正的核心技术、关键技术是买不来的,必须依靠自主创新。要把提高自主创新能力摆在全部科技工作的首位,在若干重要领域掌握一批核心技术,拥有一批自主知识产权,造就一批具有国际竞争力的企业,大幅度提高国家竞争力"。②

翻开世界史,英国在国民经济总产值上曾经雄居世界第一位,主要是因为它率先在技术上取得突破,发明了水轮机、蒸汽机、纺织机、锻造钢铁技术、机床和火车,科技研发能力领先,使第一次技术革命产生于英国。对于赶超的德国而言,"19世纪下半叶,在理论和应用科学两方面,德国突飞猛进,相继超过了法国和英国。据科学史家统计,从1851年到1900年的50年间,理论科学和技术科学的重大成果数目,英国占106项、法国占65项、美国占33项、而德国占202项,表明德国已居明显领先地位。"③ 这些重大科技成果,使德国在电力技术、辐射、钢铁、化肥、染料合成等领域制造出一大批质量好、性能优、富于市场竞争力的产品,从而振兴了德国的经济,并实现了跨越

---

① 胡锦涛同志在全国科学技术大会上的讲话:《坚持走中国特色自主创新道路 为建设创新型国家而努力奋斗》新华网;2006年1月10日
② 胡锦涛同志在全国科学技术大会上的讲话:《坚持走中国特色自主创新道路 为建设创新型国家而努力奋斗》新华网;2006年1月10日
③ 吴国盛著:《科学的历程》[M](第2版),北京大学出版社,2002年版,第397页

式发展。由此可见,实现跨越式发展的关键,在于增强自主创新能力,取得一系列重大技术突破。

科技发展的特点是继承性、前进性、加速性,越来越快。历史证明,谁占据科技发展制高点,谁就是世界的历史中心。15世纪前是中国,世界重大发明300项中国占170项,1661~1796康熙乾隆时期,产值占世界三分之一;18世纪是英国,瓦特发明了蒸汽机;19世纪20世纪是美国,一切国家实现跨越式发展后来居上的秘诀是以科技自主创新为发力器,呈现历史性的跳跃。

建设创新型国家,核心在于增强自主创新能力。由于自主创新能力开发不够,缺乏具有自主知识产权的核心技术,我国的一些企业和行业在世界高新技术革命和产业革命的竞争中屡屡在核心技术上受制于人。与此同时,我国的一些企业,加强工业实验研究,依靠自主创新,增强企业的核心竞争力,从"中国制造"迈向"中国创造",不断发展壮大,已走出一些成功的先例,展示出加强工业实验研究,增强自主创新能力,提高企业核心竞争力的光明前景。海尔拥有一支强大的科技开发人才队伍,平均每天都有专利产生,其技术开发投入占销售收入的5%,从而增强了企业的核心竞争力,成为世界品牌。华为公司两万多名职工中,从事技术开发的科技人才达一万三千人,其技术开发投入约占销售额的10%,使它能够不断增强其核心竞争力,站在全球技术发展的前沿,不断发展壮大。奇瑞汽车公司吸纳人才,立足自主开发、自主创新,赢得市场,为中国汽车工业的发展展现了希望之路。正反两方面的事实雄辩地说明:必须提高自主创新能力,完善创新机制,增进我国在经济全球化背景下国际竞争不断加剧的新形势下的核心竞争力,把增强自主创新能力、建设创新型国家作为国家发展战略的核心及提高综合国力的关键。一个十多亿人口的国家,一个富于智慧的民族,其创新、发明创造的活力被激发起来,其力量是无可估量的。

温家宝同志指出,建设惠及十几亿人口的更高水平的小康社会,根本要依靠两大动力,一靠坚定不移地推进改革开放,二靠科技进步和创新的有力支撑。建设创新型国家,是贯彻落实科学发展观、全面建设小康社会的重大举措。2020年实现全面建设小康社会的宏伟目标,意味着未来15年,我们必须继续保持经济平稳较快和可持续增长,国内生产总值年增长率要超过7%。实现这一目标靠什么?归根到底还是靠科技进步和创新的有力支持。比如解决粮食问题,20世纪外国曾大肆宣扬:"21世纪谁来养活中国?"我们靠自己的力量解决了吃饭问题,其中袁隆平的杂交水稻,其增产部分就可以多养活七千万人。

建设创新型国家,是落实科学发展观、解决我国当前发展面临的突出矛盾和问题的紧迫要求。改革开放以来,我国经济增长突飞猛进,但总体上依赖资金高投入、资源高消耗的状况没有根本改变。与欧美发达国家相比,我国每创造1美元国内生产总值的能源消耗量是它们的4倍还多,33种主要产品的单位资源消耗量比国际平均水平高出46%。牺牲子孙后代的利益换取一时的经济增长,这样的发展难以为继;牺牲稀缺而宝贵的资源、污染环境参与国际分工和竞争,这样的代价过于高昂。因此,只有通过增强自主创新能力,进一步调整产业结构、转变增长方式,推动经济增长从资源依赖型转向创新驱动型,才能实现又好又快地发展。

中国的自主创新,有很长的路要走。汶川大地震后,人们发现,中国经济连续这么多年来的高速发展,成就很辉煌,怎么连大型直升机都无法自行研制和生产呢?温总理说,看到租来的直升机,"很刺痛我的心"。所以,建设创新型国家,也是大力增强全民族的自强自尊精神,大力增强全社会的创造活力的内在需要;是大力弘扬以爱国主义为核心的民族精神和以改革创新为核心的时代精神,增强民族自信心和自豪感,增强不懈奋斗、勇于攀登世界科技高峰的信心和勇气的时代要求。

二、建设创新型国家促进科学发展的主要问题

(一) 建设创新性国家核心在于增强自主创新能力

实现经济社会的跨越式发展,首先必须实现科技的跨越式发展。从我国的国情来看,改革开放30年来,尽管引进了大量技术先进的组装生产线,推出了大量新产品,然而,我们的技术能力尤其是核心技术创新能力却没有得到同步的提升。这些问题,主要是与我国的创新机制不够完善有关。要以自主创新推进我国的可持续、跨越式发展,就必须加强自主创新制度建设,完善创新机制,增强自主创新能力,增进我国在经济全球化背景下国际竞争不断加剧的新形势下的核心竞争力。

为此,党中央、国务院把增强自主创新能力作为国家战略,贯穿到现代化建设的各个方面,把增强自主创新能力作为发展科学技术的战略基点、作为建设创新性国家的核心。"党中央、国务院作出的建设创新型国家的决策,是事关社会主义现代化建设全局的重大战略决策。建设创新型国家,核心就是把增

强自主创新能力作为发展科学技术的战略基点,走出中国特色自主创新道路,推动科学技术的跨越式发展;就是把增强自主创新能力作为调整产业结构、转变增长方式的中心环节,建设资源节约型、环境友好型社会,推动国民经济又快又好发展;就是把增强自主创新能力作为国家战略,贯穿到现代化建设各个方面,激发全民族创新精神,培养高水平创新人才,形成有利于自主创新的体制机制,大力推进理论创新、制度创新、科技创新,不断巩固和发展中国特色社会主义伟大事业"。①

自主创新能力,是指一个国家所拥有的具有原创性,有知识产权和专利权的科学技术的能力。它是衡量一个国家科技实力的一个主要指标。提高自主创新能力拥有自主知识产权的技术和产品是提高一个企业、一个国家核心竞争力、实现跨越式发展的关键所在。国际上把那些将科技创新作为基本战略,大幅度提高科技创新能力,形成日益强大竞争优势的国家称之为创新型国家。创新型国家应至少具备以下四个基本特征:第一,创新投入高,国家的研发投入占 GDP 的比例一般在 2% 以上;第二,科技进步贡献率高达 70% 以上;第三,创新产出高,在世界科技成果中所占份额大,目前世界上 20 个左右的创新型国家所拥有的发明专利数量占全世界总数的 99%;第四,自主创新能力强,国家的对外技术依存度指标通常在 30% 以下。

在国际市场上,对于发展中国家来说,不仅事关军事国防安全的关键技术难以引进,而且涉及主导产业和装备制造业的尖端技术也难以引进。邓小平曾指出:四个现代化,关键是科学技术的现代化。事实证明,这是有远见卓识的一句话。事实多次证明,真正的核心技术是花钱买不来的,落实科学发展观,实现全面建设小康社会的奋斗目标必须依靠我们自己的力量建立自主创新的技术发展体系,推动产业技术实现跨越式的发展。

建设创新型国家,核心在于增强自主创新能力。我国的一些企业在发展中的自主创新问题日益突出。由于自主创新能力不够强,缺乏拥有自主知识产权的核心技术,一方面,在世界高新技术革命和产业革命的机遇面前,在经济全球化、国际竞争不断加剧的新形势下,国内不少行业和企业屡屡在核心技术上受制于人。由于没有核心技术和专利,使制造业只能以低廉的人力资源和低成本方式生产运作,这种劳动密集性的生产特点,以低价销售的方式,难以使中

---

① 胡锦涛同志在全国科学技术大会上的讲话:《坚持走中国特色自主创新道路 为建设创新型国家而努力奋斗》新华网:2006 年 1 月 10 日

国制造业产业升级并赢得尊重；另一方面，低廉的"中国制造"产品尽管为外国人节省了大量开支，据测算每年光为美国公民就节省约5000亿美元，但外国人并不领情，他们并不因此而感激我们。相反，"中国制造"在海外不断遭遇"反倾销"，许多产品的质量也不被认可，在美国的产品召回目录上，有将近一半的产品产地在中国，欧盟公布的产品黑名单上，来自中国的也不是少数。在许多国家，"中国制造"陷入了反倾销的麻烦，从家电、家具、纺织品等到农产品，涉及许多产业。不仅如此，"中国制造"甚至还被当作失业的泄愤对象而遭遇暴力。事实表明，缺乏自主创新，缺乏高附加值、高质量的商品，在经济全球化的国际竞争中，就会处于劣势被动地位。

与此同时，我国的一些企业，加强工业实验研究，依靠自主创新，增强企业的核心竞争力，从"中国制造"迈向"中国创造"，不断发展壮大，已走出一些成功的先例，展示出加强工业实验研究，增强自主创新能力，提高企业核心竞争力的光明前景。海尔拥有一支强大的科技开发人才队伍，平均每天都有专利产生，其技术开发投入占销售收入的5%，从而增强了企业的核心竞争力，成为世界品牌。华为公司两万多名职工中，从事技术开发的科技人才达一万三千人，其技术开发投入约占销售额的10%，使它能够不断增强其核心竞争力，站在全球技术发展的前沿，不断发展壮大。奇瑞汽车公司吸纳人才，立足自主开发、自主创新，赢得市场，已为中国汽车工业的振兴展现了希望之路。正反两方面的事实雄辩地说明：提高自主创新能力，建设创新型国家是我们的必然抉择。

胡锦涛总书记在党的十七大报告中指出："提高自主创新能力，建设创新型国家。这是国家发展战略的核心，是提高综合国力的关键。要坚持走中国特色自主创新道路，把增强自主创新能力贯彻到现代化建设各个方面。认真落实国家中长期科学和技术发展规划纲要，加大对自主创新投入，着力突破制约经济社会发展的关键技术。"科学发展要求将科技创新作为发展的基本战略，这是实现全面协调可持续发展的内在要求。自主创新能力，是衡量一个国家科技实力的一个主要指标。提高自主创新能力拥有自主知识产权的技术和产品是提高一个企业、一个国家核心竞争力的关键所在。

"核心"、"关键"这两个词表明，提高自主创新能力，建设创新型国家的重大意义，非同寻常。放眼全球，美国、日本等发达国家把科技创新作为发展的基本战略，在世界市场上获得了突出的竞争优势。它们研究和开发投入占国民生产总值的比重一般都在2%以上，科技进步对经济的贡献率多在70%以上，对外技术的依存度大多保持在30%以下。加强知识产权保护，巩固跨国经营企业的垄断地位，维护知识产权背后的超额垄断利润，已成为西方发达国家壮大自己实力，遏制竞争对手的有力武器。

为了增强国家的自主创新能力，从政府来说，要进一步加大科技投入，特别是基础科学以及航天、生物、新能源等高科技领域的投入，大力扶持一批拥有自主知识产权、自主创新能力的重点企业，培育民族自主创新品牌。各级政府在采购时，要将采购拥有民族自主创新品牌的产品放在优先位置考虑与选择。从全社会来说，要加强知识产权保护，进一步完善以企业为主体、产学研结合的创新体系。大力改善科技人员的待遇，对国内外优秀人才予以优厚待遇，对自主创新企业给予财税杠杆倾斜。建立高科技创业资金，为高新技术企业提供宽裕的发展环境。加速科技成果转化，实现资金转化为技术、技术转化为资金、资金转化为更高层次技术的良性循环。激励企业设立专项科研开发资金，按一定的产值比例，投入资金进行科技创新。每年在人民大会堂举行青少年及大学生科技创新颁奖大会，营造良好科技创新氛围，加强创新教育，大力培养青少年的创造力，为创新培养人才、生力军和后备力量。

（二）加强工业研究实验室建设，提升企业技术创新能力

企业的发展和繁荣是工业化国家产业与经济的基础，企业的科技进步和产品创新是使科技转化为生产力和推动经济增长的关键所在。而企业要研发、设计、生产出性能优越、可靠和廉价的产品去竞争，必须依赖工业研究实验室的优秀人才以及他们的通力合作。为此，我国的企业要增强创新意识、自觉意识，加强工业实验研究，高度重视工业研究实验室制度、机制、设施的建立与完善，创造良好的条件，加强人才的选择与培养和对研发的管理，抓紧创新型人才的培养、发现和使用，使工业研究实验室成为企业的人才宝库，成为企业汇集和培养科技人才的基地。加强工业研究实验室建设，是落实人才强国战略和科教兴国战略的一个重要着力点，是增强国家、企业自主创新能力，增进国家、企业核心竞争力的一项重要举措，是建设创新型国家的支撑点。总结世界发达国家成功的经验，我们得出结论，建设创新型国家，提升企业的技术创新能力，必须着力进行工业实验研究。

提升企业技术创新能力是建设创新型国家的突出任务。"当今世界，凡创新型国家，都拥有若干具有强大自主创新能力，拥有重要核心技术知识产权和知名品牌的跨国公司或企业集团，拥有一批具有自主核心技术和创新活力的中小企业。欧、美、日、韩概莫能外。因此，着力提高我国企业自主创新能力，

使我国企业真正成为技术创新投入和行为的主体，形成以企业为主体、以市场为导向的产学研紧密结合的技术创新体系，培育和造就一批具有强大自主创新能力，拥有重要核心技术知识产权和著名品牌的跨国企业，以及一大批拥有创新活力的中小企业集群，是建设创新型国家的根本所在和关键之一。"①

建设以企业为主体、市场为导向、产学研相结合的技术创新体系，使企业真正成为研究开发投入的主体、技术创新活动的主体和创新成果应用的主体，全面提升企业的自主创新能力。建设创新型国家，必须着力培养企业的技术创新能力，而培养企业的技术创新能力，必须加强工业实验研究。因此，我们要建设创新型国家，就要把握技术创新这一中心环节，不断提升企业的技术创新能力，使企业成为推进我国创新发展的关键力量。"在社会主义市场经济条件下，企业是市场竞争的主体，也是技术创新的主体。我们必须培育一大批具有自主创新能力、拥有自主知识产权的企业。要抓紧制定切实有效的改革举措、激励政策和法律法规，完善鼓励自主创新的金融财税政策，改善对高新技术企业特别是科技型中小企业的信贷服务和融资环境，加快发展创业风险投资，积极为企业技术创新服务，为不同类型、不同所有制企业提供公平的竞争环境。我国广大企业家应该增强民族自信，树立世界眼光，坚韧不拔，百折不挠，为建设创新型国家贡献自己的聪明才智。"②

实现跨越式发展的关键，在于增强自主创新能力，取得一系列重大技术突破。"19世纪下半叶，在理论和应用科学两方面，德国突飞猛进，相继超过了法国和英国。"③ 德国在科技上突飞猛进的关键在于：大力倡导在企业内部建立应用科学与技术研究的工业研究实验室，取得科技创新和技术进步的优势，使德国在电力技术、辐射、钢铁、化肥、染料合成等领域科技领先，制造出一大批质量好、性能优、富于市场竞争力的产品，从而振兴了德国的经济，并实现了跨越式发展。近代第二次科技革命——电气革命，它是在近代科学知识向应用转化的过程中出现的，而转化的关键环节就是工业研究实验室。工业研究实验室作为一项重要的制度创新及不断完善，为近现代科技革命的发展起到了关键性的催化作用。

工业研究实验室或研发中心是企业中科学家和工程师进行科技研发和创新

---

① 路甬祥：《建设创新型国家的两个关键》，人民日报海外版，2006年03月07日
② 胡锦涛同志在全国科学技术大会上的讲话：《坚持走中国特色自主创新道路 为建设创新型国家而努力奋斗》新华网：2006年1月10日
③ 吴国盛著：《科学的历程》［M］（第2版），北京大学出版社，2002年版，第397页

的基地,是将企业所需要的科技知识转变成先进产品的桥梁,也是使企业领导人和管理人员的经营思想、意图和计划变成实际产品和经济效益的纽带。所以,为了满足市场需求,为了实现技术成果产业化,为了形成创新与产业化的良性循环,必须加强企业的工业研究实验室建设。实践表明,工业试验研究是国家经济腾飞的法宝,是国家实现跨越式发展的关键,在建设创新型国家中发挥着重要作用。

迄今美国、德国、日本等国的几乎所有大公司,在技术上都是靠公司的工业研究实验室内的科学家和工程师将研究的成果用于技术创新上,才逐渐发展和壮大的。例如,交流发电机和电动机则是英国人怀尔德和美国人斯泰拉分别在公司的实验室研制成功的,电机是西门子在西门子公司的实验室内发明的。晶体管和集成电路分别是在贝尔实验室和得克萨斯仪器公司的工业研究实验室内发明的。虽然电子计算机发明于大学的实验室,但是包括微处理机在内的各种先进的电子计算机及其更进一步的开发利用几乎都是在公司的工业研究实验室内发明和发展的。

美国近代以来的经济腾飞,得益于工业研究实验室制度的建立和不断完善。从历史经验看,美国从20世纪初以来,工业研究实验室制度的确立和发展,使得其在第二次、第三次科技革命中获益甚多,实现了跨越式发展,一举成为世界第一经济强国。工业研究实验室制度的确立和发展,成为20世纪美国经济强劲发展的巨大动力。美国的科技和产业的大发展在一定程度上应归功于工业研究实验室的普遍发展。美国自觉的运用工业实验研究,利用专利杠杆和优惠的科技研发政策,加强工业研究实验室建设,使它的企业培育出许多世界一流的工业研究实验室。如爱迪生建立的门罗公园实验室,洛克菲勒财团建立的美孚石油公司工业研究实验室,贝尔建立的电话机研发实验室,福特建立的汽车工业研究实验室,今天的微软、通用电气公司、杜邦公司、国际商用机器公司,英特尔公司,更是建立了更好、更多的工业研究实验室。可以说,美国的大公司普遍设立自己的工业研究实验室或研发中心,提供各种有利条件,吸收大量的优秀科学家和工程师,进行有组织的创新和研发,使他们研究出与公司发展方向及市场需求相符合的新成果,然后转交技术开发部门设计和研究先进且物美价廉的产品,以便供生产部门去试制和批量生产,以引领市场,赢得竞争优势。

美国能成为世界上具有科技竞争力的国家,其原因是多方面的,但其中一个重要的方面,就在于它建立了工业研究实验室制度,工业实验研究领先于全世界。"工业研究实验室是各个企业发现和汇集大学和社会上专业创新人才的地方,为了招揽企业科技和产品创新的优秀人才,各公司的工业研究实验室通过专家推荐、自己发现和招聘网罗了一代代杰出的专业人才,然后通过研发过程、研讨和学习班及继续教育的方法将他们培养成优秀的专家。工业研究实验室因而成为企业的人才宝库,成为企业科技和新产品研发的发源地。"①

加强工业实验研究是实现跨越式发展的战略基点。总结工业实验研究的历史经验:世界各国经济竞争表明,哪个国家的工业研究实验室或研发中心搞得好、创新能力强,哪个国家就拥有较强的核心竞争力并获得优厚的经济收益,实现经济腾飞。综观科技发展史,近现代三次技术革命及其代表性的发明绝大部分工作都是在企业的工业研究实验室中完成的。特别是这些发明和创新在企业中得到不断改进和生产出成批量的产品,不但使企业获得了大量的利润,而且增强了国家、企业的核心竞争力。英国国民经济总产值曾经雄居世界第一位,主要是因为它在技术上取得突破,发明了水轮机、蒸汽机、纺织机、锻造钢铁技术、机床和火车,科技研发能力领先,使第一次技术革命产生于英国。

要实现这一目标,最根本的就是,政府要从法律法规、税收金融、知识产权保护、政府采购等方面健全公平竞争的市场机制和鼓励自主创新的政策引导;推进建立产学研有机结合的创新体制和机制;增加对基础研究、战略高技术前沿、相关公益研究的投入,增加对教育的投入,增加对企业知识、人才、技术的源头供给;在全社会营造尊重人才、鼓励创新创业的舆论和文化氛围;为企业营造良好的参与国际合作与竞争的宏观国际环境。

(三)高度重视工业研究实验室制度、机制、设施的建立与完善

为了提高自主创新能力,必须确立企业在自主创新中的作用,建立起以企业为自主创新主体,以市场为导向,产、学、研一体化的自主创新体系。建设产学研相结合的技术创新体系,努力实现新技术的产业化,加大对自主创新投入,着力突破制约经济社会发展的关键技术。加快建设国家创新体系,支持基础研究、前沿技术研究、社会公益性技术研究。加快建立以企业为主体、市场为导向、产学研相结合的技术创新体系,引导和支持创新要素向企业集聚,促进科技成果向现实生产力转化。深化科技管理体制改革,优化科技资源配置,完善鼓励技术创新和科技成果产业化的法制保障、政策体系、激励机制、市场

---

① 阎康年:《通向新经济之路:工业实验研究是怎样托起美国经济的》[M],东方出版社,2000年10月,第31页

环境。

要发挥政府的战略导向、综合协调和服务功能，创造更好的创新环境。强有力的创新激励体系是增强自主创新能力的制度保障。提高自主创新能力，要加快建立以保护知识产权为核心的激励体制框架，建立和完善创业风险投资，增强税收制度对创新的激励作用，努力吸引集聚高层次创新领军人才，为提高自主创新能力提供强大的动力来源。调动各方积极性，加大对自主创新、自主研发的投入，加快科研成果的转化利用，使科学技术真正成为现实生产力。

实施知识产权战略，充分利用国际科技资源，进一步营造鼓励创新的环境，培养造就世界一流科学家和科技领军人才，使创新智慧竞相迸发、创新人才大量涌现。

工业实验研究是应用科学方法和手段将科技知识转化为以市场竞争需要的产品为导向的产品设计与模型的技术研发过程，是科技向生产力转化的纽带，是连接市场、客户需求与新产品的关键环节。工业研究实验室是进行工业实验研究、科技创新和产品研发的承担者，是应用科技研究组织化协调合作的有效形式，是企业汇集和培养科技人才的基地。技术创新、发明和市场竞争的事实证明了工业实验研究在产品设计和工艺创新上起到了关键性作用，而以企业为主体设立的工业研究实验室正是科技知识向生产力转化的孵化器。"工业研究实验室优越性之一在于，它创造一个平台，使发明创新的灵感与火花在一种特定的氛围中迸发出来，并加以实验和检验，以创造出成果。"① 工业研究实验室是应用科技研究组织化协调合作、进行工业实验研究的有效形式，是企业汇集和培养科技人才的基地，也是一个国家产业发展和获得经济收益的关键环节和支撑点。工业研究实验室作为一项重要的制度创新不断完善，为近现代科技革命的发展起到了关键性的催化作用。要开拓市场，要让工厂机器在日趋激烈的国际竞争中高效益地运转起来，不断推动产业结构优化升级，促进商品的竞争力，支撑经济的发展，企业必须加强工业实验研究，以研发具有竞争力的产品，使企业获得竞争优势。

建设创新型国家必须建立自主创新体系。建设创新型国家，要按照"自主创新、重点跨越、支撑发展、引领未来"的方针，适应国家战略需求，加强原始创新、集成创新和引进消化吸收再创新，力争在若干重要领域掌握一批核心技术、关键技术，拥有一批自主知识产权，改变一些重大关键技术依赖于

---

① 孙寅生：《加强工业研究实验室建设》[J]，《今日中国论坛》2005年第11期，第112页

人、受制于人的被动局面，而这一切，要落实的一个重要着力点就是要加强工业实验研究。建立自主创新体系必须坚持突出重点和统筹兼顾相结合、市场主导和政府推动相结合、自主研发和开放合作相结合、企业为主体和产学研用相结合、应用开发和基础研究相结合。

　　建设创新型国家，从国家管理层面来说，要充分发挥政府的主导作用。政府必须提供有利于创新的制度和政策环境，使企业及科研单位有创新的动机和动力。要大力倡导、推动企业、科研单位自觉建立和完善自己的工业研究实验室，以增强自主创新能力；优化科技结构，形成以企业为主体、产学研相结合的科研力量的合理配置；实行有利于技术创新的财税、金融等政策，加强技术创新服务体系建设；要推进科技体制改革，推动技术开发类科研机构直接转制为科技型企业或进入企业集团；完善科学技术奖励制度，扭转过度重视发表论文的倾向，鼓励申请专利，转化科技成果；培育和建立技术市场，在全国范围内建立技术交易和技术产权交易网络；贯彻落实的《专利法》、《合同法》、《促进科技成果转化法》等专门法律，加大对知识产权的保护力度，为研发新技术、新产品提供必要的社会公正保障，以保护创造的热情和动力，保护发明人利益，规范技术交易行为，促进科技成果的转化和应用；汇集和培养科技人才，形成加强工业实验研究与培养科技人才的良性互动；以企业为主体，落实技术创新的市场导向，迅速实现科技成果的产业化应用，真正提高市场竞争能力；提高科研机构和科技人员成果转化应用的自觉性、积极性、主动性；对作出突出贡献的研发人员给予重奖，包括企业层面的奖励，政府层面的奖励，以激发调动科研人才的积极性，以给技术发明的天才之火增添利益之薪。鉴于在经济全球化背景下，在科技竞争领域，发达国家的战略重心由"防守"即通过限制技术扩散保持优势，转向"进攻"即通过政府扶持的系统创新拉大技术差距。对此，我国必须加强国家科研机构技术创新和企业创新的密切联系与配合，加强工业实验研究，增强自主创新能力，使我国在激烈的国际竞争中处于有利地位。

（四）构建促进创新的体制完善国家创新体系

　　构建促进创新的体制完善国家创新体系是建设创新型国家的重要规划。提高自主创新能力，关键是深化体制改革，加快建设国家创新体系，使企业、大学、科研机构都要充分发挥作用。国家创新体系是以政府为主导、充分发挥市场配置资源的基础性作用、各类创新主体紧密联系和有效互动的社会系统。它是经济社会科学发展的基础和引擎，是培养和造就高素质人才的摇篮，是综合国力和国际竞争力的支柱和后盾。

建设创新型国家，体制和机制创新至关重要。与技术、人才相比，体制和机制创新的作用也不可缺失。比如，西方率先实行的专利制度，对促进技术发明和工业革命曾起到非常重要的作用。从政府的角度看，落实科学发展观、推动自主创新，这些都应固化到具体的制度建设中，从体制改革、机制完善、政策扶持、人才培养、作风建设等方面形成鼓励和支持自主创新的良好环境。

建设国家创新体系，应进一步发挥政府在技术创新中的主导作用。建设创新型国家是一项复杂的系统工程，呼唤有一个创新型政府。要把我国建设成为一个"创新型国家"，就必须努力进行制度创新、理论创新、科技创新和文化创新。政府掌握着国家的政治权力，是社会进步的火车头，市场在资源配置中基础性作用的充分发挥也有赖于政府的引导。建设以企业为主体、产学研相结合的技术创新体系需进行政府管理体制创新和政府管理技术创新，全面推进国家创新体系。

政府要建立和完善有利于各种主体创新的科研管理体制，通过科研管理为各种主体公平竞争创造环境条件。目前，中国的科研管理体制还很不完善，如对科研经费分配和课题筛选评审不尽合理、学术垄断和学术腐败还很盛行等。为了建设创新型国家，有必要加快科研管理体制改革的步伐，尽快建立有利于创新的体制，以创造和完善有利于企业创新的大环境。比如，制定和完善促进技术创新的法律法规，保护和规范企业的创新行为；推出鼓励和支持企业自主创新的税收和金融政策、政府采购政策等。还要特别加大对重点企业、龙头企业和骨干企业的扶持力度，支持这些企业承担国家研发任务，主持或参与重大科技攻关。当然，也要重视扶持创新型中小企业。中小企业特别是依靠自主技术起家的中小企业，是富有创新活力的。据统计，美国的企业创新产品中，82%来自中小企业。要通过创业投资、政策支持等方式，支持中小企业的技术创新活动，发挥中小企业在自主创新中的独特作用。

优化环境，就是切实加强对科技创新的服务，营造鼓励创新创业的浓厚氛围。充分发挥各类科技园区和科技孵化器的功能，加快创新成果产业化的载体建设。大力发展各类科技服务中介机构，发挥其在优化配置科技创新资源中的桥梁和纽带作用。加快投融资体系建设，为自主创新提供金融支撑。加强支持创新的政府引导，完善推动自主创新的政策体系和工作措施，提供优质、完备、高效的公共服务。弘扬创业、创新、创优的精神，广泛宣传自主创新的先进典型事迹和创新经验，形成一个人人关心创新、参与创新、保护创新、支持创新的社会文化氛围。

创新需要政府的鼓励和扶持，以增加创新者的收入和报酬，以降低创新者的成本和风险。为了建立创新型国家，有必要采取如下鼓励创新的政策：完善《中华人民共和国科技进步法》，并制定实施细则，用法律来维护创新者的权利。建立自主创新体系至少要做好以下几项工作：

一要着力培育壮大自主创新主体。突出企业在自主创新体系中的关键地位，发挥科研院所骨干作用，调动大学高等院校的积极性，加强科技创新人力资源建设。

二要着力打造自主创新载体。加快发展企业研发中心，切实加强工业研究实验室建设，大力发展创新型产业聚集区和科技园区，积极发展科技创业孵化基地，探索建立产业技术创新战略联盟。

三要着力改革自主创新体制机制。坚持市场导向机制，完善科技成果权益保护机制，强化科技成果转化机制，创新产学研用紧密结合机制。

四要着力破解一批影响经济社会发展的技术课题。支撑现代农业发展，推动工业主导产业振兴升级，加快高新技术产业化，引导支持现代服务业，改造提升基础产业，加强民生科技创新，全面完成自主创新体系建设的各项目标任务。

五要建设军民结合、寓军于民的国防科技创新体系，加强军民科技资源的集成与共享，实现从基础研究、应用研究开发、产品设计制造到技术和产品采购的有机结合，形成军民高技术的共享和相互转移的良好格局。

六是要建设各具特色和优势的区域创新体系，促进中央与地方的科技力量有机结合，发挥高等院校、科研机构和国家高新技术产业开发区的重要作用，增强科技创新对区域经济社会发展的支撑力度。

七是要建设社会化、网络化的科技中介服务体系，大力培育和发展各类科技中介服务机构，引导科技中介服务机构向专业化、规模化和规范化方向发展。

（五）加强创新人才队伍建设培养各类创新型人才

建设创新型国家的关键———加强创新人才队伍建设培养各类创新型人才。党的十六届三中全会明确提出了实施人才强国战略，指出要营造实施人才强国战略的体制环境。2003年12月26日，《中共中央国务院关于进一步加强人才工作的决定》正式颁布，它是我国大力实施人才强国战略，建设宏大的高素质人才队伍的行动纲领，具有重大而深远的意义。《决定》明确指出：

"实施人才强国战略,必须以邓小平理论和'三个代表'重要思想为指导,贯彻落实十六大精神,根据人才资源是第一资源的科学判断,坚持党管人才原则,坚持以人为本,充分开发国内国际两种人才资源,紧紧抓住培养、吸引、用好人才三个环节,大力加强以党政人才、企业经营管理人才和专业技术人才为主体的人才队伍建设,努力把各类优秀人才集聚到党和国家各项事业中来,为全面建设小康社会提供坚强的人才保证和广泛的智力支持"。

人才战略是从社会发展需要出发,使人才研究同国民经济发展相适应,同物质文明和精神文明、政治文明、生态文明的建设相联系,建立起科学的、高效率的人才建设的模式和策略,建立相应的人才培养、开发、智力投资的计划、规划,以推动和促进社会主义建设事业的发展。1992年初在视察南方的重要谈话中,邓小平提出了"发展才是硬道理"这一著名论断。怎样才能抓住机遇,加快发展?邓小平认为,关键在于人才。人才是事业成功的关键。新中国建立后,怀着对新中国的向往,怀着报效祖国的赤子之心,不少海外学子先后回国。特别是邓稼先、钱学森、李四光、钱三强、华罗庚等一批世界一流的著名科学家回国参加建设,在十分困难的情况下,完成了"两弹一星"等重大科技项目的研制工作,从而使我国的科技水平上了一个新台阶,使我国的国防科技在一些领域跻身于世界先进水平。科技创新,关键在人才。杰出科学家和科学技术人才群体,是国家科技事业发展的决定性因素。当前,人才竞争正成为国际竞争的一个焦点。大力加强科技人力资源能力建设。源源不断地培养造就大批高素质的具有蓬勃创新精神的科技人才。

在各国之间的综合国力竞争日益激烈的今天,竞争的基础是经济,关键在科技,核心是人才,在这种形势下,人才竞争已经成为国际竞争的焦点。创新离不开人才,人才是各种创新主体的基本单元。创新离不开创新型人才,创新型人才是具有创新意识和创新特长的人,是创新的主要依靠力量。国家的创新,要重点依靠那些创新型人才。创新型人才不仅是指技术创新人才,而且包括创新型政府管理者、创新型企业家或经营管理者、创新型教育工作者、创新型研究人员等。创新型人才不仅需要有创新的思想意识,而且需要有创新的专业技能。中国目前的各类人才不少,但创新型人才还非常短缺。因此,必须适应建立创新型国家的需要,大力培育各类人才,特别是创新型人才。

环顾当今的世界,激烈的国际竞争实质上是综合国力的竞争,而综合国力的竞争,科技是关键,教育是基础,人才是核心。所以,现代世界竞争的实质是一场全面提高人的素质的竞争,是人才的竞争。21世纪以科技实力、经济实力、国防实力和民族凝聚力为基础的综合国力将越来越集中体现为高新技术和创新性人才拥有的质量和数量。许多国家都把开发人才、引进人才和合理地使用人才以及防止人才外流，作为重要战略措施，如日本在其《国民收入倍增规划》中明确提出："振兴科学技术的根本，则是以科学技术教育为中心培养人才。"美国之所以能在经济、科学等领域处于世界领先地位，一个重要原因就在于它通过种种措施网罗了一大批世界优秀人才。

1945年美国修订的《国际教育法》中最重要的一项就是吸引全球高水平人才到美国。现在美国50%的物理、数学、计算机、生物类博士生都出生于美国本土之外。据美国有关部门调查统计，第二次世界大战后20年间，美国接收的各国高科技人才达40多万名，至今仍以每年1万名的速度递增。据世界银行统计，从1969～1979年，美国接受了近50万名有专业知识的外来移民，大批外国科技人才汇集美国，为美国成为科技和经济强国作出了很大贡献。在当代美国的40多个物理和化学诺贝尔奖金获得者中，就有15个是外裔美籍科学家。

世界潮流昭示：建设创新型国家，拥有与中国大国地位相应的科技实力，必须培养大批具有创新精神的优秀人才，造就有利于人才辈出的良好环境，充分发挥科技人才的积极性、主动性、创造性，牢固树立人才资源是第一资源的观念，完善适合我国科技发展需要的人才结构，不断发展壮大我国科技人才队伍。壮大我国科技人才队伍，必须打破一个怪圈：一方面高层次人才严重不足，另一方面，国内技术人才流失速度惊人。而导致国内技术人才流失又是用钱买技术、过分依赖引进却不重视人才所造成的。清华大学信息科学技术国家实验室CPU中心主任汪东升介绍说，有一个这样的逻辑：中国花高代价培养的人才流失到国外，给外国企业搞科技创新，然后这些跨国公司再来到中国，利用其创造的知识产权大发其财。清华大学培养了大量芯片专业的研究生，百分之八九十跑到国外去了。

面对激烈的国际竞争及对人才的争夺，中国必须实施人才强国战略，加强创新人才队伍建设，培养各类创新型人才，要坚持在创新实践中发现人才、在创新活动中培育人才、在创新事业中凝聚人才。建设科学研究与高等教育有机结合的知识创新体系，以建立开放、流动、竞争、协作的运行机制为中心，高效利用科研机构和高等院校的科技资源，稳定支持从事基础研究、前沿高技术研究和社会公益研究的科研机构，集中力量形成若干优势学科领域、研究基地和人才队伍。要依托国家重大人才培养计划、重大科研和重大工程项目、重点学科和重点科研基地、国际学术交流和合作项目,积极推进创新团队建设,努力培养一批德才兼备、国际一流的科技尖子人才、国际级科学大师和科技领军人物,特别是要抓紧培养造就一批中青年高级专家。制定优惠政策吸引国外的创新型人才、海外留学生和华侨回国从事创新工作等。

(六)培育自主创新品牌——建设创新型国家的商业杠杆

邓中翰博士率领的团队培育出"中国芯",这是自主创新品牌。2005年11月15日,中星微电子在美国纳斯达克成功上市,这是中国电子信息产业中首家拥有核心技术和自主知识产权的IT企业在美国上市。邓中翰说:"依靠自主创新,我们这几年发展得非常快,在国际上特别是在计算机、笔记本电脑领域百分之百地打入了所有的品牌,包括像惠普、索尼、戴尔这些国际名牌产品,并且在全球计算机图像输入领域占领了百分之六十以上的市场份额。"

改革开放30年,中国工程机械行业的发展令人振奋。10年前,外国品牌的工程机械占据国内绝大部分市场,国内企业只能望"洋"兴叹;而今,徐工、柳工、三一等一批民族品牌不仅驰骋国内市场,而且在美、日等工程机械强国的市场上,也能够见到这些"中国制造"的名牌产品。数据显示,2007年中国工程机械行业销售收入突破2100亿元,仅次于美国,市场总量占世界市场近六分之一。近5年,中国工程机械出口以每年63%的速度增长。工程机械行业在激烈竞争的环境下培育和壮大了自主品牌,从根本上说,就在于它走出了一条中国特色的自主创新道路。

自主创新给奇瑞提供了驰骋的动力。2003年初,奇瑞汽车工程研究院成立,建立起一支以博士、硕士为龙头,以工学学士为骨干的千人研发队伍,其领军人物、中坚骨干,绝大多数都是汽车行业里的精英干才。2004年下半年开始,来自三大洲8个国家的200名高级工程师,在奇瑞组成一流的作业团队。代表当今业界最高水准的9条生产线和200台数控加工中心,组成奇瑞的世界极品发动机制造工厂。奇瑞在振兴民族汽车工业的征程上,不仅制造出世界一流的发动机,还在开发世界最先进的均质压燃技术、汽缸活塞灭缸技术、混合动力技术……形成自己的一批核心技术和知识产权,以此提升自主品牌的品质和层级———在高手如林的国际汽车市场上,这是参与竞争、克敌制胜的本钱。

浙江吉利控股集团有限公司是国内汽车行业十强中惟一一家民营轿车生产经营企业。吉利集团成立初期,公司就选择了走"自主创新、自主品牌、自主知识产权"的道路。十年来,吉利集团获得各种专利315项,先后推出吉利豪情、美日、自由舰、吉利远景等九大系列30多个品种的汽车以及8个系列的发动机、变速器,并且拥有上述产品的完全自主知识产权。其中自主开发的中国第一跑——美人豹跑车,样车被国家博物馆永久性收藏。自主开发的JL4G18汽油机处于世界先进水平。吉利高举民族自主创新品牌的大旗,尊重知识、尊重技术、敢于创新、大胆实践,正朝着中国汽车自主品牌主力军的方向迅速迈进。

培育自主创新品牌既需要内在的质量,也需要真诚的服务,还需要适当的包装和宣传,但主要还是靠质量和服务取胜,因为只有质量和服务才是最根本的。自主创新品牌的数量和质量是衡量一个国家是否属于创新型国家和属于什么档次创新型国家的基本标准。培育自主创新品牌要在税收、金融等方面采取措施,搞好创业板市场,推动自主产品尽快成长。自主创新品牌是经过激烈的国际竞争而创立起来的,必须为国内外消费者所认可。其中,知识产权和标准是自主创新的关键,自主品牌和自主创新相辅相成,缺一不可。培育自主创新品牌重点要做好以下工作:

第一,政府将培育自主创新品牌作为建设创新型国家的重要工作予以高度重视。

第二,大力推进自主创新品牌产业化,通过培育品牌来推进产业结构转型升级。

第三,制定国家品牌战略和国家品牌发展规划,精心设计国家品牌形象。

第四,重点培育国家自主创新品牌产业,提高中国产业的国际竞争力。消除重引进、轻消化吸收和创新,造成不断重复引进和对国外技术的持续依赖。

第五,努力扶植培育品牌企业,使之尽快发展成为占领国际市场的跨国公司。

第六,着力培育品牌产品,提高产品的技术含量、质量和附加值,提升中国产品在全球消费者心目中的地位。

第七,完善保护品牌的法律法规,加强对各种品牌的注册、维护和保护工作。

第八,充分利用商标法、国际法,保护中国的国际品牌。

政府部门要带头购买质量过硬的自主创新品牌的产品。自主产品缺乏政策环境支持,质量再好国内客户也不青睐,进口产品质量不好却倍受青睐,成为阻碍创新型国家战略落到实处的一个重大问题。为此,政府部门要带头购买质量过硬的自主创新品牌的产品。在自主产品和自主品牌的培育过程中,政府的作用不可或缺。政府采购要发挥支持本土产业的功能。

（七）打造创新型"产业群"——建设创新型国家的产业基地

建设高科技园区是江泽民采纳宋健的建议所作出的重要决策，是为了让一批青年才俊脱离论资排辈的环境，在一片广阔的新天地中促进科技发展、创造业绩、建功立业的重要举措。北京的中关村、美国的硅谷都是创新型产业集群。创新型产业集群是建设创新型国家的产业基地。技术创新活动活跃的企业群体对于提高一个国家的创新活力、转变一个国家的经济增长方式起着关键作用。发展创新型产业集群具有四方面的重要作用：

第一，创新型产业集群是区域内创新型企业最好的生存基地，创新型企业在创新型产业集群内能得到较好的专业化服务，发展创新型产业集群可促进区域创新的基本主体——创新型企业的发展。

第二，创新型产业集群是区域内教育科研机构的支持者和需求者，是创新型人才施展才华的大舞台，发展创新型产业集群可成为区域创新的重要动力。

第三，创新型产业集群是区域内研究机构产品的重要市场，发展创新型产业集群可促进区域内研究机构的产业化和市场化。

第四，创新型产业集群可以很好地将区域各种创新主体和要素整合起来，发展创新型产业集群可有力地支撑区域创新体系。

例如：长春是中国光学科技的发源地，是国家发改委批准的国家光电子产业基地，赋予了长春重点发展光显示器件及上下游产品、光电子器件及材料、光电仪器仪表与设备，建立从应用基础研究到工程技术研究、产业化的技术创新体系的职责。为进一步加快基地发展，长春市将以基地综合技术服务平台为切入点，加快基地核心区建设。

又如，杭州作为国家软件产业基地，杭州高新区通过服务创新、管理创新、制度创新，为软件企业营造了一片创新的土壤。华为3COM将总部设在了杭州，公司在成立仅仅两年多的时间里，已经申请专利超过260件，其中70%以上是发明专利。中科院微电子研究所杭州分部、中科院电子辅助设计中心杭州分部、国家集成电路师资格培训中心。全球最大芯片制造商英特尔公司即将来杭筹备成立软件研发中心。全球最大的电脑软件公司微软公司也将在杭州成立微软技术中心。

（八）提高全民科学素质——建设创新型国家的社会基础

建设创新型国家，要有求真务实的科学态度，而且创新型国家应该是科学精神蔚然成风的国家。科技创新是实现经济可持续增长的根本动力，以美国为例，有研究表明在劳动生产率的长期变化中，有12.5%可归功于资源的增长，而剩余的超过80%的生产率增长则是技术创新起了主要作用。在某种程度上，没有科技创新的国家在国际舞台总是处于被动地位。"增强自主创新能力，建设创新型国家"的发展战略，不仅是科技界、企业界的事情，也是全社会的大事。科技自主创新将为中国经济发展开辟出一条全新的道路，未来"自主创新"将成我国经济生活的主旋律，科技界和企业界将掀起一场自主创新的热潮，走自主创新之路，建创新型国家，中国经济将插上科技创新的翅膀。

使自主创新成为一种精神、一种品质、一种风尚，成为鲜明的时代特征。一个国家的科技实力，不仅显现在诸如"神七"这种标志性尖端技术上，还体现在国民科学素养上。有资料显示，目前中国具备科学素养的公众为总人口的2%左右，与许多发达国家10%的比例相比，差距明显。

目前，我国电脑市场已位居世界前列，然而由于缺乏核心技术，我们一直在计算机领域处于被动地位。如前所述，实现经济又好又快地发展必须依靠自主创新，提高自主创新能力也是企业发展、突出重围的根本出路。当前，随着信息化的不断深入，信息安全对经济、社会发展的影响愈发明显，必须加强我国的信息安全防御能力，加大对信息安全技术、产品上的创新力度。为此，要注重从青少年入手培养创新意识和实践能力，积极改革教育体制和改进教学方法，大力推进素质教育，鼓励青少年参加丰富多彩的科普活动和社会实践，鼓励创新，多开展创新竞赛活动，激发青少年及全社会的创新热情、激发创造活力，这是提高自主创新能力的长远之计。

第十一章

发展循环经济践行科学发展

发展循环经济，加强环境保护，是落实科学发展观和全面建设小康社会的内在要求，是坚持执政为民和提高执政能力的实际行动，是构建社会主义和谐社会的有力保障。党的十七大提出了建设生态文明，基本形成节约能源资源和保护生态环境的产业结构、增长方式、消费模式。循环经济形成较大规模，可再生能源比重显著上升。主要污染物排放得到有效控制，生态环境质量明显改善，生态文明观念在全社会牢固树立。落实科学发展观，实现又好又快发展，必须加快转变经济发展方式，这是关系国民经济全局紧迫而重大的战略任务，是提高我国经济国际竞争力和抗风险能力的根本举措。转变经济发展方式，大力推动经济增长由粗放型向集约型转变、由片面追求经济增长向全面协调可持续发展转变，需要将发展循环经济作为践行科学发展观的切入点，不断赢得发展新优势、开创发展新局面。

一、发展循环经济对促进科学发展的重要意义

（一）循环经济是实现可持续发展的经济载体

循环经济的"循环"，是自然资源的循环，是形成一种新型工业化的循环生产模式，使经济的可持续发展从而得以实现。所以我们说，循环经济是实现可持续发展的经济载体。

第一，循环经济的3R原则体现了可持续发展的生态型生产原则理念。循环经济的3R原则，即资源利用减量化原则，产品再利用原则和废弃物再循环原则与可持续发展的生态型生产原则，即低资源消耗，低污染是一致的。循环经济促进资源的高效利用，强调资源的再使用和再循环，延长产品的使用期，提高重复使用率，同时强化废弃物的回收利用，充分利用自然资源。循环经济根据减量化、再利用、废弃物资源化再循环的原则，少投入资源和能源。发展

循环经济要求摒弃粗放式经营方式，建立生态工业园，在企业中推行清洁生产，提高能源和原材料的使用效率，改进生产工艺和流程，对可能产生的污染进行全程控制。

减量化是指在生产、流通和消费等过程中减少资源消耗和废物产生。减量化原则要求用较少原料和能源特别是控制使用有害于环境的资源来达到既定的生产目的或消费目的，从而在经济活动的源头就注意节约资源和减少污染。在生产中减量化原则常常表现为要求产品体积小型化和产品重量轻型化。

再利用是指将废物直接作为产品或者经修复、翻新、再制造后继续作为产品使用，或者将废物的全部或者部分作为其他产品的部件予以使用。产品再利用原则要求制造的产品和包装容器能够以初始的形式被多次使用和反复使用，而不是用过一次就丢弃。因此，再使用原则要求生产者应该将产品及其包装当作一种日常生活器具来设计，以达到再三使用的目的。再使用原则还要求制造商应尽量延长产品的使用期，而不是非常快地由于更新换代而淘汰原产品。

资源化是指将废物直接作为原料进行利用或者对废物进行再生利用。废弃物再循环原则要求生产出来的产品在完成其使用功能后能重新变成可以利用的资源而不是不可恢复的垃圾。按照循环经济的思想，生产者的责任应该包括解决废弃产品的处理问题，即生产出一件产品只能算是完成了一半任务，在提供产品的使用功能耗尽后也要负起处理的责任。

第二，循环经济保障资源利用的代际均衡。循环经济使资源循环利用，并实行尽可能利用可再生资源，保护可再生资源的再生能力，使当代人给后代人留下不少于自己的各种可利用资源量，这体现了可持续发展的最基本的原则——资源利用的代际均衡原则。

第三，循环经济保障经济、社会、环境与生态协调发展。"在解决环境问题方面，循环经济要求实现从开环的末端性治理到闭环的全过程控制的变革"。① 循环经济使废弃物排放量最小化，实行清洁生产，最大限度地保护了环境。"在促进经济发展方面，循环经济要求实现从数量型的物质增长到质量型的服务增长的变革"。②

"由于循环经济在经济上的特征是优化物品的耐用性和功能性，而不是最

---

① 诸大建：《用科学发展观看待循环经济》[N]，文汇报，2004 年 3 月 22 日
② 诸大建：《用科学发展观看待循环经济》[N]，文汇报，2004 年 3 月 22 日

大限度地生产，最大规模地销售以及推销寿命很短的产品。"① 因此它有利于节约资源和减少废物，有利于减少污染和保护环境。循环经济从生态系统平衡的观点出发，对自然资源的开发减量化，维持在生态系统的承载能力之内，保持生态平衡和生态系统的良性循环。循环经济把经济发展，环境保护与生态系统的良性循环统一起来、整合起来，从而使经济、环境与生态协调发展，这与可持续发展的保持经济环境与生态协调发展的原则是一致的。

第四，循环经济保障经济可持续发展。循环经济从大系统分析观念出发，实行总量控制，科学合理利用自然资源，以资源循环来解决资源短缺问题，保障经济的可持续发展。可持续发展的一个原则是实现资源，尤其是稀缺资源的节约型和资源循环型的清洁生产，把高资源消耗、高污染、低技术、低附加值的粗放型产业结构变为低资源消耗，低污染、高技术、高附加值的集约型产业结构。"循环经济正是人类充分开发应用自己的智力资源，高效地利用稀缺自然资源，广泛地开发未知和未被利用的富有资源，投入到高技术体系全面开发新产业的广阔天地，建立集约型产业结构，以实现可持续发展"。②

循环经济不仅仅是在传统经济基础上增加废弃物回收、资源化和再利用环节，更是要带动整个环保产业的发展，或者说发展环境产业。环保产业是循环经济体系的重要组成部分，环保产业的不断发展也是国民经济和就业岗位新的强劲增长点。"循环经济立足于循环型企业、生态工业园区、循环型城市和循环型区域，通过立法、教育、文化建设以及宏观调控，在全社会范围内树立天人调谐观念，实现可持续发展。"③

面对我国的国情，面对经济发展与资源、环境之间日益突出的矛盾，面对资源短缺、环境污染和生态蜕变的严峻形势以及经济全球化所带来的挑战，发展循环经济，是实现可持续发展的基本途径。循环经济要求在经济生产中以新知识遵循自然规律尽可能实现资源循环，从经济循环的大系统着眼实现可持续发展。这为实现可持续发展提供支撑和保障。因此，我们要大力发展循环经济，以实现科学发展。

（二）发展循环经济是实现科学发展的重要途径和关键环节

人类的社会实践表明：人的需求和创造力是无限的，人类的经济活动和整

---

① 诸大建：《用科学发展观看待循环经济》[N]，文汇报，2004年3月22日
② 吴季松：《循环经济——全面建设小康社会的必由之路》[M]，北京出版社，2003年版
③ 左铁镛、冯之浚：《循环经济研究丛书》，科学出版社，北京工业大学循环经济研究院组织编写，2007年5月

个文明进程是不断发展的。但当发展以破坏人类生存的环境为代价时,这种发展就失去了意义,甚至是得不偿失的。面对环境恶化,资源短缺的严峻形势,人们只有遵循自然规律,走科学发展的道路。发展循环经济是资源节约与环境保护的重要纽带,是落实科学发展观的重要途径。

科学发展观包括可持续发展。可持续发展的概念被定义为"当发展能够保证当代人的福利增长时,也不应使后代人的福利减少"。可持续发展以自然资源为基础,同资源承载能力相协调,保持资源利用的代际均衡,尽可能循环利用资源使经济发展,社会发展与环境相协调,不以污染环境,使生态系统遭到破坏为代价来取得经济的增长。为了实现经济社会的可持续发展,温家宝总理在第十届全国人大二次会议的政府工作报告中指出,"积极实施可持续发展战略,按照统筹人与自然和谐发展的要求,做好人口、资源、环境工作"。并指出贯彻落实可持续发展战略的一个重要举措是"大力发展循环经济,推行清洁生产"。"循环经济就是在人、自然资源和科学技术的系统内,在资源投入、企业生产、产品消费及其废弃的全过程中,不断提高资源利用效率,把传统的依赖资源净消耗线性增加的发展,转变为依靠生态型资源循环来发展的经济"。①

在工业生产上,循环经济主张实行清洁生产,可持续发展战略则同样要求实行清洁生产。联合国环境规划署将清洁生产定义为:"对生产过程与产品采取预防的环境策略,以减少其对人类及环境可能的危害"。清洁生产要求尽可能接近零排放的闭路循环方式,尽可能减少对能源和其他自然资源的消耗,建立极少产生废物或污染物的工业技术系统。清洁生产对工业生产的制约,不再局限于"末端治理",而是贯穿整个生产过程。由"治疗"污染转为"预防"污染,实现科学发展。循环经济是一种生态经济。它是以统筹人与自然的关系为核心,以提高资源生产效率和降低废弃物排放为目标,以技术创新和制度创新为动力,是科学发展的重要途径。发展循环经济,资源消耗低、环境污染少、经济效益好,可实现经济增长速度与结构、质量、效益相统一,以实现科学发展。

发展循环经济是一次深刻的生产革命,是实施可持续发展战略的重要实践模式。这种全新的实践模式与生产过程末端治理模式有本质的区别,从强调人力生产率的提高转向从重视自然资本,强调提高资源生产率。循环经济生产模

---

① 吴季松:《循环经济——全面建设小康社会的必由之路》[M],北京出版社,2003年版

式不是对旧模式进行细枝末节的修改、补充和调整，而是一次真正意义上的生产革命，是一场不是由机器自动引发而是由人类理性自觉引发的生产革命，是一次质的飞跃。

循环经济是实现科学发展的重要途径和关键环节。它贯穿在生产、流通、消费、生活各个过程和环节，生产者必须有生态的理念，消费者应当选择生态性的产品。循环经济发展模式还是一种文化、一种道德规范、一种生活细节，在各个方面都能得到体现。倡导循环经济，就是落实集约增长和清洁生产的理念，优化能源资源配置，提高能源资源运行效率，节约能源资源消耗，减少生态破坏和环境污染，倡导人与自然的和谐。强调要从大多数人的利益着眼，从子孙后代的幸福立足，在生产、消费等各个领域防止对能源资源尤其是不可再生能源资源的无限索取和透支使用，做到能源资源长盛不衰、生态环境永远美好。

（三）发展循环经济是转变经济发展方式的重要途径

发展循环经济是落实科学发展观、实现经济增长方式根本性转变的重要途径。20世纪90年代以来，我国把可持续发展作为基本国策，实施可持续发展战略。经过不懈的努力，在保持经济增长的同时，对资源的保护和管理不断加强，环境生态建设得到高度重视，部分地区和城市的环境质量得到明显改善。但也必须清醒地认识到，我国经济发展与资源、环境的矛盾日益突出。在资源短缺的同时，又存在着严重的资源破坏和资源浪费现象，诸如资源的产出率、回收率、综合利用率低，这迫切呼唤大力推广循环经济，摒弃以破坏生态环境为代价来谋求发展的作法，降低生态环境的成本，以缓解经济发展对资源、环境所造成的严峻挑战和压力。

2004年12月在北京召开的中央经济工作会议强调："必须坚决扭转高消耗、高污染、低产出的状况，全面转变经济增长方式。要坚持开发与节约并举，把节约放在首位，大力发展循环经济，逐步构建节约型的产业结构和消费结构，走出一条具有中国特色的节约型发展道路"。发展循环经济是一项技术性、普及性很强的工作。要加快发展循环经济，使资源回收利用、循环使用，把废弃物化害为利、变废为宝，从根本上缓解资源供给的压力，从源头上减少污染物的产生，通过节约降耗和培育循环利用产业提高经济效益，把转变经济增长方式落到实处。

从我国经济增长的现状来看，我国的经济增长虽然较快，但经济增长质量和效益不高、资源的综合利用率低一直是困扰我国经济发展的一个突出的难题。"对我国来说,抓好资源的节约和综合利用尤为重要。一方面,总体上资源紧缺是我国的一个基本国情。比如,我国人均水资源占有量仅为世界平均水平的四分之一,我国人均耕地不到世界平均水平的二分之一。另一方面,随着我国经济的持续快速发展,资源压力日益增大。目前,我国经济增长在很大程度上是靠物质资源的高消耗来实现的。如果这种状况不改变,经济社会发展是难以为继的。因此,我们必须大力发展循环经济,努力实现自然生态系统和社会经济系统的良性循环。要在资源开采、加工、运输、消费等环节建立全过程和全面节约的管理制度,逐步形成有利于节约资源的产业结构和消费方式,构建资源节约型国民经济体系和资源节约型社会。"① 发展循环经济是落实科学发展观、实现经济增长方式根本性转变的重要途径。如果不大力发展循环经济,转变经济增长方式、社会消费方式和文化思维方式,我国的资源能源将难以支撑,生态环境将难以承受,国家竞争力将难以持续,国家安全也将难以保证。

要实现科学发展观所倡导的可持续发展理念,就要转变经济发展方式。加快转变经济发展方式是经济全球化背景下实现中国经济与社会全面发展的关键。发展循环经济是资源节约与环境保护的重要纽带,是落实科学发展观的内在要求。转变经济发展方式,就要大力发展循环经济,以自然规律为准则、以可持续发展为目标,形成节约能源资源和保护生态环境的产业结构、增长方式、消费模式,努力建设资源节约型、环境友好型社会。有鉴于发展循环经济是转变经济发展方式的重要途径,是落实科学发展观的关键环节。所以,探讨循环经济发展战略,对正确贯彻科学发展观,具有重要的意义。

要以体制创新和技术创新为动力,以资源节约、综合利用、清洁生产为重点,加快发展循环经济,促进经济社会全面协调可持续发展。如前所述:循环经济,倡导的是一种与环境和谐的经济发展模式,采用全过程处理模式,是一个"资源—产品—再生资源"的闭路反馈式循环过程。与传统经济"三高一低"模式,即高开采、高消耗、高排放和低利用相比,循环经济的3R原则,是一种"三低一高"的模式,即低开采、低消耗、低排放和高利用,最大限度地减少初次资源的开采,最大限度地利用不可再生资源。因此,发展循环经济是缓解资源约束矛盾的根本途径。改革开放以来,我们曾用能源消费翻一番完成了GDP翻两番。到2020年,要再实现GDP翻两番,即使是按能源再翻

---

① 胡锦涛:《把科学发展观贯穿于发展的整个过程》[J],《求是》,2005年1月

一番考虑，能源供给也会有很大的困难。如果继续沿袭传统的发展模式的话，以资源的大量消耗实现工业化和现代化，是难以为继的。为了削减经济增长对资源供给的压力，必须大力发展循环经济，实现资源的循环利用和高效利用。因此，发展循环经济是解决环境与发展矛盾的重要途径，是从根本上解决在经济发展过程中碰到的经济增长与资源环境之间的尖锐矛盾、转变经济发展方式的重要途径。

1992年，联合国环境与发展大会通过的《里约宣言》指出"人类应享有以与自然和谐的方式过健康而富有成果的生活的权利，并公平地满足今世后代在发展和环境方面的需要，求取发展的权利必须实现。"可持续发展的价值取向是人与自然、人类社会与生态环境的和谐发展。它追求的是人与自然的和谐统一。我们从生态价值观的视角将可持续发展观看作是一种和谐发展观。它是兼顾经济、环境和社会，以经济可持续性、生态可持续性和社会可持续性三者统一即"人—自然—社会"系统可持续为基础的和谐发展。

发展循环经济能避免和减少对生态环境的污染和破坏。循环经济实现了产业内部物质与能量相互交换、互为原料和废弃物的资源化，可以较大地改善工农业生产的条件和环境。环境保护不仅仅是防治污染和生态破坏，而且关系到经济社会能否实现全面协调可持续发展，是我们党执政兴国的百年大计。把环境保护摆在更加重要的战略位置上，融入经济社会发展全局中，这是党和国家立足现实与面向未来作出的重大战略决策。积极发展节地、节水、节能、节肥、节药的节约型农业与工业，鼓励生产和使用节电、节油的机械及加工设备，可有效提高工农业投入的利用效率，从根本上达到节约资源，缓解经济发展与资源不足矛盾的目的，是实现"挖潜、节约、开源、优化"的内在要求。发展循环经济是促进产业结构调整和提高产业化水平的有效措施。循环经济按照"资源—产品—再生资源—再生产品"闭环型物质流动模式，实行集约化经营，能有效地促进资源的综合利用和开发，带动产业结构的调整和优化升级。

（四）循环经济体现了以人为本的科学发展理念

发展循环经济体现了以人为本的精神和统筹兼顾与协调发展的重要思想。发展循环经济要以建设资源节约型和环境友好型社会为目标，把保障人民群众健康与维护人民群众切身利益作为根本出发点，既突出城市污染防治和生态保护，又将农村环保作为环保重点工作，建设社会主义新农村；既强调继续加大污染防治、生态保护和环境安全监管的力度，又对经济社会发展过程中日益突出的环境问题提出更加严格的要求；既将污染防治作为重中之重，又注重解决影响经济社会发展全局的各种环境问题。解决好这些问题，有利于城乡、区域环保协调发展，有利于促进人与自然相和谐。

发展循环经济是以人为本、实现可持续发展的本质要求。调查表明，"三废"造成的污染已成为一些地方人们身体生病、职业病甚至疑难怪病产生的重要原因。据有关部门测算，我国大约有1亿多人每天呼吸不到新鲜空气，每年约有1500万人患上支气管炎；3.6亿中国人缺乏安全的饮用水；历年工业固体废弃物和城市生活垃圾已占地面积达1300多平方公里，累计贮存量近135亿吨，产生大量有害的寄生生物。环境污染还导致自然灾害增多加重。沙尘暴肆虐，首都北京出现多次建国以来严重的沙尘天气，30万吨沙尘一夜之间洒向北京城，持续滞留的沙尘使北京各家医院的呼吸道门诊的就医人数剧增。

人力资源是最宝贵的资源。我国要加快发展、实现全面建设小康社会的目标，根本出发点和落脚点就是要坚持以人为本，不断提高人民群众的生活水平和生活质量，维护好人民群众的根本利益，调动起人民群众的积极性。这就要求我们在发展过程中不仅要追求经济效益，还要讲究生态效益；不仅要促进经济增长，更要不断改善人们的生活条件，要让人民喝上干净的水、呼吸清洁的空气、吃上放心的食物，在良好的环境中生产生活。要真正做到这一点，就必须大力发展循环经济，搞好资源节约和循环利用，加强生态建设和环境保护。

二、发展循环经济促进科学发展的相关问题

按照贯彻落实科学发展观的要求，促进我国循环经济的发展必须建立起一整套符合科学发展的机制，从"促进人与自然的协调与和谐"出发，充分发挥企业、政府及社会各方面的作用，建立起满足需要的、符合生态文明要求的循环型企业、循环型区域和循环型社会。

（一）发展循环经济有赖于知识经济的发展和创新

知识经济的发展作为一种新型工业化的生产模式，循环经济强调与自然资源相协调，从而保证自然系统的动平衡，保证生态系统的良性循环。我们要建构循环经济，实现经济、社会、自然的良性循环和可持续发展，必须认识到："循环经济是在知识化社会中发展的经济。这是因为，循环经济对自然资源的高效利用要依靠社会组织信息网络化，在对资源的优化配置中，信息高速公路

要充分发挥其作用；循环经济实现的关键是实现对经济社会和自然大系统地宏观调控，在宏观调控过程中，无论信息的获取、决策的科学及管理的高效都需要知识化的支撑；循环经济要求用高新技术投入来实现自然资源的循环；循环经济的发展，要靠高新技术产业化的支撑。因此，建构循环经济，有赖于知识经济的发展。"①

知识经济是以智力资源的占有，配置，以科学技术为主的知识的生产，分配和使用为最重要因素的经济，以高技术产业为第一产业支柱，以智力资源为首要依托，因此是可持续发展的经济。知识经济是世界经济一体化条件下的经济，是以无形资产投入为主的经济，是促进人与自然协调可持续发展的经济。传统工业是在追逐最大利润的宗旨引领下尽可能多地利用自然资源，人们在发展经济时对环境效益，生态效益和社会效益考虑甚少，甚至造成对自然资源和生态环境进行掠夺和破坏的恶果。而在多种自然资源几近耗竭，环境危机日益加剧的今天，人们愈来愈认识到必须科学、合理、综合、高效地利用现有资源，开发尚未利用的富有自然资源来取代已近耗竭的稀缺自然资源，从而达到经济的可持续发展。可持续发展的关键，是用新的科技与管理来解决以往对技术的盲用、误用所带来的问题。

未来人类社会贯彻可持续发展的经济发展模式，"将改变和超越当前以技术为驱动，片面追求单一商品生产规模极大化的生产模式，逐步转向把知识作为主要的内在动力，建立在日渐发达的信息产业的基础之上，强调产品和服务的数字化、网络化、智能化，主张敏捷制造和个性化商品的规模化生产"。②

因而，知识经济是能够按照用户需要进行有效生产和服务的经济，是更具个性化，更能体现服务质量的经济。知识经济正是基于对科学技术的自觉使用，从而实现真正按照客观规律和人类合理目标来组织生产和进行消费。由于知识经济以信息技术的充分发展为基础，而互联网的崛起，电脑的广泛普及等信息技术的进步，则有利于建立企业与市场之间更为便捷的桥梁，使企业可以快速、准确地了解市场动态和顾客需求，从而使生产在品种、数量等方面更有针对性，从而避免生产的浪费及对资源的浪费以及由此所造成的对环境承载力的加重，从而有利于实现可持续发展。

---

① 孙寅生：《实现可持续发展的经济载体——循环经济和知识经济》，《发展导刊》2005年第2期

② 孙寅生：《实现可持续发展的经济载体——循环经济和知识经济》，《发展导刊》2005年第2期

知识经济是以智力资源投入为主，自然资源投入为辅的经济，其产品是不以自然资源投入增加和环境污染加剧为扩大再生产前提的高知识含量、高技术含量和高附加值的知识产品。知识经济的最大特点是其智力资源投入的"无损耗性"，它不仅不会被消耗掉，而且在使用和"消耗"过程中还会创新增值，衍生出更高级的知识。依靠知识促进经济增长，是一条经济可持续发展的道路。

循环经济是靠先进的生产技术、替代技术、减量技术、废旧资源利用技术、零排放技术等支撑起来的经济，必须加强技术创新体系建设。发展循环经济的创新领域诸如：节约能耗和物耗，污染轻或无污染工艺，包括清洁生产工艺；提高材料使用寿命，研发新材料以替代有毒材料和污染材料；把握世界以新能源、生物技术、新材料技术、新环保技术为主要特征的绿色革命的潮流，开发废家电、废电池、废电脑及废灯管等特种废物的再生技术，提高资源再利用能力；研究不同产业和不同企业间生态链的内在联系；开发各类预测模型，以确定经济效益与循环率、资源再生费用以及产品价格等因素之间的关联度，研究新的成本－效益分析方法。

从历史发展进程看，农业经济时代的主要资源是土地和人的体能，工业经济时代的主要资源是各种矿产资源和劳动力，而在知识经济时代，知识作为投入生产过程的一种新资源，成为聚敛财富的重要资本。在农业经济时代，特别是在工业经济时代，主要是以开发和利用物质资源和能量资源为主要特征。在开发和利用过程中，虽然使经济获得较快增长，但实践也证明，它所造成的负面影响已经开始显现出来，如将导致资源枯竭、能源危机及环境污染，进而又对经济增长及人民群众身体健康产生不良影响。而知识经济的发展则是以开发利用知识资源为主要特征，以高科技为基础，社会经济活动的主流是知识的创新，传播和利用。这将有助于提高资源利用效率，减少对自然资源的依赖程度，减少对环境的污染。因此，经济成分中知识经济的成分越高，就越有利于实现可持续发展。知识经济要求以取之不尽、用之不竭的智力资源来保证实现可持续发展。

（二）加强《循环经济促进法》的贯彻，落实促进循环经济发展

《循环经济促进法》是践行科学发展观的法律保障。实施《循环经济促进法》，是深入贯彻落实科学发展观、依法推进经济社会又好又快发展的内在要求，是落实党中央提出的实现循环经济较大规模发展战略目标的重要举措。我国《循环经济促进法》第三条指出："发展循环经济是国家经济社会发展的一

项重大战略,应当遵循统筹规划、合理布局、因地制宜、注重实效,政府推动、市场引导、企业实施、公众参与的方针。"

《循环经济促进法》为贯彻落实科学发展观提供了长效机制。"科学发展观的基本要求是全面协调可持续。贯彻落实科学发展观的这一基本要求,就必须建立将经济增长与节约资源、保护环境统筹考虑的经济发展模式,突破环境资源瓶颈对我国发展的制约;必须大力发展循环经济,建设资源节约型、环境友好型社会;必须建立起与发展循环经济相适应的综合性长效机制。为此,《循环经济促进法》规定了一系列包括综合运用财政、税收、投资、市场准入、价格、信贷等手段在内的法律规范,为建立促进科学发展的保障和支撑体系奠定了重要基础。"①

法律手段是促进循环经济发展的重要制度安排之一,包括循环经济相关法律的立法与执法。法律手段是其他手段发挥作用的前提和基础。循环经济不会在市场经济制度下自动产生,而必须在法律的强制规范下、在理性的引导下发展起来。为此,必须加强《循环经济促进法》的贯彻落实,完善发展循环经济的法律法规,约束和规范政府、社会、企业和国民的行为。

依靠法律手段解决资源环境问题有两个优势:一是法律手段具有公平性和刚性,是硬约束和正式规则,不受各种利益集团的影响;二是法律手段威慑性强。通过对违法违规者进行严厉制裁,可对违法者起到震慑作用,达到保护环境的目的。破解制约我国经济社会发展的结构性矛盾,就必须大力发展循环经济,在保护环境、节约资源的同时保持经济又好又快发展。而推进循环经济的发展,必须在统一的社会规范和法律体系下,把资源节约、环境建设同经济发展、社会进步有机地结合起来。

(三)发挥政府对发展循环经济的主导作用

发展循环经济是建设生态文明,形成节约能源资源和保护生态环境的产业结构、增长方式、消费模式,实现可持续发展的重要途径。政府要充分发挥支持、引导、督促作用,通过规划、政策等的制定和实施,为发展循环经济,建设资源节约型、环境友好型社会创造条件,并制定相关经济政策,形成循环经济发展的激励机制。比如,通过行政法规、产业政策、财税政策、投资政策及政绩考核引导循环经济发展,让过度消耗资源的行为不仅付出高昂的代价而且

---

① 孙佑海:解读《中华人民共和国循环经济促进法》,《求是》2009年第6期

受到制裁。通过制定支持循环经济发展的优惠政策，通过税收、财政等经济手段来刺激和促进循环经济的快速持续发展。德国著名的奔驰公司卖出去的汽车，是要负责回收的，每回收一辆，它可以得到政府的税收方面的优惠，如果不回收，它要受到一定的经济处罚。奖惩并用，是发达国家在促进循环经济发展方面一条行之有效的办法。

政府要建立循环经济发展指标考核体系，把发展循环经济的指标和措施具体化、定量化，纳入政府部门业绩考核体系，制定扶持循环经济的杠杆和激励机制，为发展循环经济提供动力。制定和落实鼓励扶持循环经济发展的政策，包括财政补贴，税费减免，金融支持，循环经济产品优先纳入政府采购等。还要建立有利于节约资源的产品价格形成机制。

扶持循环经济的杠杆和激励机制体现在：对采用清洁生产工艺和资源循环利用的企业给予减少税收、财政补贴以及信贷优惠政策，保证其产品的市场竞争力，为社会树立模范企业，树立榜样。另外，对实行循环经济的企业以及新兴生态工业园的建设要在征地、审批和投资环境方面予以优惠。

政府有必要设置专门的部门以负责指导和协调全国范围的循环经济的建设和践行，促使全社会加快实行清洁生产，减少排污，提高社会产品的循环率。在外部环境上，政府要探索建立绿色国民经济核算体系和绿色政绩评价体系。一个城市、一个地方发展的好不好，不能只看GDP，更要考虑城市居民的生态幸福指标，有的地方GDP很高，但连喝上干净的水都很难做到，这样的生活幸福吗？建设生态文明，让老百姓生活在优美的环境中符合人民群众的真实愿望和根本利益，在此背景下，绿色GDP受到特别关注。绿色国内生产总值（EDP）等于国内生产总值减去产品资本折旧、自然资源损耗和环节资源损耗（环境污染损失）之值。

通行的国民经济核算体系主要使用国内生产总值（GDP）统计方法。GDP作为一项一国的经济水平与经济实力的综合指标具有重要作用。但由于传统GDP不能全面反映人的福利状况，不能准确反映一个国家财富的变化，不能反映某些重要的非市场经济活动，特别是不能反映经济发展给生态环境造成的负面影响。为此，国内外学者对如何衡量经济发展、社会进步和生态环境保护，开展了相关研究。在学术界所提出的GDP中，有绿色GDP（EDP，绿色国内生产总值）、人文发展指数（HDI）、生态需求指标（ERI）、经济福利指标、真实进步指标（GPI）、主观幸福指标（SWB）、国内发展指数（MDP）、联合国环境经济综合核算体系（SEEA）以及各种"净经济福利"指标、"净国民福利"指标、"净国内生产"指标,研究的目的大多是扣除经济发展中的生态损失、环境损失,以得真实的增长率。

建立循环经济要求改革现行的经济核算体系,从企业到国家探索一套绿色经济核算制度,包括企业绿色会计制度、政府和企业绿色审计制度、绿色国民经济核算体系等,以达到结合环境因素和消耗量全面和客观地评价经济状况。干部考核、政府绩效应与绿色GDP的核算体系挂钩,以建立绿色政绩评价体系,以改变用单纯的GDP取人论事,造成地方政府只关注眼前的GDP而对全面、协调、可持续发展重视不够的问题。

(四) 发挥企业在发展循环经济中的主体作用

企业是节能减排和发展循环经济的主体。"减量化、再利用、资源化"主要是靠企业来实行的。没有企业的小循环,也就无法实现区域的中循环和社会的大循环,从而也就失去了整个循环经济的根基。为了加快推行循环经济,企业应更新发展思路,强化社会责任;优化经济结构,提高资源管理水平;推进技术进步,实现资源消耗的减量化;培养造就一流的企业家队伍。企业作为发展循环经济的主体,在企业层面可以把循环经济做得比较好,国外做得比较好的恰恰是那些大的企业内部或者企业之间进行的循环经济的工作。以企业生产过程中所产生的资源为对象,通过构造产业节点,延伸产业链来实现循环经济,是企业发展循环经济最有成效的一种模式。这种模式在化工、钢铁、水泥、有色金属、造纸等行业发展循环经济的模式中比较常见。

我国较低的资源利用效率,已经成为企业降低生产成本、阻碍科学发展的重要因素。循环经济是以物质资源的循环利用和能源的高效利用为主要特征,包括生态工业、生态农业、生态消费和静脉产业子系统。生态工业是由企业层次上升到企业群落、城市或更大的范围,它从整体出发,通过成员的互利共生、绿色技术的使用及信息的共享等手段,实现系统内的物质循环和能量高效利用,达到一个双赢目标——既不对环境产生破坏性的影响,又能获取商业上的利润。

在循环经济的三大实施层次——企业层次、产业园区层次以及城市和区域层次中,企业是发展循环经济的主体。企业层次的循环经济包括产业链的绿色化延伸、管理流程的绿色化、生产流程的绿色化以及产品的绿色化等四个方面。要使企业成为发展循环经济的重要推动力量,必须从上述四个方面立体化地对企业进行改造。循环经济可以在很多层面为企业带来效益,比如废物利用、变废为宝、节能增效、国家政策的鼓励等。另外,环保产品还可提高国际竞争力。比如，一些发达国家规定，从产品的研制、开发、生产到包装、运输、使用、循环利用等各环节都要符合环保要求。就拿包装来说，许多发达国家通过立法，对进口商品包装的卫生和安全提出强制性的要求：一是改进设计减少包装材料的使用；二是包装材料可以重复使用；三是使用再生材料制作包装；四是使用生物降解包装，使废弃包装物能在自然环境中快速腐烂。许多发展中国家包括我国因技术水平、价值观念和行政管理等方面的滞后，使得绿色包装成为其产品进入发达国家市场的绿色屏障。

（五）加强省际市际和国际合作，借鉴发展循环经济的成功经验

加强与国际组织和外国政府、金融、科研机构等在循环经济领域的交流与合作，借鉴发展循环经济较好国家的成功经验。国际社会在20世纪90年代确立了可持续发展战略，一些发达国家就开始把发展循环经济、建立循环社会作为实施可持续发展战略的重要途径。以循环经济促进可持续发展，反映了人类正在不断寻找与自然相和谐的可持续发展道路，同时把绿色经济作为新的经济增长点。通过发展循环经济，德国冶金矿渣利用率达到95%，仅垃圾再利用行业每年就创造410亿欧元的价值；韩国废弃物和垃圾的排放量减少了40%；日本资源再利用产业年创产值100亿美元；美国废弃物再利用行业每年的销售额达2360亿美元，为美国人提供了110万个工作岗位；德国废弃物处理成为经济支柱产业，年均营业额约410亿欧元，创造了20多万个就业机会。根据1997年日本通产省产业结构协会指出的《循环型经济构想》，到2010年发展循环经济将使日本新的环境保护产业创造近37万亿日元产值，提供1400万个就业机会。

国内循环经济试点工作取得了重要进展。黑龙江省的煤炭循环经济试点市——七台河，作为国家循环经济试点市，把单个企业的小循环，一个工业园区的中循环，整个城市的大循环，都发动起来。红鲜工业园区成为典型的煤炭循环经济示范园区，以宝泰隆公司为龙头的一批煤焦电化大企业，通过8个主要流程，达到了新型工业化要求的物质合理循环，价值逐级增值，废料和余能回收利用，各产业链之间互为资源、协调发展，基本实现了把原煤"吃干榨净"的清洁生产，并实现了效益最大化。

其产业循环链如下："一是把原煤变成洗精煤；二是利用洗煤产生的洗矸和煤泥发电，同时为城市供热；三是把精煤炼成焦炭，焦炉煤气首先分离出粗苯和煤焦油；四是利用焦炉煤气与空气中分离出的氧气生产甲醇，这与原煤直接造气制甲醇相比，成本降低60%以上；五是把煤气制甲醇后剩余气体经提

纯得到氢气，利用氢气与煤焦油反应生产清洁燃油；六是利用氢气与粗苯反应生产甲苯、二甲苯等高附加值化工产品；七是利用空气分离出氧气后的氮气实施干法熄焦，再把熄焦过程中的大量热能用来发电，与传统用水熄焦相比，既提高了焦炭质量，又节省了大量的水，回收了余热，减少了污染；八是利用电厂产生的灰渣制水泥。通过发展循环经济，七台河市每年消耗煤矸石和煤泥400多万吨、粉煤灰55万立方米，工业固体废弃物综合利用率达到60%；矿井水回收利用1000多万吨，回用率达65%；年节约10万吨标准煤，减少二氧化碳、二氧化硫排放260吨和450吨，每年带来8亿多元的效益增长。"①

贵阳市2002年开始了全国首个循环经济生态城市试点建设。贵阳循环经济在经济活动的三个重要层面上，分别通过运用3R原则实现三个层面的物质闭环流动。

第一，在企业层面（小循环）：通过推行清洁生产，减少生产和服务中物料和能源使用量，实现废弃物排放的最小化。这类似于杜邦模式（企业内部的循环经济模式）。杜邦化学公司模式是在企业层面上建立的小循环，主要方式是组织厂内各工艺之间的物料循环，实现资源的高效利用和废弃物的零排放。通过组织厂内各工艺之间的物料循环，延长生产链条，减少生产过程中物料和能源的使用量，尽量减少废弃物和有毒物质的排放，最大限度地利用可再生资源，努力提高产品的耐用性等。杜邦公司把循环经济三原则与化学工业相结合，创新出"3R制造法"，通过放弃使用某些对环境有害型的化学物质、减少一些化学物质的使用量、发明回收本公司产品的新工艺，使该公司生产造成的废弃塑料物减少了四分之一，空气污染物排放量减少了70%。

第二，在区域层面（中循环）：按照工业生态学原理，通过企业间的物质、能量和信息集成，形成企业间的工业代谢和共生关系，建立工业生态园区。这着类似于卡伦堡生态工业园区模式。卡伦堡生态工业园区模式是把不同的工厂联结起来，形成共享资源和互换副产品的产业共生组合，使一家工厂的废气、废热、废水、废渣等成为另一家工厂的原料和能源，形成经济发展和环境保护的良性循环。按照工业生态学的原理，通过企业间的物质集成、能量集成和信息集成，形成产业间的代谢和共生耦合关系，使一家工厂的废气、废水、废渣、废热或副产品成为另一家工厂的原料和能源，建立工业生态园区。"丹麦卡伦堡工业园区的主体企业是电厂、炼油厂、制药厂和石膏板生产厂，

---

① 杜吉明：《发展循环经济实现可持续发展》，来源：中国共产党新闻网，2008年03月06日

以这四个企业为核心,通过贸易方式利用对方生产过程中产生的废弃物或副产品,作为自己生产中的原料,不仅减少了废物产生量和处理的费用,还产生了很好的经济效益,形成经济发展和环境保护的良性循环,并找到了新的经济增长点"。①

第三,在社会层面(大循环):通过废弃物的再生利用,实现消费过程中和消费过程后物质与能量的循环。这类似于日本的循环型社会模式。日本在循环型社会建设方面主要体现在三个层次上。一是政府推动构筑多层次法律体系。日本政府先后出台了《循环型社会形成促进基本法》、《固体废弃物管理和公共清洁法》、《促进资源有效利用法》等法律。在具体行业和产品立法方面,日本政府颁布了《家电循环法》,规定废弃空调、冰箱、洗衣机和电视机由厂家负责回收。《汽车循环法案》,规定汽车厂商有义务回收废旧汽车,进行资源再利用。《建设循环法》规定建设工地的废弃水泥、沥青、污泥、木材的再利用率要达到100%。另外,日本政府还颁布了《促进容器与包装分类回收法》、《食品回收法》、《绿色采购法》等。二是要求企业开发高新技术。在设计产品的时候就要首先考虑资源再利用问题,如家电、汽车和大楼在拆毁时各部分怎样直接变为再生资源等。三是要求国民从根本上改变观念,不要鄙视垃圾,正确对待和处理垃圾和废弃物,要把它视为有用资源。堆在一起是垃圾,分类存放就是资源。

贵阳市在生态城市建设过程中,按照循环经济理念,逐步完成工业、农业和社会生活三大循环体系的建设,以城市中的物质流、能量流和信息流将三者有机地结合起来,从而建立贵阳市的循环经济生态城市运行体系。在工业循环体系建设中,贯彻优先内部循环的原则,同时要与农业和社会生活循环体系密切联系。使三大循环体系相互联系、相互补充、相互促进,通过三大循环体系的交叉组合构建形成全市的完整的循环经济生态城市体系,实现经济发展、环境保护和社会进步的共赢,实现未来经济和社会的高速度可持续发展。

发展循环经济,需要在企业层面、在区域层面、在社会层面同时并举,使三个系统相互呼应、相互配合、相互补充。目前中国已确定了约30个市为国家循环经济试点城市。通过国家政策扶持、地方大力推进、企业积极发展,循环经济试点工作取得了重大进展。从企业层面看,涌现了一批以构建特色生态工业链为目标的企业或企业集团;从工业园区层面看,形成了一批生态工业示

---

① 阎刚平:《循环经济促进科学发展》,来源:人民网-理论频道2009年05月07日

范园区;从城市和区域层面看,上海获得了世界"可持续发展成就奖",贵阳市七大循环经济体系占 GDP 总量的 75%。这些都为全面推广循环经济、加强省际、国际合作奠定了基础。

(六)加强循环经济的宣传教育和倡导绿色消费

发展循环经济,不仅需要政府的倡导和企业的实践,更需要广大公众的积极参与和推动。提高公民绿色消费意识,大力推行绿色包装,大力开发绿色产品。只有加强循环经济教育,充实教育的循环经济内涵,才能真正使循环经济成为全民的行动。要使绿色、环保、节约,成为全社会的共识,普及和提高政府、企业、公民的环境和资源意识。在大、中、小学广泛开展环保知识和循环经济理念教育,将其渗透到相关教学中,增强学生保护环境的意识和责任感。在传媒领域,推进循环经济建设,需要传媒理性的解读能力和评论能力,积极倡导绿色消费。

在经济、管理、环境专业高等教育中,设置循环经济相关课程,提高将来的各级领导干部和企业管理人员及科研人员的循环经济知识水平。通过各种媒体和手段,大力开展循环经济宣传活动,积极倡导绿色消费和垃圾分类,使社会各阶层人群了解并认可循环经济,在生产中为发展循环经济贡献才智和力量,在生活中优先使用和采购可再生产品、环境标志产品和绿色产品,为这些产品培育市场。加强循环经济的宣传和教育,使循环经济的原则和理念渗透到社会生活的常识观念中,使公众自觉接受和主动选择符合生态标准的健康文明的生活。

第一,努力建立行之有效的公众参与机制。循环经济的发展需要公众的参与。不少企业是在公众环境意识、社会环境道德和国家环境法律的压力下,推行清洁生产和循环经济。因此,要鼓励公众参与政府规划、方针、政策、措施的制定和实施,参与对企业环境行为的监督,参与废弃物资回收和垃圾减量等活动。

第二,充分发挥公众对循环经济的推动作用。循环经济发展过程中,各种民间组织、社团可以扮演十分活跃的角色,发挥政府和企业难以发挥的功能,成为不可或缺的推动力量。如瑞典五大包装废品回收组织、覆盖德国的非营利 DSD 回收系统、美国加州地毯回收组织等。

第三,提高公众对循环经济的认识水平。一是推动循环经济进学校。以学校教育影响学生、以学生影响家庭、以家庭影响社会。二是推动循环经济进社区。以社区为中心、家庭为载体,开展形式多样、生动活泼的社区教育、环保科普和文体活动,提倡节约能源、保护资源、爱护环境,倡导绿色文明。三是重视媒体的宣传作用。开展全方位的环境宣传和引导,提高公众、企业和管理部门对循环经济的认识和关注,为发展循环经济创造良好的社会氛围。

第四,大力拓展公众参与发展循环经济的途径。鼓励公众参与环境管理是当今国际社会的政策导向,应借鉴国际经验,赋予公民环境立法参与权与行政执法监督权,给公民参与环境事务提供广阔的空间。环境评价要更多地反映公众的意见,强调公众参与,将循环经济的理念渗透到生产、生活和消费的各个方面。大力开展节水、节能、绿色消费、植树造林、环保义务劳动、志愿者行动等活动,拓展公众参与循环经济发展的有效途径。

第十二章

构建实现科学发展的运行机制

一、建立实现科学发展运行机制的必要性

机制（mechanism）一词，来源于古希腊文 mechane，原指机器的构造和原理，是工程学概念。以后被运用到许多学科，泛指一个系统中各元素之间相互作用的过程和功能。按照辩证法普遍联系的观点，人类社会是一个有机联系的整体，每个系统由若干要素组成，每一个要素都有自己特定的功能，各要素间相互作用，均有一定的纽带将其联系起来，使其按一定的规律和要求运转，形成系统或整体的功能。因此，社会科学范畴的"机制"概念可定义为：指社会系统内各要素相互作用并形成惯性运转而产生特定或预期的稳定结果。其实质是系统各部分相互关系，相互作用所产生的促进、维持、制约系统的内在工作方式，是系统运行过程中带规律性的运行方式。

运行机制的价值取向必须是社会公正。党的十六届六中全会《中共中央关于构建社会主义和谐社会若干重大问题的决定》指出：社会公平正义是社会和谐的基本条件，制度是社会公平正义的根本保证。必须加紧建设对保障社会公平正义具有重大作用的制度，保障人民在政治、经济、文化、社会等方面的权利和利益，引导公民依法行使权利、履行义务。这是因为，"正义是社会制度的首要价值，正象真理是思想体系的首要价值一样"。① 公正是社会的一种基本价值观念与准则，它是规定社会成员的权利与义务的基准，是规定资源与利益在社会群体之间，在社会成员之间进行合理配置和公道分配的圭臬。公平问题是个人、群体、社会之间利益、权利的合理配置问题。不公平的发展，

---

① ［美］罗尔斯：《正义论》［M］，中国社会科学出版社，1988年版，第1页

会引发社会的躁动不安和无休止的内耗。公平正义是一个社会健康运行的基本原则和价值取向，社会公正的实现是社会成员和谐相处、社会正常运行和健康发展的基本条件。

运行机制的基础是制度建设。之所以要不断完善和健全制度，首先在于，制度具有权威性的特征。在一个既定的制度框架下，可以保证党和政府的政策权威以及在制度权威下的高度统一。其次，制度具有规范性的特征。无论是对于社会组织或社会成员个体来说，制度都是一种行为准则和行为规范，从而是整合全社会的基础。第三，制度具有稳定性的特征。历史经验表明，如果为顺应社会发展需要而进行的调整和变革缺乏制度的基础，就将会使社会发展的稳定性受到影响。从这个意义上说，制度比其他任何组织要素都要稳定持久。有了科学合理的制度，社会才能在一定的轨道上正常有序地运转，每个人的行为才能符合社会公认的准则，人与人之间的关系才能得到恰当的调整和处理，整个社会也才能处于比较协调、稳定、安宁、和谐的状态。同时，科学合理制度的价值取向和灵魂是公平正义。制度的特点是公平和正义，制度的最大效用也在于保障公平和正义。科学合理的制度能够最大限度地保障社会的公平和正义并为整个社会的和谐奠定基础。比如，改革开放前，以阶级成分、家庭出身等来分配社会资源和社会机会是不公平的，后来经过改革，取消了这种不公平的制度安排。

社会主义制度的确立及其不断完善，为实现社会公正奠定了制度基础，提供了前提条件，但社会公正的实现不会自动地发生，实现公平正义仍需要社会有机体的自觉调节，从操作环节上构建起兑现落实社会公平正义的有效运行机制，这是实现公平正义的关键环节。比如，"制度和谐"就是一个运行机制问题。制度和谐指的是制度体系的配套、制度之间的协同和互补以及制度体系的整体效应。经过建国后半个多世纪的探索，我国社会主义的制度体系已经建立起来，但在执行与落实的层面上，由于没有相应行之有效的对策跟上，"我们也还存在着有制度而没有机制、重实体制度建设而轻机制设计和机制创新的问题，结果，制度由于没有机制的配合往往不能得到很好的贯彻落实"①。比如，"党和政府制定的不少惠民政策之所以常常落不到实处，其主要原因就在于政

---

① 陈朝宗：《和谐社会视野下的制度和谐研究》[J]，《马克思主义与现实》2008年第1期

策在基层执行中走了样"。①

为什么在基层执行中走了样？因为运行机制不健全。运行机制是连接理论、制度与实践的关键环节。科学发展不能仅仅停留在理论、价值层面，而要落实到执行、实现层面。为此，必须要有更加具体、配套、协调的政策、制度、法律法规及完善的实施细则，使社会公正得以实现。一些社会不公正现象，如公路乱收费问题、"司法腐败"问题，官商勾结问题，行政垄断问题，"灰色收入"问题，学术腐败问题，大都与缺乏良好的兑现落实机制，使法律、制度不能得到规范、健全、科学、合理的落实有关。所以，要适应我国社会结构和利益格局的发展变化，形成完善的社会保障机制及科学发展保障机制，诸如畅通的民主诉求机制、健全的法治保障机制、政府行政行为公正的保障及监督机制、科学合理的利益协调机制、及时有效的矛盾调处机制、优化的权益共享机制、通过这些机制彼此之间的协同作用，系统优化，来推动社会有机体的自觉、自我有效调节。历史唯物主义认为，社会有机体是一种具有自我意识的有机体，它能够以其自觉的能动性调节、约束、控制、指导人们的社会活动，协调社会主体的行动，从而使社会作为一个整体而存在和运行。为此，必须根据社会发展的变化而适时的调整运行机制和政策，依据公正的原则，在组织结构、要素、匹配条件等方面相互制约、相互协调、统筹兼顾，使制度和谐、运行协调而有效，构建实现科学发展的运行机制。

当前，在国际金融危机给我国发展带来严重困难的情况下，通过科学发展及构建和谐社会增强我国应对国际金融危机能力、解决我国发展中的深层次矛盾和问题，化挑战为机遇，把有效应对金融危机与完善我国体制机制有机结合起来，着力构建有利于科学发展实现社会和谐的运行机制，为科学发展实现社会和谐提供强大动力和制度保障。

二、如何建立贯彻落实科学发展观的运行机制

科学发展观全面总结出人类未来发展的两个最基本问题，即人与自然的和谐、人与人的和谐，它对人类文明进程步入健康、理性发展具有重要意义。在贯彻落实科学发展观构建社会主义和谐社会的进程中，就其本质而言，有两个

---

① 王炳林，王春玺：《实现公平正义与巩固党的执政基础》，《中国特色社会主义研究》2007年第4期

重要意义：

一是寻求社会发展的动力机制，与之相对应的是落实以人为本，大力开发人力资源和人才资源，使党的工作和党的建设更加符合科学发展观的要求，使全国人民万众一心、团结一致，营造和谐社会的社会环境，将社会发展的阻力减少到最小，让"历史的合力"最大限度地发挥作用。在发展的动力中，由于科学技术是第一生产力，还需要建设创新型国家，对创新能力和竞争能力积极培育，并且使国家的自然资本、生产资本、人力资本和社会资本合理协调、优化配置、结构升级。

二是寻求社会发展的平衡机制，寻求发展的公平，解决机会不公平等一系列问题，实现社会公正，使发展成果惠及全体社会成员，提高发展质量，构建和谐社会。相应的是构建资源节约、环境友好型社会，做好社会保障工作，实现人口、资源、环境、发展协调一致，统筹发展，构建基于科学发展观的政府绩效评价体系，实现科学执政、民主执政、依法执政的有机统一。

为此，围绕社会发展的动力机制和平衡机制，建立贯彻落实科学发展观构建社会主义和谐社会的运行机制，要重点探讨四个问题：如何使党的工作和党的建设更加符合科学发展观的要求；如何实现科学执政、民主执政、依法执政的有机统一；如何构建基于科学发展观的政府绩效评价体系；如何把握科学发展实现社会和谐的关键环节。通过把握系统的整体性、结构性、层次性、开放性，使系统各要素相互制约、相互协调、相互补充、统筹兼顾，使制度和谐、运行协调而有效，构建实现科学发展的运行机制。

1. 使党的工作和党的建设更加符合科学发展观的要求

党的十七大报告提出，要"使党的工作和党的建设更加符合科学发展观的要求"。这一命题充分体现了科学发展观的本质要求，为我们在新时期推进党的建设新的伟大工程指明了方向。

如何使党的工作和党的建设更加符合科学发展观的要求？

符合科学发展观的要求，就要按照"把握方向、谋划全局、提出战略、制定政策、推动立法、营造良好环境"的要求，完善党领导经济社会发展的体制机制和方式，以提高各级领导班子和领导干部发展社会主义市场经济、发展社会主义民主政治、发展社会主义先进文化、构建社会主义和谐社会和统筹国内国际两个大局的能力。深入贯彻落实科学发展观，要自觉遵循党的建设规律，全面协调持续地推进党的建设，使基层党组织的各项工作更好地体现时代性、把握规律性、富于创造性，充分发挥基层党组织的战斗堡垒作用和党员的

构建实现科学发展的运行机制

先锋模范作用,更好地把党的组织资源转化为发展资源、组织优势转化为发展优势、组织活力转化为发展活力,为推动科学发展、促进社会和谐奠定坚实基础。

(1) 使党的工作和党的建设更加符合科学发展观的要求,必须把握发展这个第一要务,坚持以提高党员、干部运用科学理论分析和解决实际问题的能力为重点,坚定不移地推进党的思想建设、组织建设、作风建设、制度建设和反腐倡廉建设,努力使广大党员、干部成为科学发展观的忠实执行者。认真落实党建工作责任制,努力形成责任明确、领导有力、运转有序、保障到位的工作机制。着力转变不适应、不符合科学发展观的思想观念,树立与之相适应的思想观念。要树立围绕发展抓党建、抓好党建促发展的理念,紧紧围绕党的中心任务,紧紧围绕发展这个执政兴国的第一要务,紧密结合发展中国特色社会主义事业推进党的建设新的伟大工程,树立全面协调可持续和统筹兼顾的理念,把党的执政能力和先进性建设作为主线,全面加强党的思想、组织、作风、制度和反腐倡廉建设。

(2) 使党的工作和党的建设更加符合科学发展观的要求,就要坚持以人为本,实施人才强党战略,创新人才工作体制机制,建立健全培养、吸引、使用人才及其与人才需求结构相适应的体制机制。要树立以人为本的理念,建立健全党员、干部和人才服务体系,建立健全党内激励、关怀、帮扶机制,切实提高党员、干部和人才的素质,充分调动他们的积极性、主动性和创造性。党的十七大报告强调指出,要坚持不懈地提高党员素质,尊重党员主体地位,保障党员民主权利,探索扩大党内基层民主多种实现形式;要建立健全党内激励、关怀、帮扶机制,关心和爱护基层干部、老党员、生活困难党员。坚持以人为本,发挥党员主体作用,充分体现党的先进性,是在党内生活中坚持以人为本这一核心理念的生动体现,是激发党员积极性创造性、增强基层党组织凝聚力和战斗力的重要举措。

(3) 使党的工作和党的建设更加符合科学发展观的要求,就要统筹兼顾、突出重点,分类指导、整体推进,整合资源、形成合力,健全机制、常抓不懈。全面巩固和发展先进性教育活动成果,健全让党员经常受教育、永葆先进性的长效机制。改革创新、与时俱进是时代精神的核心内容,也是贯彻落实科学发展观、实现党的建设可持续发展的必然要求。坚持改革创新,要坚持内容、形式、效益的统一,着力探索实践形式、内容、效益相统一的机制。

(4) 使党的工作和党的建设更加符合科学发展观的要求,就要把科学发展观贯穿于党的建设全过程。建立健全党建工作体制机制,把提高党的执政能力、保持和发展党的先进性,体现到领导科学发展、促进社会和谐上来,落实到引领中国发展进步、更好地代表和实现最广大人民的根本利益上来,使党的工作和党的建设更加符合科学发展观的要求,为贯彻落实科学发展观提供可靠的政治和组织保障。以科学发展观统领党的建设,必须把全面协调可持续的基本要求落实到党建工作中,建立和完善充满活力、富有效率、更加科学、更加开放的城乡一体党员动态管理机制、城乡党的基层组织互帮互助机制。

(5)使党的工作和党的建设更加符合科学发展观的要求,就要加强执政党的先进文化建设,建设学习型政党。执政党的先进文化建设是建立和谐社会的精神前提之一,体现在执政理念和执政方式的文明程度,善于领导科学、教育、文艺、卫生、体育等文化领域的健康发展,促进公共精神空间健康发展和社会良善风气形成。中国共产党作为中国社会主义事业的引路人,必须引导科学的、向上的、代表未来发展方向推动社会前进的文化,为我国社会主义现代化注入强大的动力。为此,必须加强执政党的先进文化建设,建设学习型政党。

(6)使党的工作和党的建设更加符合科学发展观的要求,要按照科学化、民主化原则完善公共资源配置的决策机制。在经济社会发展过程中做到"以人为本"、"五个统筹"需要公共资源的相应科学配置,公共资源的相应科学配置需要科学的决策,就配置公共资源作出科学的决策需要选拔任用政治业务素质较高的人担任党政领导,但是单靠领导人的个人素质,对于实现公共资源配置的科学化来说还是远远不够的。因此,要保证各级政府公共资源配置始终贯彻以人为本的科学发展观,必须健全和完善以科学化、民主化为核心的决策机制,包括发挥由各方面优秀专家组成的智囊团的外脑作用,建立广泛征询群众意见的听证制度,并将其纳入重大问题决策的必经程序,更为重大的问题则需由同级人民代表大会或其常委会以无记名投票的高层次民主程序进行决策。

在党的十六大报告中就曾提出:"正确决策是各项工作成功的重要前提,要完善深入了解民情、充分反映民意、广泛集中民智、切实珍惜民力的决策机制,推进决策科学化、民主化。"民主决策可以最大限度地提升决策质量,它也在最大程度上弥补决策者的信息不足、知识不足和能力不足,纠正他们价值的、理性的、观念的偏见。民主决策也是我们建设廉洁政府、服务政府、责任政府、法治政府、诚信政府的内在要求。民主决策可以最大限度地调动群众的积极性,提升群众的主动性和创造性,从而使决策的实施获得最有力的支持和保障。一旦公众参与了决策,就不单单存在认同这一决策的问题,而且会把这一决策当作他们自己选择的行为。当遇到困难时,群众便会主动地怀着极大的热情付出最大的努力来保证决策的实施和贯彻。历史事实告诉我们,民主决策让更多的人参与到决策过程中来,会有效地避免领导人个人或者个别领导集体知识的局限和价值观念的偏见,从而大大提升决策的质量,减少决策的失误。民主决策的最重要标志便是建立在决策过程中能够使各种不同意见和利益得到最充分和客观表达的体制,整个决策过程畅通、规范、透明和趋向完善,并浸透着一种宽松、自由和畅所欲言的民主氛围。在这里,决策的决断者、决策方案的选择者、决策的评价者、决策的最终受益者是高度统一的。

2. 实现科学执政、民主执政、依法执政的有机统一

现实条件下的科学发展观,是党的执政规律、社会主义建设规律、人类社会发展规律的有机统一;是科学执政、民主执政、依法执政的内在统一。科学执政、民主执政和依法执政的提出,是使党的执政理念能够贯彻,执政实践不致偏离执政理念的根本保证。科学发展观的提出是党的领导理念、执政理念的重大创新,也是党在执政理念上价值取向的新的重大发展。科学执政、民主执政、依法执政是我们党长期执政经验的总结,是实现科学发展、以人为本、执政为民的理念的必由之路。

(1) 科学执政——贯彻科学发展

什么是科学执政?党的十六届四中全会指出,科学执政就是,结合中国实际,不断探索和遵循共产党执政规律、社会主义建设规律、人类社会发展规律,以科学的思想、科学的制度、科学的方法领导中国特色社会主义事业。科学执政包括科学决策和对科学决策的实施。从一定意义上可以说,科学决策具有决定性。但光有科学决策而不去组织实施,决策再好也无济于事。科学决策和对它的实施缺少其中一项,都会使我们的事业遭到严重损害。无论是科学决策,还是对科学决策的实施,都必须从实际情况出发,做到实事求是,力戒主观武断。党中央近来的一系列重大决策,如提出科学发展观,推进党的执政能力建设,在全党范围内开展保持共产党员先进性教育,倡导构建社会主义和谐社会等等,都是在总结中国特色社会主义建设基本经验的基础上,经过反复研究、反复论证而作出的,是科学决策的典范。这些决策正在实施当中,从目前情况看,已显示出明显成效,随着实践的深入,必将对中国特色社会主义事业产生重大而深远的影响。

科学发展观体现了发展的科学精神。我们要坚持科学发展,转变增长方

式，提高发展质量，推进节约发展、清洁发展、安全发展，实现经济社会全面协调可持续发展。科学发展观体现了发展的实践本性，也体现了发展的整体联系。联系的观点、整体的观点、全面的观点，是科学发展观指导发展的基本观点和方法。如针对占全国工业能耗和二氧化硫排放近70%的电力、钢铁、有色、建材、石油加工、化工等六大行业增长过快，经济发展与资源环境的矛盾日趋尖锐的情况下，国务院制定印发了《节能减排综合性工作方案》，规定了节能减排的硬任务，使经济增长建立在节约能源和保护环境的基础。

为了保障科学发展的贯彻落实，必须建立健全科学的决策机制，用严格的程序规范干部决策，并完善决策评价体系，建立健全决策的监督约束机制。为了从根本上改变过去一些地方政府片面追求GDP增长的政绩观，引导干部贯彻落实科学发展观，必须建立和完善包括政绩评估机制、政绩奖惩机制、政绩量化机制、政绩导向机制、政绩监督机制的政绩考核机制，从而促进科学发展观的贯彻和落实。

（2）民主执政——促进科学发展

如果说科学执政的关键是遵循规律，尊重科学，那么民主执政的关键则是依靠人民，尊重民意，汲取人民的智慧和力量。

科学发展需要民主决策，民主决策是深入了解民情、广泛集中民智的过程。民主决策就是要尊重人民群众的意愿和要求，依靠人民群众的创造性和智慧，集中广大人民群众的智慧。重大项目立项前要听取、征求各方面的意见，进行充分的可行性论证和不可行性论证，广泛吸纳群众意见，分析、比较各方面的意见，反复论证、兼听各方意见，在此基础上进行科学决策，实现科学发展。民主决策必须考虑长远的、全局的、全国的利益。因此，民主执政是科学发展观的本质要求。不民主执政，就不能坚持以人为本，不能实现科学发展、协调发展和可持续发展，也就不能真正落实科学发展观。民主执政是促进科学发展的根本性保证。

从历史唯物主义角度看来，必须用求真务实的态度做到民主执政。通过政治体制改革，建设政治文明，使官员都真正处于群众的有效监督之下，使政党领导与人民当家作主真正统一。以人为本，就要尊重人民群众的民主权利和基本权利，满足人民群众的物质和文化生活的需要。民主执政就是依靠人民群众、为了人民群众，执政为民，它和科学发展观的本质一样，都是以人为本。只有民主执政，真正落实人民当家作主的民主权利，才能把广大人民的根本利益作为出发点和落脚点，充分调动人民群众的积极性、主动性和创造性，促进科学发展。

只有民主执政,才能促进科学发展。民主执政就是依照人民的意愿,倾听人民的呼声,把来自人民的正确意见集中起来,形成决策,并动员和组织人民加以实施。我们的党植根于人民,我们的政权也植根于人民。一切为了人民和一切依靠人民都是我们党执政的根本原则和最高准绳。正如胡锦涛同志所说:"相信谁、依靠谁、为了谁,是否始终站在最广大人民的立场上,是区分唯物史观和唯心史观的分水岭,也是判断马克思主义执政党的试金石。"为了人民和依靠人民是一个整体,二者的统一既是历史唯物主义的核心内容,又是马克思主义执政党的本质特征。民主执政的出发点是充分相信人民,坚决依靠人民,同时民主必须通过制度化、规范化、程序化才能有效实现。因此,要搞好民主执政,就必须健全民主制度,丰富民主形式,扩大公民有序的政治参与,保证人民依法实行民主选举、民主决策、民主管理、民主监督。为此,必须坚持和完善人民代表大会制度,支持人民通过人民代表大会行使国家权力;坚持和完善中国共产党领导的多党合作和政治协商制度,加强我们党同民主党派和无党派民主人士的合作;扩大基层民主,完善基层政权、基层群众性自治组织、企事业单位的民主管理制度等等。通过民主的制度化、规范化、程序化,使党的民主执政落到实处,使党的执政理念得到贯彻以促进科学发展。

民主执政的一个重要体现是建立服务型政府。构建服务型政府是树立并落实以人为本的科学发展观的内在要求。服务型政府不仅是一种理念,更是一种制度结构。推进政府职能创新,探索如何提升服务型政府的建构质量,建立一个稳定、科学、规范的行政体制改革长效机制,最终实现建立一个人民满意的服务型政府这一基本目标。

(3)依法执政——保障科学发展

以胡锦涛为总书记的新一届中央领导集体根据落实科学发展观和促进社会和谐的内在要求提出"全面落实依法治国基本方略,加快建设社会主义法治国家。要坚持科学立法、民主立法,完善中国特色社会主义法律体系。加强宪法和法律实施,坚持公民在法律面前一律平等,维护社会公平正义,维护社会主义法制的统一、尊严、权威。推进依法行政。"① 依法执政必须以依宪执政为核心,将执政方式纳入宪法的轨道。领导立法是依法执政的首要职能和任

---

① 胡锦涛:《坚定不移走中国特色社会主义伟大道路　为夺取全面建设小康社会新胜利而奋斗》(在中央党校省部级干部进修班上的讲话),新华社北京2007年6月25日电

务。依法执政是执政合法性的一个重要环节,是执政合法性建构的一部分。

科学发展观的以人为本理念,否定了"以物为本"及"官本位"的观念,呼唤高度重视人的本质、需要、使命、尊严、权利,增强了依法治国和以德治国意识。贯彻落实科学发展观要求把依法治国与促进科学发展、社会和谐有机统一起来,高度重视社会公平正义,保证人民赋予的权力始终用来为人民谋利益;更好地保障人民权益。实现社会的公平正义,促进科学发展社会和谐需要法治保障,因为宪法和法律的核心就是保障公民的权利,实现公平正义。亚里士多德认为:"法治应包含两重含义:已成立的法律获得普遍的服从,而大家所服从的法律又应该本身是制定得良好的法律。"①

所谓制定得良好的法律,必须是蕴涵并体现公平正义的法律。法乃天下之公器,良法之治要求法律蕴涵公平与正义,充分体现公平正义的价值取向和充满真实民主的法治精神。依法治国是良法之治,而良法之治首先要求有完善的法律,而要拥有完善的法律必须坚持科学立法、民主立法。

法治是实现社会公平正义、维护人民权益的重要保障。政府部门要依法执政和依法约束自己的行为,企业依法设立和依法经营,公民依法享受权利和承担义务。一些执法者自由裁量权空间太大、在一些部门法规里,收费、审批、许可、扩大执法范围等有利于部门利益的条款较多,一些地方存在着司法腐败情况。

依法行政,政务公开、鼓励参与,是衡量一国行政法治水平高低的重要标志,也是落实科学发展观和促进社会和谐的内在要求。公开是民主的前提,没有公开,也就无从参与,更谈不上民主。世界各国的实践表明,依法行政,公开透明是防止公共权力滥用,预防和减少腐败,维护公平正义、促进社会和谐的有效措施。'阳光是最好的防腐剂',一切腐败行为都产生于'暗箱操作'、'幕后交易',所以,党的十七大报告明确提出"确保权力正确行使,必须让权力在阳光下运行。要坚持用制度管权、管事、管人,建立健全决策权、执行权、监督权既相互制约又相互协调的权力结构和运行机制。健全组织法制和程序规则,保证国家机关按照法定权限和程序行使权力、履行职责。完善各类公开办事制度,提高政府工作透明度和公信力。重点加强对领导干部特别是主要领导干部、人财物管理使用、关键岗位的监督,健全质询、问责、经济责任审

---

① 亚里士多德:《政治学》[M](中译本)商务印书馆,1965 年第 167~168 页

计、引咎辞职、罢免等制度。"①

贯彻落实科学发展观,在司法上,法院要从促进科学发展、社会和谐的高度出发,严格依照法律对案件进行审判,保证司法公正,实现社会公正。只有法官公正的适用法律,才能通过法律来伸张社会正义,当事人也才会受法律的引导。检察机关要严格依照法律进行法律监督。司法公正是维护社会公平和正义的重要屏障,是司法机关的灵魂与生命线。加强宪法和法律实施,维护社会公平正义,需要深化司法体制改革,优化司法职权配置,规范司法行为,建设公正高效权威的社会主义司法制度,保证审判机关、检察机关依法独立公正地行使审判权、检察权。

党的十六届四中全会决定指出:"依法执政是新的历史条件下党执政的一个基本方式。"依法执政更是实现行政的公平公正,调整社会关系,平衡社会利益,整合社会资源,维护社会秩序,构建社会和谐的根本保障。随着改革开放和社会主义市场经济的发展,各种利益关系更为复杂,各种社会矛盾相互交织。依法管理社会事务,使党委、政府的思路、主张、举措等都在宪法和法律规定的范围内实施,使行政行为规范化、程序化。促进行为规范、运转协调、公正透明、廉洁高效的行政管理体制的形成。规范行政执法行为和执法监督,解决行政执法中存在的有法不依、执法不严、违法不究、权责脱节等问题,确保行政权力真正为人民谋利益。作为执政党,党是通过将自己的优秀干部代表进入国家政权组织机构内部,通过领导立法,实现对国家机构的领导、履行执政职能。

依法执政是依法治国的重要组成部分和科学发展的必要保障。依法治国是党领导人民治理国家的基本方略,它把党的领导、发扬人民民主和严格依法办事统一起来,从制度和法律上保证党的基本路线和基本方针的贯彻实施,保证党始终发挥总揽全局、协调各方的领导核心作用。依法治国的方略为党的执政提供了强有力的法律保证。党的十六届四中全会在这方面提出了若干重要原则,包括:加强党对立法工作的领导,使党的主张通过法定程序成为国家意志,从制度上和法律上保证党的路线方针政策的贯彻实施;使全党特别是党的领导干部牢固树立法制观念,坚持在宪法和法律范围内活动,带头维护宪法和法律的权威;督促、支持和保证国家机关依法行使职权,在法治轨道上推动各

---

① 胡锦涛:《高举中国特色社会主义伟大旗帜,为夺取全面建设小康社会新胜利而奋斗——在中国共产党第十七次全国代表大会上的报告》,新华社北京 2007 年 10 月 24 日电

项工作的开展,保障公民和法人的合法权益;加强和改进党对政法工作的领导,支持审判机关和检察机关依法独立公正地行使审判权和检察权;以司法公正为目标,逐步推进司法体制改革,形成权责明确、相互配合、相互制约、高效运行的司法体制,为在全社会实现公平和正义提供法治保障。

建立依法行政考核制度是国务院《全面推进依法行政实施纲要》和国务院《关于加强市县政府依法行政的决定》的要求,也是全面推进依法行政工作的制度保障。2008年6月《国务院关于加强市县政府依法行政的决定》明确要求,"要建立依法行政考核制度,根据建设法治政府的目标和要求,把是否依照法定权限和程序行使权力、履行职责作为衡量市县政府及其部门各项工作好坏的重要标准,把是否依法决策、是否依法制定发布规范性文件、是否依法实施行政管理、是否依法受理和办理行政复议案件、是否依法履行行政应诉职责等作为考核内容,科学设定考核指标,一并纳入市县政府及其工作人员的实绩考核指标体系。"依法行政考核评价体系通过变虚为实、变抽象为具体,并通过宏观与微观的结合,把法治政府的原则要求转化为易判别、可操作的具体标准,对各地依法行政的水平和成效及存在问题作出正确评价,形成推进依法行政、促进科学发展的内在驱动力。

科学执政,民主执政,依法执政,是使党的执政理念能够贯彻、执政实践不致偏离、科学发展能够践行的根本保证。党的十六届四中全会作出了加强党的执政能力建设的重大决策。加强执政能力建设包括许多方面,但加强依法执政能力建设是其中十分重要的组成部分。科学执政,民主执政,依法执政,是我们党长期执政经验的科学总结,是实现以人为本、执政为民理念的必由之路。党的先进性不仅表现在"立党为公"和"执政为民"的宗旨和理念上,也表现在实现这一宗旨和理念的实践过程中。

3. 构建基于科学发展观的政府绩效评价体系

建立科学的政府绩效评价体系和以正确政绩观为导向的绩效评估模式,是落实科学发展观的内在要求,是把经济社会发展转入科学发展轨道的关键问题,是实现我国经济社会全面、协调、可持续发展的重要保证。"各级党委、政府和领导干部都要自觉地树立和落实科学发展观和正确的政绩观,坚持按照科学规律来谋划发展大计。凡是符合科学发展观的事情就全力以赴地去做,不符合的就毫不迟疑地去改,真正使促进发展的各项工作都经得起历史和人民的检验"。①

科学发展的政绩导向机制对在科学发展中处在决策位置的领导干部的思想与行为发挥着导向作用、激励作用。缺乏科学的政绩考评体系,形不成科学发展的政绩导向机制,也就使科学发展观很难落到实处。建立科学发展政绩导向机制,能促使领导干部形成一种内在动力,沿着科学发展的方向,选择正确的发展路径和配套措施,使领导执政行为更能体现时代性,把握规律性,符合科学性。科学发展观为建立政府绩效评估体系提供价值导向,政府绩效评估体系为科学发展观的实现提供制度保障。

构建基于科学发展观的政府绩效评价体系,要按照贯彻落实科学发展观的要求调整完善党的干部政绩考核标准,要按照贯彻落实科学发展观的要求着力建立和完善党的干部政绩考核机制——建立和完善包括政绩评估机制、政绩奖惩机制、政绩量化机制、政绩导向机制、政绩监督机制的政绩考核机制,以及建立促进科学发展的干部考核和选拔任用机制。绩效评估是现代政府管理的前沿课题,而绩效评估的关键在于领导,关键在于如何评估政府绩效,关键在于有什么样的政府绩效评估体系。与之相适应,按照科学发展观的要求,应从我国实际出发构建科学化、制度化、规范化的政府绩效评估体系。构建科学完善的绩效评价体系,对各级政府的业绩和成就作出尽可能科学准确的考核评价,是落实科学发展观背景下政府管理面临的新课题。

(1) 按照贯彻落实科学发展观的要求调整完善干部政绩考核标准

政绩是领导干部素质和能力的客观体现,也是对领导干部进行考核、评价和使用的重要依据。领导干部的政绩观和科学发展观是密切相关的。解决了政绩标准问题,就为贯彻和落实科学发展观提供了健康有效的引导和约束机制,引导领导干部把精力和心思用在如何谋划科学发展上,就为贯彻落实科学发展观提供了思想和制度保障。

第一,政绩是科学执政、民主执政、依法执政有机统一的政绩。

第二,政绩是符合科学发展规律的政绩。

第三,政绩是符合民意的政绩。

第四,政绩是符合法治的政绩。

第五,政绩是讲诚信的政绩。

第六,政绩是有社会责任感的政绩。

---

① 胡锦涛《在中央人口资源环境工作座谈会上的讲话》,新华网,2004 年 4 月 4 日

第七，政绩是为人民谋幸福的政绩。

第八，政绩是有利于生态文明建设的政绩。

（2）按照贯彻落实科学发展观的要求建立完善干部政绩考核指标

为了使以人为本的科学发展观通过各级地方政府的具体努力在全国范围内得到贯彻落实，就必须按照"以人为本"和"五个统筹"的内在要求科学设定对下级政府的政绩考核指标体系，并且将考核结果与干部的选拔任用直接联系起来。对干部政绩的考核，衡量的根本标准必须把握"以人为本"。比如，近年来我国安全生产形势严峻，特别是矿难频发。产生矿难的原因很多、很复杂，有技术原因，但在科技发达的今天，也有不少是人为因素。比如，有的根本不具备开采条件而违法开采，有的则因设备陈旧、管理不善、开采不当，这些矿难和片面的发展观有关。有的煤矿不顾自身的能力和条件，一味追求开采数量和掘进速度，加之安全制度、设备和措施不到位，终于酿成严重矿难，使人的生命和国家财产蒙受重大损失。所以，科学发展观的提出，有很强的针对性，就是针对那种只顾追求发展速度而不及其余的片面的、不科学的发展观。形成片面的、不科学的发展观，表面看来是那种只顾发展速度而不问其他的形而上学思维方式在作怪，但其深层原因则是因为忽视广大人民的需要和利益，不懂得我们的发展，包括经济高速运行和GDP快速增长，归根到底都是为了满足最广大人民的物质和文化需要。全面、协调、可持续发展和五个统筹回答的是怎样发展，以人为本回答的则是为什么发展和为谁发展的问题。无视或者模糊以人为本这个发展目的，恰恰是形成片面的、不科学的发展观的根本原因。

把经济社会的可持续发展作为衡量政绩的重要内容和标准，注重显绩与潜绩并重、当前发展与长远发展并重、经济发展与社会发展和党的建设成效并重。通过建立科学合理的政绩量化机制，引导树立科学的政绩观和发展观。

为了引导干部贯彻落实科学发展观，最近，国家发改委提出，干部政绩考核将逐步过渡到九大指标为主：（1）社会保障率；（2）就业率；（3）家庭财产增长率；（4）九年制义务教育实现率；（5）按功能区确定的生态和环境指标达标率；（6）社会治安破案率；（7）重大责任事故发生率；（8）对突发性事件应急反应能力；（9）人口自然增长率。这些指标还需要进一步完善，如社会治安破案率，社会治安破案率只是衡量公安机关的工作成效，从科学发展与社会和谐的视阈来看，案件的不发生率才是科学发展和社会和谐所追求的目标。

(3) 按照贯彻落实科学发展观的要求建立和完善政绩考核机制

违背科学发展的思想和行为，既与个别领导干部的从政动机、执政理念有关，也与不正确的政绩观和政绩导向机制有很大的关系。贯彻落实科学发展观，必须有正确的政绩考核体系和科学的政绩导向机制，建立体现科学发展观要求的领导干部综合政绩考核评价机制，考核评价体系。建立和完善包括政绩评估机制、政绩奖惩机制、政绩量化机制、政绩导向机制、政绩监督机制的政绩考核机制，要具体体现科学发展观的要求。

运行机制是连接理论与实践、制度与实践的关键环节。建立和完善政绩考核机制要增强考核内容的可操作性。合理设置考核内容，细化、量化考核项目，使指标具体化、标准化、规范化。既要看显绩，又要看潜绩。同时，在内容设置上要兼顾各单位、各部门的差异，既要立足整体发展思路，又要照顾到差异性，突出重点，分类开展。诸如：落实科学发展观，形成科学工作思路的情况；坚持正确政绩观，作出科学决策的情况；认真履行岗位职责，完成任期目标任务情况；工作作风；组织领导成效；廉洁自律等。

建立和完善政绩考核机制要增强考核方式的科学性。完善民主测评、个别谈话、查看资料等静态考核方式，改进考核、考察内容方法，拓宽"民声渠道"，强化日常考察，完善延伸考察，实行考核、考察工作责任制，确保考核、考察真实可靠。在考核时，要对领导干部进行民意调查，进一步增强考核结果的群众性、公正性。

按照贯彻落实科学发展观的要求建立和完善政绩考核机制，一方面要：第一，要按照科学发展观的要求，构建科学的评价标准和指标；第二，要完善评价主体结构，建立政府绩效评估体系；第三，要开发利用科学的评价技术与方法；第四，必须制定完善的法律法规、规范地方政府绩效评价活动；第五，政绩考核机制要突出对科学执政、民主执政、依法执政的考核。另一方面要：第一，建立政绩量化机制；第二，建立政绩评估机制；第三，建立政绩奖惩机制；第四，建立政绩导向机制；第五，建立政绩监督机制。

(4) 按照贯彻落实科学发展观的要求建立干部选拔任用机制

按照贯彻落实科学发展观的要求建立干部选拔任用机制，要建立科学的政绩考核体系，做到公开、公平、公正，实现干部工作的科学化、民主化、制度化。坚持以科学发展观为指导，进一步完善干部选拔任用的科学机制，着眼于打基础、利长远、谋后劲，形成有利于科学发展观贯彻落实的用人机制。树立正确的用人导向，促使广大干部以更加执着的奋斗精神、更加扎实的工作作风,促进科学发展。

人类社会发展历程表明,国家或政府的作用是影响一国经济社会发展的重要内生因素。政府作用发挥得积极而得当,就会有效地促进经济社会发展;反之,就会阻碍经济社会发展。政府发挥作用好坏,不仅取决于中央政府的政策措施正确与否,而且在很大程度上决定于各级地方政府实际执行政策如何。地方政府能否在认真贯彻执行中央政策的同时创造性地发挥作用,既取决于其党政领导的自身素质,也受制于中央或上级政府的政绩考核机制,或者说,上级政府的政绩考核机制对下级政府的执政行为具有极为重要的导向作用。这是因为,下级政府领导只有将自己的执政行为及其结果与上级政府的考核口径或政绩偏好调整得尽可能一致,才能得到上级的肯定、赏识,从而有机会提升重用。为此,必须按照贯彻落实科学发展观的要求调整完善党的干部政绩考核机制。

第一,树立正确的选人用人导向,用科学发展理念选任干部。牢固树立为科学发展选人才、配班子的用人导向,把干部是否具有较强的科学发展理念、是否具备能力作为衡量干部的标准。把科学发展观贯穿于考核全过程,要为发展配干部。选干部是为了党的事业的需要,因此,要把推动科学发展、社会谐作为选干部的出发点落脚点。要坚持党的事业需要什么样的干部,就选拔什么样的干部。要增强政治意识、大局意识服务意识,把那些有能力发展、知道怎样发展、会选拔上来。

第二,要靠民主选干部。大胆引入民意调查方法,让广大群众参与到领导干部选拔任用和考核过程中。选人用人导向是否符合要求,是否合理,广大干部群众最有发言权。选用的干部要具有领导能力、符合广大干部群众的要求,必须靠民主选干部、选群众公认的干部。要扩大干部公示的范围渠道,不断增强选人用人的公开透明度,在选人用人中实行"阳光作业"。当前,关键是要落实十七大提出的"扩大干部工作民主,增强民主推荐、民主测评的科学性和真实性"的要求,做到全面准确地考察评价干部,避免考察失真失实。

第三,实行部门评价与群众检验相结合,开展实绩分析。实绩分析是干部综合考核的一个重点。怎样才能既注重实绩,又不局限于实绩,既看重GDP增长等经济指标,又不唯GDP论,确保从实绩看德才,凭德才用干部。在实绩分析操作方法上,要将有关职能部门能够提供、可以量化的指标,由统计部门归口综合统计分析,提出比较规范的评价意见。将难以量化的有关内容,整合到民意调查中进行,通过群众满意度来检验。在实绩分析结果运用上,既重统计数据，又重群众评价；既重增长速度，又重发展质量；既重当前成果，又重主观努力和客观条件；既重纵向比较，又适当进行横向比较。

第四，增强考核内容方法的系统性。要按照德才兼备、注重实绩、群众公认的原则，以德才素质评价为中心，着眼于选准用好干部，全面考察干部的德、能、勤、绩、廉。在考核内容标准的设置上首先要突出全面性，注重物质文明、精神文明、政治文明、生态文明的全面进步；注重人民生活质量全面改善；注重干部实绩德能勤绩廉全面考核。采取民主推荐、民主测评、实绩分析、个别谈话和综合评价等方法步骤，加强和改进干部考察选拔工作，不断提高考察工作质量和干部工作水平。

第五，增强对考核的监督意识，坚持选人用人的"阳光作业"。运用切实有效的法规、制度约束规范领导干部的行为，进一步完善现有的干部监督工作机制，并逐步健全完善干部选拔任用全程监督机制。加强对决策、执行等重点环节权力行使的监督。认真执行干部监督工作联席会议制度，建立协调高效的监督合力。通过公开监督举报电话、网上监督信箱等多种形式扩大干部信息收集面，调动广大干部群众参与干部选拔任用监督工作的积极性。要发挥社会各界广大人民群众的监督作用，不断增强他们的监督意识，同时积极引导广大干部群众参与公开选拔竞争上岗等干部人事制度改革。

4. 把握科学发展实现社会和谐的关键环节

构建和谐社会，要以科学发展观为统领，以促进人的全面发展为基础，以实现社会公正和国家长治久安为着力点。公正是社会发展的动力机制和平衡机制的结合点，它既是促进社会发展的动力，又是社会稳定与和谐发展的平衡器。构建基于科学发展观的运作机制及构建社会主义和谐社会的内在运行机制，必须把握"以人为本"这个社会发展的动力机制和平衡机制的结合点及其体现和关键问题——社会公正。社会公正是科学发展实现社会和谐的价值目标和必要保障，是实现社会和谐的关键环节。

落实科学发展观，贯彻"以人为本"，构建社会发展的平衡机制，必须把社会公平和正义放在更加突出的位置。公正是人类社会文明进步的标志，也是我们党倡导的和谐社会基本构成所在。公平正义是社会主义和谐社会的要素之一，它包括诸如：政治方面的政治权利平等、在法律面前人人平等及相关规则平等；经济方面的竞争机会平等、利用社会资源的权利平等、收入分配平等；道德方面的人格平等、人的生存权平等、人的发展权平等。要建立社会公正，就必须制定以社会公正为取向的社会政策，建立健全公正的法律体系，构建实现科学发展的运行机制。

(1) 建立社会公平保障体系

胡锦涛总书记指出："维护和实现社会公平和正义，涉及广大人民的根本利益，是我们党坚持立党为公、执政为民的必然要求，也是社会主义制度的本质要求。只有切实维护和实现社会公平和正义，人们的心情才能舒畅，各个方面的社会关系才能协调，人们的积极性、主动性、创造性才能发挥出来。要坚持把广大人民的根本利益作为制定和贯彻党的方针政策的基本着眼点，正确反映和兼顾不同地区、不同部门、不同方面群众的利益，在促进发展的同时，把维护社会公平放到更加突出的位置，综合运用多种手段依法逐步建立以权利公平、机会公平、规则公平、分配公平为主要内容的社会公平保障体系。"①

建立以权利公平、机会公平、规则公平、分配公平为主要内容的社会公平保障体系，实现社会公正，要求把握这几个关键环节，着眼结构、程序、方法及其制度的运行，建立起实现社会公正的有效运行机制。社会公平保障体系是一个有机整体，如果缺少任何一项具体规则，社会公正便不具备完整的意义，就会出现偏差，出现偏颇。权利公平比如缺少规则公平，那么社会就会由于缺少最基本的规章而缺乏必要的保障，就会由于缺少平等竞争的机制而挫伤积极性；如果缺少分配公平，那么就可能陷入平均主义利益纠纷的泥潭，社会就会缺乏发展的动力；或者使社会各阶层、各群体之间出现巨大的利益差距从而产生破坏性冲突和社会抵触情绪，导致社会动荡不安。

所谓"权利公平"，它要求社会的每个职位对社会的所有符合要求、恪守法律、社会规则的人开放，不能有制度性歧视和不正当的排异行为。"权利公平"赋予全体公民不分出身、地位、财产、职业、种族、性别、年龄等方面的差别，在政治、经济、文化、社会等方面享有平等的权利。"权利公平"是实现社会公平的基础。

机会平等是社会公正的一项重要理念与准则。机会是指社会提供给社会成员发展的可能性空间与选择，机会的不同将导致未来发展可能结果的不同，机会直接影响着未来的分配状况。所谓"机会公平"，是指机会实现过程的平等、生存与发展机会起点的平等，是人们在获取社会财富过程时的平等权利。实践表明，包括"起点不公平""过程不公平"在内的"机会不公平"，是造

---

① 胡锦涛：在省部级主要领导干部提高构建社会主义和谐社会能力专题研讨班上的讲话，新华网，2005年6月26日

成贫富差距过大这个"结果不公平"的原因之一。从分配的意义上讲，机会公平是一种事前就有所"安排"的运行机制。

我们要实现机会公平，首先要在教育这个人生的起点上做到公平。高度重视教育公平问题，坚持教育优先发展，促进教育公平。（1）为保障人民享有接受良好教育的机会，必须建立现代国民教育体系；（2）缩小城乡、区域教育发展差距，推动公共教育协调、公平发展，加强公共教育资源在农村、中西部地区、贫困地区、边疆地区、民族地区的配置；（3）落实义务教育经费保障机制，免除义务教育学杂费，全面落实对家庭经济困难学生免费提供课本和补助寄宿生生活费政策，建立农民工子女及家庭经济困难学生接受义务教育的保障机制；（4）保持高等院校招生合理增长，注重增强学生的实践能力、创造能力和就业能力、创业能力，加快发展城乡职业教育和培训网络，努力培养劳动者有知识、有技能；（5）规范学校收费项目和标准，规范教育收费，完善高等教育和高中阶段国家奖学金、助学金制度，落实国家助学贷款政策。

实现机会公平，要消除垄断性行业内部进人的"潜规则"，使每个社会成员有相同的发展机会和基本平等的发展起点，共享机会。根据平等的理念，每个社会成员应当具有相同的发展权利，因而在发展机会面前也应该人人平等。就社会成员所面对的一般劳动机会而言，大家有相似的发展潜能，基本的劳动机能大致具备，在大家共享的发展机会的层面上，应该而且能够实现平等。

所谓"规则公平"，是指国家制定的法律、制度安排及其执行、落实的公平。"规则公平"也包含在规则面前人人平等。就规则本身而言，规则的规定标准及程序必须科学合理，以确保实现社会公正。在社会实践活动中遵守规则的要受保护，不遵守规则，侵犯公正原则、损害别人利益的要受惩罚。"规则公平"就要使操作公开、透明，不能有暗箱操作，使社会规则的遵守时时刻刻贯彻和落实着公平正义的精神。

建立实现规则公平的保障体系，要坚持科学立法、民主立法，完善发展民主政治、保障公民权利、推进社会事业、健全社会保障、规范社会组织、加强社会管理等方面的法律法规。加快建设法治政府，全面推进依法行政，严格按照法定权限和程序行使权力、履行职责，健全行政执法责任追究制度，完善行政复议、行政赔偿制度。加强对权力运行的制约和监督，加强对行政机关、司法机关的监督。

所谓结果公正，体现在物质利益上，主要指分配公平。分配公平是指社会成员的所得与其付出相匹配，不存在由于社会权利、规则、机会的障碍而影响对社会成果的所获。实现结果公正，当前需要大力促进教育公平、就业公平、分配公平、保障公平、医疗公平、参与公平，形成党委领导、政府负责、社会协同、公众参与的格局。

构建社会主义和谐社会，要求把公平放在重要的地位，高度重视公平对和谐社会建设的促进作用。对于构建社会主义和谐社会来说，权利、机会、规则和分配公平四个方面缺一不可。为了实现社会公正，国民收入的初次分配就要重视公平，创造良好的机会公平的竞争环境，实行最低工资制度，制定最低工资标准，提高劳动报酬在初次分配中的比重，着力提高低收入者收入，以为实现公平打造基础，免得由于不公平而导致收入差距拉大再去费大力气"纠偏"。"要坚持和完善按劳分配为主体、多种分配方式并存的分配制度，健全劳动、资本、技术、管理等生产要素按贡献参与分配的制度，初次分配和再分配都要处理好效率和公平的关系，再分配更加注重公平"。

（2）建立科学决策保障机制

在建立科学的制度架构、良好的运行机制、健全的社会主义民主和完善的社会主义法治的条件下，科学发展的起点是科学决策。它的核心内容和要求，就是决策要通过民主和科学的程序来实现，发展要在法制的轨道上来进行，做到科学执政、民主执政、依法执政，只有这样才能科学的发展，才能有社会主义民主政治和社会主义政治文明的发展。科学决策既是是科学发展观的内在要求，同时也是实践层面上的政策原则。

由于科学决策是在决策过程中广泛应用先进的科学思想、理论和技术，力求接近和反映事物的客观规律，所以科学决策的效果要最大程度地受决策主体科学素养的控制，它的相对有效性和工具属性非常明显。人类的决策实践告诉我们：越来越多的科学技术手段被当作实现重大决策科学化的标志备受重视。但实际上，要实现决策科学化并不是科学技术体系本身所能解决的，科学技术体系的丰富和完善只是为重大决策实现科学化提供了有利条件和工具，任何决策的可行性论证不应只考虑技术和经济层面的问题，必须在科学发展观的指导下，综合考虑科学、技术、伦理、经济、政治、文化等各种因素，考虑法律上是否允许、操作上是否可行、进度上可否实现、政治上能否被有关各方面所接受等等这些综合方面的可行性，体现以人为本，人与自然、人与社会和谐发展的核心理念，体现决策的系统观、生态观、价值观和社会观，促进科学发展观的贯彻落实。

建立科学决策保障机制要求有在政治、法律、经济、社会、教育、卫生等各个方面实现社会公正的决策理念。落实以人为本,正确处理人与人的关系,促进人与人关系的和谐。比如,在决策中要防止拥有资本的社会强势团体对不拥有资本的社会弱势群体权益的侵犯,以保证政策及其执行的不变形从而保障社会公正的实现。建立科学发展保障机制必须正确处理效率与公平的关系,把发展作为党执政兴国的第一要务,在发展的基础上和发展的进程中谋求社会公正,从发展的角度来提高效率,彰显公平正义,逐步实现共同富裕和社会公正。公正是社会发展的动力机制和平衡机制的结合点,它既是促进社会发展的动力,又是社会稳定与和谐发展的平衡器。党的十一届三中全会决定实行改革,为什么改革能调动大家的积极性?就在于改革改变了"干多干少一个样、干与不干一个样"那样一种不公平、不合理的局面,实行"多劳多得",劳动的价值得到了重视和实现,使人们感觉到了公平、合理,调动了人们生产的积极性。在社会主义市场经济条件下构建社会主义和谐社会,要求把社会主义的公正与市场经济的效率较好地统一起来,形成相互促进的良性循环局面,真正实现效率与公平的良好结合,保证社会主义现代化在高效公正、又好又快中实现。

(3)建立健全法治保障机制

社会公平正义是社会和谐的基本条件,制度是社会公平正义的根本保证。法治建设是实现公平正义,构建和谐社会的保障。公平正义,就是社会各方面的利益得到妥善协调,人民内部矛盾和其他社会矛盾得到正确处理,社会公平和正义得到切实维护和实现。和谐的要义在公平与正义,而正确处理人民内部矛盾和各种社会矛盾如民事、经济纠纷,协调各种利益关系,实现社会的公平正义需要法治保障,因为宪法和法律的核心就是保障公民的权利,实现公平正义。

法乃天下之公器,良法之治要求法律蕴涵公平与正义,充分体现公正的价值取向和充满真实民主的法治精神。法律本身必须是公正的。如果一部法律本身缺乏公正性的话,那它必将导致系统性或制度性的不公正。法律本身的公正性虽然涉及多种因素,如时代、历史背景、社会发展水平和文化传统等,但其关键却在平等。判断一部法律是否公正,最根本的就是要看其是否体现并贯彻了普遍平等的原则,即它是否赋予每个人平等的权利和义务。公正以平等为其内涵,是与特权、歧视不相容的。法治也是治理与约束公共权力,是用来限制国家权力的,换言之,法律是用来保护民众权利的,同时,法律是行政机关的行为准则。

在法律救济得不到落实，公正得不到实现、正义得不到伸张的情况下，容易引发暴力冲突。例如，农民工王某某因父亲腿被砸断急需用钱，便找老板多次讨要工钱，未果。此后他找劳动部门，找法院，问题也未得到解决。最后，急噪的王某某又折回包工头家讨薪，被骂成"像条狗"，并遭到拳打脚踢，在极度绝望和愤怒之下，他连杀四人，重伤一人，后到公安局投案自首，一审判决被判死刑。因此，坚持科学发展、促进和谐社会，要求以维护公平正义的法治精神，依法审理各类法律纠纷，防止由于处理不当或不及时使矛盾激化扩大，引发暴力冲突，以稳定社会秩序。对于老百姓而言，公平和正义是看得见，摸得着的东西。如某个人的权益受到侵害，而法院判侵权人以应得刑罚并给予受害人以法定赔偿，人们便看到公平和正义。某人蒙受冤屈，司法机关给予昭雪，人们便看到公平和正义得以实现。

胡锦涛同志在党的十七大指出"加强宪法和法律实施，坚持公民在法律面前一律平等，维护社会公平正义，维护社会主义法制的统一、尊严、权威。"民主和法治是实现公平正义的条件和保障，即实现社会公正，民主法治是保障。因为社会公正与平等是密切相关的，而"只有在自由和法治秩序之下的平等，才是真正的平等"。①

民主法治既体现在社会制度层面，又体现在运行机制即民主法治的兑现与落实的层面。从制度层面，随着社会主义制度的建立，社会主义民主和法治已经确立。从运行机制来看，需要加强民主法治建设，使反映和体现公平正义的民主得以兑现和张扬，法治得以落实和保障。

在司法上，法院和检察机关要从维护社会稳定与和谐的高度出发，严格依照法律对案件进行审判和法律监督，保证司法公正，实现社会公正，促进和谐社会建设。只有法官公正的适用法律，才能通过法律来伸张社会正义，当事人也才会受法律的引导。司法公正是维护社会公平和正义的重要屏障，是司法机关的灵魂与生命线。英国大哲学家培根对司法公正作过精辟的论述："一次不公正的审判比多次不当的举动为祸尤烈，因为后者不过弄脏了水流，而前者败坏了水源"。完善司法工作，切实保障公平和正义，要健全公开审判等司法制度，使司法正义以人们看得见的方式实现。只有在公平得到实现，正义得到伸张的条件下，才能在社会上形成和谐局面，对于老百姓而言，公平和正义是看得见，摸得着的东西。如某个人的权益受到侵害，而

---

① 哈耶克：《自由秩序原理》（上）[M]，三联书店，1998年版，第102页

法院判侵权人以应得刑罚并给予受害人以法定赔偿，人们便看到公平和正义。某人蒙受冤屈，司法机关给予昭雪，人们便看到公平和正义得以实现。构建和谐社会，要求以促进社会和谐的理念和维护公平正义的法治精神，依法审理各类法律纠纷，防止由于处理不当或不及时使矛盾激化或扩大，以促进和谐社会的建设。

(4) 建立科学合理的利益协调机制

社会转型过程中，经济所有制、组织形式、就业方式和分配方式日益多元化，社会利益结构也随之分化、重组，新的利益群体和阶层逐步形成。在这种情况下，构建社会主义和谐社会，要求在加快发展的同时，通过体制和政策上的收入分配调整，让越来越多的人切实体会到发展成果分配的公平性，这要求建立科学合理的利益协调机制。社会公正体现在政治、法律、经济、社会、教育、卫生等各个方面。在一定意义上，不同人群的利益分配是否公正，主要取决于公共政策。构建社会主义和谐社会，实现公平正义，要求立法工作顺应工业化和城市化的趋势和要求，贯彻平等、公平、正义的法治精神，废除那些不合理违反法治原则的"城乡分治"的法律政策规定，从宪法、法律及行政法规上统筹城乡经济社会发展，改变城乡二元结构，促进城乡一体化建设，缩小城乡差别，赋予农民与市民同等的权利和义务，真正实现农民和市民在法律上的平等。

面对贫富悬殊、两极分化、社会不公，法治建设必须高度重视公平与正义，以此来促进和保护人们的公平自由竞争，实现共同发展，构建和谐社会。在市场经济条件下，自由放任的市场法则会蜕变为"丛林法则"，弱肉强食，使少数人发财致富。我们实行的是社会主义市场经济，共同富裕是我们的目标和价值取向，这要求我们在立法上正视人的差别，追求实质平等，保障公平竞争，促进共同发展。为此，在立法上必须贯彻平衡协调的精神，以法治来保障经济与社会，不同地区之间，不同部门之间，不同行业之间，人类社会与自然界之间的平衡协调发展，这是落实科学发展观与构建社会主义和谐社会对法治建设的内在要求。

社会的二次分配是对初次分配制度的补充，是为了保障公正而作的调节，对此政府必须进一步转变职能，强化服务功能，加大对社会弱势群体、弱势行业、弱势地区的转移支付力度，强化税收调节，整顿分配秩序，加大对社会基础事业、福利事业投资，加快完善社会保障体系，用调控手段来实观社会的分配公平。另外，要逐步消除行业性垄断和不正当竞争，打破经营垄断，铲除腐败，加强社会保障，改善执法司法，优化制度的运行，消除制度的运行缺陷，营造公平的社会环境，把体现公平正义的公共政策和社会制度落到实处，从机制上促进、维护和实现社会公平。通过利益协调，一方面，可以使低收入社会成员进一步改善生活质量，增强自身发展能力，并使社会公共生活领域的范围和质量不断扩大和提高，进而使整个社会的发展能力和社会机体的质量得到提升。另一方面，通过利益协调，使初次分配中所出现的在收入上的差距有所缩小，因而群体与群体之间、阶层与阶层之间许多由物质利益引发的抵触和冲突也可以有所缓解、有所消除，从而使社会最大限度地共享发展成果，实现社会公正与和谐运转。

利益构成有三个要素：需要是构成利益的自我认识基础，社会关系是构成利益的社会基础，社会实践活动及其成果是形成利益的手段和客观基础。据此，我们可以这样定义：利益是主体以一定的社会关系为中介，以社会实践为手段，使主体与需要对象之间的矛盾状态得到克服，即需要的满足。利益协调机制的构建其实由来已久，但其是一个动态的过程。1978年党的十一届三中全会以来的改革开放，其实质就是打破平均主义的利益格局，让人们将其所能掌握或控制的各种生产要素的投入与财富和利益的获得紧紧地联系在一起，使人们的生产经营的积极性、创造性和才智得到了一定的发挥。与此同时，社会利益开始趋向多元化，利益分化逐渐明显。

利益协调的核心，是切实维护和实现社会公平正义，让全体人民共享改革发展的成果。建立利益协调机制，政府必须迅速及时调节和解决社会的各种利益矛盾，控制贫富差距，避免严重的利益分化，从而维护社会公正。必须尽快建立公开、公正、公平、合理、能够激励社会各阶层成员获取正当利益的机制和利益协调机制，协调不同利益主体之间的利益关系，保护大多数群众的利益。利益协调机制是经济协调、政治协调、法律协调、道德协调的综合运用。（1）经济协调运用经济法规、政策、管理手段和方法处理和调整不同利益主体之间的利益矛盾，如运用价值规律，运用"看不见的手"等，从宏观上规定了各方面利益分配的基本比例，改善分配机制，使社会利益体系保持大体上合理与稳定的格局；（2）政治协调机制是利用国家的职能、政治制度以及各种政治手段、政策导向进行协调，如完善社会保障制度和社会政策体系；（3）法律协调以权利和义务为特征，通过明确规定人们的权利义务来协调利益关系，维持社会秩序，定纷止争，协调人们在各个领域的利益关系，同时法律还通过监督社会公共事务的实施，维护全体社会成员的基本利益,如保证公民的人权、财产权等;(4)道德的利益协调。建立利益协调机制的运作包括:利益引导,利益约束,利益调节,利益补偿等。

利益引导:实际上是加强宣传工作和思想政治工作,让人们树立公平公正、合理合法的利益观念,引导人们合理处理个人与团体、局部与整体、当前与长远的利益关系。利益观念的形成与改变都比较滞后,尤其是在社会剧变时期,各种利益观念会经常发生碰撞。比如在我们今天的现实中,有人对利益的分化认识不足;有人对正当的个人利益讳莫如深,经常批判;有人重利忘义,惟利是图;有人重小团体利益而忽视社会整体利益,等等。除了教育引导之外,在机制建设上,要建立正常的合法的利益表达与沟通渠道。

利益约束:利益约束机制,主要是通过法律和道德对人们获取利益的行为进行约束。人们获取利益的行为应受到法律和道德的双重约束,它们是利益需求和利益行为的调节器和控制器。道德是引导人们合理确定利益目标,自觉调整利益需求,选择利益行为的内在约束力量。法律和道德规范对社会利益的影响,在于促使个人或群体形成正确的价值观,协调利益关系,规范利益行为。实现社会公正,要加强法治建设,加强对利益主体的法律约束,创造一个公平公正、合法合理的社会环境,引导人们以合法的手段和方式获取利益,防止在利益的取得过程中采取权钱交易等非法手段,减少社会利益的矛盾和冲突。

利益调节:是任何社会都有的一种利益协调机制。我国原有的调节机制是"一大二公,平均主义"。随着利益主体多元化、社会主体多元化,社会阶层多样化,地区、阶层、行业之间的收入差距扩大,旧的利益调节机制被淘汰,但是新的利益调节机制还没有完全建立起来。如何构建新的利益调节机制?构建新的利益调节机制——政府公共权力机关要用公正观念指导政策的制定和实施,教育和引导社会成员,让全社会都树立社会公正观念,维护社会公正。适度发挥政府在公共领域的调控作用:一是应该创造平等竞争的环境,规范市场行为,为不同的市场主体创造公平的竞争环境;二是取消垄断保护;三是制定和强化、刚性化税法,调节收入分配,把握二次分配、三次分配的策略,调整利益分配格局,缩小不同利益群体之间的差距。

利益补偿:社会的急剧变革,导致相当部分的人群利益受到伤害,因此,应尽快建立利益补偿机制。每当逢年过节的时候,各级领导就会将粮油米面送到困难群众的家中,困难群众满怀感激,领导的脸上堆满了满意的微笑。对于困难群众来说，这确实能发挥作用。要保障特殊困难群体的基本生活，更重要的还需要建立一套相对完善的社会保障制度和长效运行机制。利益补偿的主要工作包含三个方面的制度建设：一是社会保险制度，如养老保险制度，失业保险制度等；二是社会救济制度，对全社会的老弱病残公民的基本生活保障制度；三是社会福利制度，如公共体育活动设施、休闲活动场所等建设。建立和完善利益补偿机制，有利于增进人与人之间的平等，维护社会公平，缓解利益矛盾，保持社会稳定，实现社会和谐。

（5）畅通的民主诉求机制

党的十七大报告指出，要"保障人民的知情权、参与权、表达权、监督权"。在当代中国，随着社会主义市场经济体制的建立、社会结构的变化、人们的价值观念、利益诉求等日益多样化——由主要表达物质利益诉求，向物质利益、政治利益和权利诉求交织转变。拓宽社情民意表达渠道，充分反映利益诉求，是及时化解矛盾、消除冲突，调动一切积极因素是构建社会主义和谐社会的有效手段与重要途径。只有不断健全社会主义民主，建立一个民主参与渠道畅通、能够吸纳民众意愿的政治运行机制，让人民群众通过政治参与表达自己的意愿，使政治决策综合考虑民意，才能进行有效的治理与社会整合，这是构建实现社会公正的运行机制的内在要求。所以要"要继续扩大公民有序政治参与，健全民主制度，丰富民主形式，拓宽民主渠道；推进决策科学化、民主化，完善决策信息和智力支持系统；发展基层民主，保证人民依法直接行使民主权利；全面落实依法治国基本方略，弘扬法治精神，维护社会公平正义。"①

在目前存在贫富差距及大量社会矛盾的情况下，需要有充分的民主渠道和良好的法治氛围，以构筑起通畅有效的兑现公平、正义的机制和通道。

从和谐社会的形成与发展来看，和谐社会正是一个不断发现民意、凝聚共识以彰显公平正义的社会。如果没有表达民意、体现民意的民主，那么，和谐社会的公平正义的诉求就没有了赖以表达的基础和反映渠道。近几年来，我国加强民主法治建设，落实依法治国基本方略，在立法、行政过程等方面广泛征求广大公民的意见，如立法听证、行政听证等，所有这些都充分说明，国家机关正在通过改进自己的工作，更加广泛地征求民众的意见，充

---

① 胡锦涛：《坚定不移走中国特色社会主义伟大道路　为夺取全面建设小康社会新胜利而奋斗》（在中央党校省部级干部进修班上的讲话），新华社北京6月25日电

分的发扬民主，反映民众的呼声，彰显公平正义，有力地促进了和谐社会的建设。近年来，人民群众对于在城市建设拆迁、土地征收征用、企业重组改制、农田鱼塘受到污染等案件诉讼等过程中损害群众利益的问题反映很强烈。对于那些经过努力可以解决的问题，我们切实解决了，固然会使群众满意，得到群众拥护；但对于那些存在不公正、不合理、不合适，可又不能立即彻底解决的问题，只要让群众表达出来，反映出来，我们的党委政府表明逐步、坚决解决问题的态度，群众也是会理解的。这可以有效地消除一些群众对立和逆反情绪。

党的十六届六中全会通过的《关于构建社会主义和谐社会若干重大问题的决定》明确指出，要适应我国社会结构和利益格局的发展变化，拓宽社情民意表达渠道，把群众利益诉求纳入制度化、规范化、法制化的轨道。对于一个现代国家和社会来讲，充分尊重公民的民主权利和利益诉求表达，畅通利益诉求表达的渠道，是促进社会稳定的"安全阀"和削减社会不满情绪的"泄洪装置"。直接针对各级政府的诉求引起矛盾转化成为关注的焦点。在一些地方，曾经常出现一般的社会矛盾冲突转化为部分公众与政府相对立的现象，政府直接成为矛盾冲突的一方，丧失了进退的自如。

为此，必须完善民主诉求机制。完善民主诉求机制主要包括：第一，要完善基层民主制度，落实公众表达自身利益的话语权，让不同的利益主体都有表达自己利益诉求的平等机会，改革和完善信访制度；第二，完善立法和决策听证制度，落实决策参与权，充分听取社会各方面的意见，特别是对利益攸关方有重大影响人的意见，保证政策制定的公平公正；第三，完善政府信息公开制度，落实知情权，让公众对与自己切身利益紧密相关的事情及时了解；第四，完善监督制度，落实监督权，不断拓展人民群众的监督渠道，搭建公民参政议政的平台；第五，发挥大众媒体利益诉求表达的作用，拓宽社情民意表达渠道。在规范现有各种利益表达方式和渠道的同时，更要借助现代信息技术，构建广播、电视、网络、报刊等多层次、多渠道的人民群众的利益诉求表达平台，充分发挥媒体收集信息、引导舆论和社会监督的职能；第六，在民主基础上建立的工会、妇联、行业协会、学会等社会组织和人民团体，往往代表特定人群的利益诉求，它们在实现政府与人民群众之间的有效沟通与合作方面起着桥梁和中介作用。只有从制度上保障落实人民群众的话语权、参与权、知情权和监督权，才能让不同的利益群体的利益诉求都得到充分表达。

(6) 政府行政行为公正的保障及监督机制

人们常说"政通人和",在今天,所谓的"政通",就是民主和法治的完善与兑现,政府的恪尽职守,科学执政、依法执政、民主执政,真正做到权为民所用,利为民所谋,情为民所系。只有实现"政通",才能达到"人和"。政府行政行为的公正是实现社会公正的前提。为此,政府要加强依法行政建设,加强政府能力建设,将社会治理纳入法治轨道,并且使不涉及到国家秘密的政府运作公开透明,使政府的公共权力运作处于阳光下,建立健全决策权、执行权、监督权既相互制约又相互协调的权力结构和运行机制,提高政府工作透明度和公信力。人财物管理使用、关键岗位的监督,健全质询、问责、经济责任审计、引咎辞职、罢免等制度。世界各国的实践表明,依法行政,公开透明是防止公共权力滥用,预防和减少腐败,维护公平正义的有效措施。对此,胡锦涛总书记指出:"维护和实现社会公平和正义,是中国社会主义制度的本质要求"。温家宝总理强调,中国要"坚持反腐倡廉,实现社会公平正义,完善社会主义制度"。

针对群众关心的热点和难点问题,建立公开、公正、透明的行政机制;对公益性项目、重大基础设施项目推行听证制度,实行公开招投标,主动接受群众监督。公开是民主的前提,没有公开,也就无从参与,更谈不上民主。同时,公开也是防止权力腐败的重要措施。'阳光是最好的防腐剂,'一切腐败行为都产生于'暗箱操作'、'幕后交易',因此,美国著名的'阳光下政府法'、'信息公开法'等,人们称之为'阳光法',就是行政公开原则在法律上的重大成果,它所阐释的这些基本的行政法精神,已成为实施行政法治的共同财富"。

权力的特点是"一切有权力的人都容易滥用权力,这是万古不易的一条经验",① 缺乏制约的权力,无论是行政权,还是司法权,都会被滥用,因此,"要防止滥用权力,就必须以权力约束权力"②。

实现社会公正的一个前提条件——政府作为实现社会公正的工具,必须依法行政,即实行法治。现代法治具有以下几个基本要素:按照契约论的观点,国家是一个契约,签约双方就是政府与公民,他们之间是一种平等的政治关系。从经济学的角度讲,政府与公民之间并不是统治与被统治的关系,而是一

---

① [法] 孟德斯鸠:《论法的精神》[M] 上册,商务印书馆,1961 年版,第 154 页
② [法] 孟德斯鸠:《论法的精神》[M] 上册,商务印书馆,1961 年版,第 154 页

种特殊的交易关系。政府向公民提供公共产品和公共服务，公民向政府缴纳税收。这里，税收既是政府提供公共服务所获得的报酬，也是公民购买政府服务的价格，二者之间应当是均衡的和等价的。为何要对政府的权力作法律的界定呢？因为国家掌握着军队、警察、监狱等一系列强权手段，如果其权力不受限制，就完全有能力和可能侵入私人领域、破坏公平竞争的市场秩序。

(7) 健全有效的权益保障机制

党的十六届六中全会提出构建"权益保障机制"，将公民的权益保障工作推到机制建设的层面。党的十七大报告强调"更好保障人民权益"，建立社会公平保障体系，切实保障人民在经济、政治、文化、社会等方面的权益。公民的权益大体可分为经济权益、政治权益、文化权益和社会权益。就目前来说，就业权、受教育权、公共服务权、社会保障权、政治参与权是应优先解决的权益保障问题。

第一，就业权保障机制。

就业是民生之本。在我国当前推进工业化、城镇化和现代化的过程中，劳动力供求总量矛盾与结构性矛盾并存，城镇就业压力加大与农村富余劳动力转移加速同时出现，新增劳动力就业与失业人员再就业问题相互交织，就业问题成为一个突出问题。因此，必须把扩大就业作为经济社会发展和调整经济结构的一个重大问题，实现经济发展和扩大就业的良性互动。为此，必须健全面向全体劳动者的职业技能培训制度，加强创业培训和再就业培训。积极支持自主创业、自谋职业。深化户籍、劳动就业等制度改革，逐步形成城乡统一的人才市场和劳动力市场，强化政府的促进就业职能，统筹做好城镇新增劳动力就业、农村富余劳动力转移就业、下岗失业人员再就业工作，加强大学毕业生、退役军人的就业指导和服务，建立科学有效的就业权保障机制。

第二，受教育权保障机制。

伯顿·R·克拉克（Burton R. Clark）在其名著《高等教育系统——学术组织的跨国研究》中提出："现代高等教育系统承担着一项任务，即实现社会公正——让每个人都受到公平的待遇"。建立受教育权保障机制要求建设现代国民教育体系和终身教育体系，保障人民享有接受良好教育的机会。要明确各级政府提供教育公共服务的职责，保证财政性教育经费的投入。落实农村义务教育经费保障机制，继续普及和巩固九年义务教育，在农村并逐步在城市免除义务教育学杂费，全面落实对家庭经济困难学生免费提供课本和补助寄宿生活费政策,保障所有适龄儿童接受义务教育。在现阶段,尤其要努力促进教育公平,坚持公共教育资源向农村、中西部地区、贫困地区、边疆地区、民族地区倾斜,逐步缩小城乡和区域教育发展差距,推动公共教育协调发展。

第三,社会保障权保障机制。

十七大报告提出:要以社会保险、社会救助、社会福利为基础,以基本养老、基本医疗、最低生活保障制度为重点,以慈善事业、商业保险为补充,加快完善社会保障体系。在我国面临适应人口老龄化、城镇化、就业方式多样化的社会背景下,必须逐步建立慈善事业相衔接的覆盖城乡居民的社会保障体系,为全体社会成员编织一张可靠的"安全网"。为此,必须加快建立农村最低生活保障制度,加快建立适应农民工特点的社会保障制度,完善城市低保、农村五保户供养、特困户救助、灾民救助、城市生活无着落的流浪乞讨人员救助等制度,加强对困难群众的救助。拓宽资金筹集渠道,加快廉租住房建设,规范和加强经济适用房建设,逐步解决城镇低收入家庭住房困难。同时,拓展和规范法律服务,加强和改进法律援助工作,加强司法救助。

第四,基本公共服务权保障机制。

基本公共服务是社会公平的底线,能否给每个社会成员提供最基本的保障和同等的机会,实现社会公平正义,对于缩小区域发展差距,构建社会主义和谐社会具有重要意义。健全科学有效的保障公民公平享受基本公共服务权利机制。在我国,全体公民都应平等地享受基本公共服务。这就要求我们健全公共财政体制,调整财政收支结构,把更多财政资金投向公共服务领域,加大财政在教育、卫生、文化、就业再就业服务、社会保障、生态环境、公共基础设施、社会治安等方面的投入,逐步实现基本公共服务均等化。在当前,尤其要把基础设施建设和社会事业发展的重点转向农村,国家财政新增教育、卫生、文化等事业经费和固定资产投资增量主要用于农村,逐步加大政府土地出让金用于农村的比重,从而尽可能增加农村公共产品的有效供给;中央财政转移支付资金要重点用于中西部地区,尽快使中西部地区基础设施和教育、卫生、文化等公共服务设施得到改善,逐步缩小地区间基本公共服务的差距,形成科学有效的权益保障机制,切实保障人民群众的合法权益。随着我国社会主义市场经济体制的建立和对外开放的扩大,为了限制资本对利润最大化的追求,保障劳动者的基本权益,必须建立、完善和切实执行最低工资保障制度。随着社会生产力的发展和人民收入水平的提高,必须逐步提高城镇居民最低生活保障标准，建立和实行农村居民最低生活保障制度。要健全公共财政制度，把更多的财政资金投向教育、卫生、文化、就业再就业服务、社会保障、生态环境、公共基础设施等公共服务领域。通过完善公共财政制度，逐步实现基本公共服务的均等化，从而促进社会更加和谐。应着力建立健全科学有效的权益保障机制，用健全的制度、体制和机制来维护、保障和实现人民群众的合法权益。如建立农民工输出和输入地工会双向维权机制、就业培训机制、社会保障促进机制、职工权益维护机制、法律援助机制，诉讼参与人权益保障机制、非政府组织的参与制衡机制。

第五，政治参与权保障机制。

社会公正实质在于公民权利的平等维护和真正实现。所以，从根本上说，实现社会公正，必须完善民主权利保障制度，巩固人民当家作主的政治地位，完善公民政治参与权保障机制。坚持党的领导、人民当家作主和依法治国的有机统一，依法实行民主选举、民主决策、民主管理、民主监督，积极稳妥地推进政治体制改革，健全民主制度，丰富民主形式，实现社会主义民主政治制度化、规范化、程序化，保障人民享有广泛的民主权利。坚持和完善人民代表大会制度、中国共产党领导的多党合作和政治协商制度、民族区域自治制度，从各个层次扩大公民有序的政治参与，保障人民依法管理国家事务、管理经济和文化事业、管理社会事务。推进决策科学化、民主化，深化政务公开，依法保障公民的知情权、参与权、表达权、监督权。扩大基层民主，完善厂务公开、村务公开等办事公开制度，完善基层民主管理制度，发挥社会自治功能，保证人民依法直接行使民主权利。

第十三章

坚持科学发展应对世界局势

科学发展观是我们党对人类社会发展规律、党执政规律、社会主义建设规律认识的深化。科学发展观是世界观,也是方法论;是认识论,也是实践论。坚持科学发展观的指导,协调富国、强军与外交的关系,是积极应对综合国力竞争、在风云变幻的国际局势中积极稳妥应对的根本保证。

一、坚持科学发展化解世界金融危机

美国的金融危机是由于美国经济在非科学的道路上狂奔所形成的必然结果。金融危机的根源在于资本主义私有制的矛盾,资本主义私有制是形成金融危机的深层制度原因,金融资本的独立性、逐利性、贪婪性是形成金融危机的直接原因。金融危机本身就是对违背科学发展规律的惩罚。化解国际金融危机的根本出路在于科学发展。为此,化解金融危机,要坚持学习实践科学发展观与化解国际金融危机紧密结合,坚持科学发展,审时度势,灵活应对,将经济社会发展纳入科学发展轨道,将学习和实践科学发展观作为我们化解国际金融危机、推动经济社会又好又快发展的根本之道。

(一)从科学发展观的视角来分析世界金融危机的原因

本次世界金融危机的源头发源于美国。以科学发展观的视角对美国次贷危机引起的金融危机剖析如下:金融危机的爆发有其错综复杂的原因,但从根本上来说,是违背发展规律的结果,是背离科学发展轨道的结果。从科学发展观的视角来分析其金融危机的原因,就在于其违背了发展的科学规律。

1. 以资本为本,而不是"以人为本"

资本的本性是逐利的,"一旦有适当的利润,资本就胆大起来。如果有10%的利润,它就保证到处被使用;有20%的利润,它就活跃起来;有50%

的利润，它就铤而走险；为了100%的利润，它就敢践踏一切人间法律；有300%的利润，它就敢犯任何罪行，甚至冒绞首的危险"。①

资本的逐利性，决定了资本主义社会是以资本为本，而不是"以人为本"，以少数资本家的利益为本，而不是以大多数人的利益为本。以资本为本，以少部分人的利益为本也暴露了资本主义道德体系的弊端。在某种意义上说，金融是一种信用关系，而信用关系是以社会的道德基础为条件的。金融危机，实质上是货币不反映商品实际价值的严重诈骗行为所导致的恶果。世界金融危机，实际上也是世界经济金融秩序的危机。解决这种危机，需要强化道德观和建立世界经济金融新秩序。一些人见利忘义，损害公众利益，丧失了道德底线，是引发金融危机的一个重要原因。诺贝尔和平奖得主穆罕默德·尤努斯认为金融危机正是源于资本主义惟利是图、贪婪以及道德沦丧。

为何标榜"经济发达、制度完备、生活富裕"的美国会发生如此严重的问题，这与美国长期以来推行"自由市场和自由主义"的经济发展指导思想直接有关。美国忘记了20世纪30年代的教训，纵容资本本性的泛滥。美国把资本的贪婪追逐利润所导致的金融衍生品的畸形发展当作是"金融创新"，把向他国转嫁危机当作是强国之道，实践证明，美国这种以资本为本的"发展观"严重违背了科学发展规律。虚拟经济的高杠杆性、高风险性，在过去的几年，被美国人不断推波助澜，而美国人放弃了对这种高风险领域的有效监控，直到发生金融危机。

罗斯福在20世纪30年代应对美国经济危机时曾强调："我们不应该听任于机会的狂飙的飓风的摆布，我们应该做自己命运的主人"。但在"华盛顿共识"下，美国政府在上个世纪八九十年代以后大大放松了对金融企业和金融市场的监管，而在追求利润和超额剩余价值的资本本性支配下，随着资本的发展，垄断资本的形成，金融资本和金融寡头的产生，"它再生产出了一种新的金融贵族——发起人、创业人和徒有其名的董事；并在创立公司、发行股票和进行股票交易方面再生产出了一整套投机和欺诈活动"②。

2. 违背全面、协调、可持续发展的理念

在国际金融危机蔓延之际，中国的科学发展让世界看到了中国发展模式的优点。中国的科学发展，正越来越受到国际社会的肯定和赞誉。"全面、协

---

① 《马克思恩格斯全集》第23卷，人民出版社，1972年版，第829页
② 《马克思恩格斯全集》第25卷，人民出版社，1974年版，第496页

调、可持续"是科学发展观的基本要求,只有坚持这些基本要求,才能综合解决经济、科技、社会、人口、资源、环境等一系列问题,避免发展中的片面性和发展的失调、失衡、不可持续,从而实现科学的发展。

美国经济片面发展的表现:过分注重高端产业,IT 行业虚高不下;虚拟经济严重脱离或者说大大飞离了实体经济;个别产业如房地产业过于膨胀;注重消费超过生产,让广大发展中国家成为生产者、供应者,自己成为消费者、食利者,导致其国民经济结构畸形发展。在发展的指导思想上,过度迷信市场,过分迷信"看不见的一只手"的作用,政府对金融机构缺乏有效监管,导致缺乏另一只手的"残疾"管理。全面发展不能单纯依靠市场,市场调节这只看不见的"一只手"不能把握经济运行的平衡与方向,不能使经济良性运行与协调发展,还必须加上国家宏观调控这只"看得见的手"。温家宝总理在英国剑桥大学演讲中指出,"不受管理的市场经济是注定行不通的,真正的市场化改革,决不会把市场机制与国家宏观调控对立起来。既要发挥市场这只看不见的手的作用,又要发挥政府和社会监管这只看得见的手的作用。两手都要硬,两手同时发挥作用,才能实现按照市场规律配置资源,也才能使资源配置合理、协调、公平、可持续性。"中国基于对世界金融危机和中国国情的全面分析,统筹兼顾到发展与稳定、发展与公平、发展与环境之间的关系,在发挥市场活力的同时加强宏观调控,开创了一种科学的发展模式。

美国不协调发展的表现:美国财政收支与国际收支失衡;美国虚拟经济与实体经济失衡;美国生产与消费失衡(美国前国务卿认为,美国的消费比它的生产多,"我们享受了超过我们财力所能承受的生活");巨额财政赤字与庞大的军事开支的失衡;进口与出口的失衡(在国际贸易中,从发展中国家进口低附加值产品满足其国内日常生活需求,而它又出于政治原因和经济利己主义,设置各种障碍严格限制其高新技术及其产品出口发展中国家,造成贸易逆差,导致进出口的失衡);动力机制不断加速而平衡机制却趋于弱化(缺少平衡的经济运行列车是会翻车的)。经济的协调发展是经济良性运行的前提。引发金融危机的直接原因是美国经济自身发展的不协调,其不协调表现为美国经济的结构性失衡,这种失衡表现为如前所述的美国财政收支与国际收支失衡,美国虚拟经济与实体经济失衡。目前美国金融危机爆发的根源在于虚拟经济严重脱离或者说大大超越了实体经济,是实体经济与虚拟经济过于脱节不协调所导致的后果。

美国经济不可持续发展的表现：在新自由主义理念指导下，美国金融衍生产品泛滥，金融机构高杠杆运行，投机活动猖獗，资产价格泡沫不断膨胀。美国政府却鼓励金融创新，放纵金融投机，漠视金融风险的控制和监管。金融的本质是信用，"金融创新"的泛滥，伪科学的宣扬，导致信用的滥用。美国在金融创新的旗帜下，金融衍生品泛滥无度，与经济本体发生了难以想象的重大偏离。创新的红利更准确地说是操纵金融市场的红利被金融寡头和有机会有便利的投机者拿走了，其风险却留给了市场。过度金融化、过度证券化、过度全球化给社会经济种下了一个个肿瘤，最后只能是政府用纳税人的钱来埋单和治疗。

全球金融危机证明了过度放松的市场监管模式给社会造成的危害。这些都与我们提倡的科学发展背道而驰，也从反面证明了我们推动科学发展的必要性和正确性。任何真正科学的理论都是用于指导实践、改造世界的指南。实践是检验真理的惟一标准。国际金融危机在某种意义上也是一本反面教材，暴露出一些国家经济发展模式的严重弊端：虚拟经济与实体经济严重脱节，监管不力、放任金融市场自由泛滥，过度的生活方式和高度负债的经济运行方式不可持续。为了一时的经济增长和刺激经济，不惜违背经济常识和经济规律，这种发展方式注定不可持续。

（二）从科学发展观的视角来谋划化解世界金融危机之策

科学发展观为我们提供了化解世界金融危机的根本方法。应对全球金融危机，根本方法就是要在科学发展观的指导下，坚持统筹兼顾，把应对金融危机的影响放到改革发展稳定的全局中来谋划，从全局的角度解决因金融危机冲击带来的一系列问题。做到挖潜、节约、开源、优化，统揽全局，全面谋划；提高效能、效率、效益、效果，兼顾各方，综合平衡。

诚然，国际金融危机给我国经济造成了一定的困难和影响，尤其是给出口行业和外向型企业集中的地区带来了较大的冲击。曾有一段时间，我国出口连续下降，部分企业破产倒闭，大批农民工失业返乡，经济增长大幅度放慢。出现上述情况，固然有世界金融危机的原因，但也与我们贯彻落实科学发展观尚不到位、经济生活中的一些深层次矛盾和问题没有得到有效解决有关。比如，科学发展观强调全面协调可持续和统筹兼顾，但是目前我国外贸依存度约60%，其中一些沿海地区甚至达到100%，当外部需求急剧萎缩时就会引发国内经济增长下滑。中国人力资源开发研究会会长刘福垣在其《破除政治经济学ABC的迷雾》一书中就指出："片面强调对外贸易，不是大国战略，而是小国战略。GDP 的七成以上都依赖外贸、外资、外企，经济发展就会受制于人"。

面对世界经济金融形势风云变幻的不利影响，党中央和国务院以科学发展观为指导，审时度势，果断决策，采取了一系列宏观调控应对措施，国民经济继续保持平稳较快发展，总体经济运行良好。国际金融危机就像是"反光镜"和"试金石"，照出了我们贯彻落实科学发展观方面存在的不足，检验了我国这些年来科学发展的成效。科学发展观日益显示出强大的真理力量，化解世界金融危机的根本出路在于科学发展。

1. 坚定不移地把发展作为党执政兴国的第一要务

科学发展是中国化解世界金融危机的理论武器。在科学发展观理论光辉的指引下，中国政府着力改善民生，维护社会和谐稳定，着力破解制约科学发展的矛盾和难题，加快构建有利于科学发展的体制和机制，提高领导科学发展的能力和素质。坚持以人为本，加大保障和改善民生的力度。把科学发展与改善民生统一起来，继续做好扩大就业工作，加大社会保障投入，加大对落后地区的支持，切实解决涉及群众利益的各种难点热点问题。

科学发展观的第一要义是发展。发展是解决中国一切问题的关键。科学发展观要求的发展，是好中求快、又好又快的发展，是速度与结构、质量、效益相统一的发展，是长期、稳定、可持续的发展。不管国际经济风云如何变幻，都要以咬定青山不放松的精神，坚定不移的把发展作为党执政兴国的第一要务。把发展作为解决和应对世界金融危机的战略支点。发展是硬道理、发展是第一要务。只有坚持发展，才能增强应对金融危机的实力、才能促进就业和防止通货膨胀、才能维护社会大局稳定。

在国际金融危机给我国经济社会发展带来困难的情况下，我们更应该头脑清醒、措施得当，坚定不移的把发展作为党执政兴国的第一要务，并将世界金融危机转化为推动经济结构调整、实现科学发展的契机与动力。应对国际金融危机，不仅要把其不利影响降到最低程度，而且要深谋远虑，推动我国科学发展迈上新台阶，将经济社会发展纳入科学发展的轨道，加快转变经济发展方式，优化产业结构，才能化"危"为"机"，推动经济发展和经济结构优化升级，为今后发展打下更好基础。

2. "以人为本"不断改善民生

科学发展观内涵丰富，核心内容是以人为本，也就是把实现、维护、发展好最广大人民的根本利益作为谋求发展的出发点和落脚点，努力解决人民最关心、最直接、最现实的利益问题,使发展成果更多体现到改善民生上。这个核心内容影响和制约着科学发展观中的其他内容。要围绕促发展、保民生、保稳定这个大局,积极为企业排忧解难,为企业渡过难关提供必要的服务,有效提高企业的活力和企业家的信心。要把民生建设放在重要位置,特别是要妥善处理由金融危机导致的部分企业生产经营困难甚至破产、农民工返乡、就业压力增大、农民持续增收难度加大等问题,尽可能化解那些在扩大内需搞建设中,因征地拆迁、工程质量等问题而引起的利益纠纷,防止这些问题上升为社会对立,导致矛盾激化。要大力推进政务公开,科学民主决策,保障人民群众的知情权、参与权、表达权、监督权。同时,把加快发展方式转变和结构调整作为促进发展的主攻方向,把深化重点领域和关键环节改革、提高对外开放水平作为促进发展的强大动力,把改善民生作为促进发展的出发点和落脚点。

"以人为本"是科学发展观的核心。它要求始终把实现好、维护好、发展好最广大人民的根本利益作为党和国家一切工作的出发点和落脚点,尊重人民主体地位,发挥人民首创精神,保障人民各项权益,走共同富裕道路,促进人的全面发展,做到发展为了人民、发展依靠人民、发展成果由人民共享。化解世界金融危机,要着眼于人民现实的物质文化生活需要,同时又着眼于人的素质的提高,也就是要努力促进人的全面发展。要做到化"危"为"机",在保障和改善民生上必须有真动作。民生系民心,民心聚民力。越是困难时刻,越要高度关注民生,把群众的安危冷暖放在心上。在中央4万亿元投资中,有一半多的投资涉及民生方面,必将给广大人民群众带来更多实惠。同时,进一步改善民生,将明显促进消费的扩大,从而可以有效拉动内需,带动经济增长。要做到化"危"为"机",就要发挥人民的首创精神,依靠广大人民群众的智慧和力量不断推动科学发展。

3. 坚持统筹兼顾的"根本方法"

坚持统筹兼顾的"根本方法",要发挥社会主义国家自觉主动而且能够实行宏观调控的优势,充分发挥社会主义制度的优越性,从制度层面规避和防范金融风险。继续健全完善社会主义市场经济体制,建立有效的监管、防范措施,完善中国特色社会主义金融体系,对金融业、垄断行业要建立有效的监管体系。中国的金融改革,尤其是虚拟经济的发展,必须建立起有效的风险监管和防范机制。

坚持统筹兼顾的"根本方法",就要"把握好经济平稳较快发展和抑制通货膨胀的平衡点。从国际经验看，长期保持高增长、低通胀是很困难的。今年以来我国经济增速高位回落，通货膨胀压力加大，世界经济形势不利变化对我国的影响可能还会加重。在复杂的国内外形势下，既要保持经济平稳较快增长，又要把物价控制在可承受的范围内。这就要求我们密切关注形势变化，适时适度地调整宏观经济政策，增强调控的针对性、灵活性和有效性，把握好经济发展的动力机制与平衡机制的结合点，把握好发展经济与控制物价两者平衡点，防止顾此失彼。必须清醒地看到，没有一定的经济增长速度，就业、财政收入、社会发展都会出现困难，民生问题难以改善，影响社会稳定的因素就会增多。在当前国际金融经济动荡的形势下，要把保持我国经济平稳较快发展摆在更重要的位置。同时，也必须充分认识通货膨胀对经济发展、人民生活和社会稳定的危害性，任何时候都要提高警惕。"①

坚持统筹兼顾的"根本方法"，就要加快建设社会主义新农村，加强农村基础设施建设。相对于资源集中的城市，农村是一个潜在的、巨大的消费市场。农村基础设施的改进，将大大改善农业生产环境，降低农业企业运输成本。在世界金融危机背景下，农业连续增产和农民持续增收，对于控制通货膨胀、促进经济平稳较快发展、保持社会和谐稳定至关重要。全面建设小康社会，最繁重的任务在农村。实现全面协调可持续发展，务必解决好"三农"问题。同时，粮食始终是经济发展、社会稳定和国家安全的基础。在指导思想上，必须始终坚持立足国内，立足自力更生，实现粮食自给自足。

坚持统筹兼顾的"根本方法"，就要统筹经济社会发展，实现社会全面进步。在经济发展的同时，逐步实现社会保障、科学技术、文化教育、公共卫生和医疗等事业共同发展。加快建设保障性安居工程。安居工程属"民心工程"，将该措施置于拉动内需政策的首要位置，强化对房地产行业的政策导向，将房价控制在合理的价位，消除暴利，同时增强百姓的购买力。

坚持统筹兼顾的"根本方法"，就要统筹区域发展，实现地区共同协调发展。保持发达地区比较快速的发展势头和扶持落后地区的发展，是国家的既定政策。要继续实施"东部领跑，中部崛起，西部提速，东北振兴"战略，实现全国共同发展。统筹人与自然和谐发展，使人口适度增长、资源永续利用，保持良好的生态环境。

---

① 温家宝：《关于深入贯彻落实科学发展观的若干重大问题》，《求是》2008年第21期

坚持统筹兼顾的"根本方法",要统筹国内发展和对外开放,更好地利用国内外两种资源、两个市场,顺利实现中国经济的振兴。坚持统筹兼顾的"根本方法",在对外经贸关系方面,既要挖潜,又要优化。我们追求的是"双赢"局面。深化涉外经济体制改革,完善国际收支调控体系和机制,促进国际收支基本平衡,正确处理扩大内需与开拓国际市场的关系,进一步扩大国内需求特别是居民消费需求。同时,要不断挖潜,积极开拓国际市场。

4. 正确对待和把握世界金融危机的挑战与机遇

世界金融危机,既有对我们的冲击,也是我们的机遇,是挑战中有机遇。金融危机是塑造科学发展模式的机遇,是促进自主创新、提升产业结构、建立现代产业体系的机遇,是实现节能减排、促进可持续发展的机遇。我们要把握这一历史机遇,真正把经济社会发展转入科学发展轨道。因此,在目前时局下,不仅不能因危机而不去贯彻落实科学发展观,而应将科学发展作为应对危机的根本之道。

要做到化"危"为"机",在制约科学发展的体制机制改革上必须有新突破。当前,我国经济发展中长期形成的结构性矛盾和粗放型增长方式尚未根本改变,影响科学发展的体制机制障碍依然存在。为此,必须不断深化价格体制、财政管理体制、金融体制、国有企业改革,建立健全有利于扩内需促发展、有利于调结构促增长的体制机制,以促进科学发展。无论国际金融风暴如何狂风呼啸,只要我们有"咬定"科学发展不放松的韧劲,就一定能够化"危"为"机",推动我国经济社会在又好又快发展道路上迈出科学发展的新步伐。国内外正反两方面的经验教训都清楚地昭示我们,只有科学发展才是正确应对国际金融危机、继续推动经济社会又好又快发展的根本之道。只有在实践中把保增长切实建立在提高质量、优化结构、增加效益、降低消耗、保护环境的基础之上,才是进一步贯彻落实科学发展观的体现。

5. 努力实现全面协调可持续发展

面对这场全球性金融危机,我们应该运用科学发展观这一锐利的武器,深入分析研究应对国际金融危机的策略和方法。坚持全面协调可持续发展的基本要求,按照中国特色社会主义事业总体布局,坚持以经济建设为中心,不仅促进经济发展而且促进社会全面进步。把握中国特色社会主义经济建设、政治建设、文化建设、社会建设是相互联系、相互促进的有机统一体,加快推进以改善民生为重点的社会建设,坚持生产发展、生活富裕、生态良好的文明发展道路，促进社会公平正义，完善社会管理，激发社会创造活力，促进社会更加和谐。

金融危机从根本看，是非科学发展模式之"危"，是科学发展模式之"机"。我们应对金融危机，一定要坚持科学发展，不能因为保增长，就回到片面追求GDP的老路上去；不能为了保增长而不顾长远，把那些准备淘汰的落后产业再重新扶持上马；不能把促进经济社会发展与促进人的全面发展对立起来，重新回归到"见物不见人"的老路上去，要努力实现城市与农村的平衡、西部地区与东部地区的平衡、自然与人的平衡、经济增长与社会稳定的平衡、国内发展与"走出去"战略的平衡。

科学发展观体现了用联系、发展、全面、矛盾的观点看问题的唯物辩证法。发展观是关于发展的本质、目的、内涵和要求的总体看法和根本观点，决定了经济社会发展的总体战略和基本模式，对经济和社会发展实践具有根本性和全局性的重大影响。科学发展观是为绝大多数人谋利益的，新自由主义是为少数人谋利益的。在科学发展中化解世界金融危机，就要把促发展与调结构结合起来，使经济增长建立在提高质量、优化结构、增加效益、降低消耗、保护环境的基础之上，努力实现全面协调可持续发展。

二、坚持科学发展影响世界政治格局

坚持和平发展战略是我们党在求真务实思想路线指导下不断探求大国崛起的内在规律和历史经验所得出的必然结论，同时也是坚持科学发展观和构建社会主义和谐社会在对外关系方面合乎逻辑的展开。对内和谐、对外和平是我们的既定方针。坚定不移地走和平发展道路，致力于建设一个持久和平、共同繁荣的和谐世界，是我们党着眼于当前国内外发展的新形势提出的一个重大战略思想，进一步丰富了中国特色社会主义外交的理论和实践。

（一）坚持科学发展推动建立公正合理的国际新秩序

坚持科学发展，要始终不渝地奉行独立自主的和平外交政策，高举和平、发展、合作的旗帜，反对各种形式的霸权主义和强权政治，推动建立和平、稳定、公正、合理的国际新秩序。用宽广的眼界观察世界，审时度势、因势利导、内外兼顾、趋利避害，大力倡导互信、互利、平等、协作的新安全观，按照和平共处五项原则和其他公认的国际关系准则处理国际事务，营造安全的周边环境和对我国有利的国际环境，谋求和平的国际环境，经略对我有利、国际社会又能普遍接受的政治经济新秩序，推动建立和平、稳定、公正、合理的国际新秩序。

（二）坚持科学发展营造良好的国际政治环境

对内和谐、对外和平是我们坚持科学发展的既定方针。坚持走和平发展的道路，要致力于建设一个持久和平、共同繁荣的和谐世界。尊重各国自主选择社会制度和发展道路的权利，保障各国参与国际事务的平等权利，鼓励和支持以和平方式，通过对话、协商和谈判解决争端和冲突，实现各国和谐共处。营造良好的国际政治环境，要重视研究和掌握国际经济、政治、法律、科技、文化、军事等各方面的信息，重视研究国际形势的发展规律，增进对世界历史和现实情况的了解，增强判断国际形势的战略性、前瞻性、指导性。积极推进区域和全球经济合作，建立开放、公平、规范的多边贸易体制，实现全球经济合作共赢发展。维护世界多样性和发展模式多样化，使不同文明在竞争比较中取长补短，在求同存异中共同发展，实现不同文明和谐进步。

中国的发展，需要和平的国际环境。我们要始终把维护国家的主权和安全放在第一位，坚决防范和打击各种敌对势力的渗透、颠覆和分裂活动，有效防范和应对来自国际经济领域的各种风险，确保国家的政治安全、经济安全、文化安全和信息安全。同时，善于从国际形势和国际条件的发展变化中把握发展方向，用好发展机遇，创造发展条件，掌握发展全局。我们要坚持用宽广的眼界观察世界，不断提高应对国际局势和处理国际事务的能力，在激烈的国际竞争中做到审时度势、因势利导、趋利避害，促进战略平衡和稳定，营造良好的国际环境。

面对纷繁复杂的国际局势，要有科学的思想方法，坚持用马克思主义基本精神观察、分析世界。在复杂多变的国际形势下，我们要坚持以冷静观察、沉着应对的方针和相互尊重、求同存异的精神处理国际事务，促进世界多极化和国际关系民主化，促进世界文明朝着共同繁荣的方向发展。

三、坚持科学发展应对世界军事竞争

英法联军火烧圆明园的历史表明，如果没有强大的国防，经济建设的成果也会化为乌有。朝鲜战争表明，只有敌人打不赢时，才肯谈判、才肯和平。和平从来不是祈求的产物。中国的和平，来自于自身的国防力量的强大，是能够掌握主动权的和平，是可靠的和平。日本侵华的历史表明，国防落后，就要挨打，遭受蹂躏和屈辱。虽然和平与发展是当今时代主题，但冷战思维依然存在，和平与发展两大问题一个也没有解决，霸权主义和强权政治依然横行。历史上遗留下来的我国与部分邻国在领土、领海和某些岛屿归属问题上的分歧争议愈来愈明显。祖国的统一大业尚未实现。中国无论在什么时候和什么情况下，都要坚决地维护自己的国家主权和国家利益，而要维护国家的主权和安全，坚持科学发展，实现发展目标、实现国家的现代化、实现祖国的完全统一、实现中华民族的伟大复兴，就必须有强有力的军事国防做后盾。

（一）坚持科学发展，要求国防现代化建设要有更强的军事实力

坚持科学发展，要求国防现代化建设要有更高的军事实力，不仅要有打赢战争的能力，而且要有遏制战争的能力，其军事理论和军事技术要有自主创新的能力，要不断弥补我国的国防安全漏洞，要有较强的国际协调能力，国际外交的能力及"不战而屈人之兵"的能力。为此，必须有强大的国防实力，确保能够在"不战而屈人之兵"的战略威慑下，保障科学发展、和平崛起目标的实现。和平是建立在强大的国防力量基础上的。在现代战争条件下，战争主动权的掌握已随着高技术作战平台的发展、精确制导武器的发展、预警系统的发展，遥感探测技术的发展，电子战系统的完善、指挥自动化系统的功能增强发生了深刻的变化，但通过技术、信息、谋略等的博弈而掌握战争的主动权仍是取得胜利的关键。同时，由于高新技术的广泛应用，武器系统增强了智能力和结构力，作战效能空前提高。高科技技术水平先进的军队在战争中可以"致人而不致于人"，这一点在伊拉克战争中已显现出来。

（二）坚持科学发展，围绕"致人而不致于人"加强军队和国防建设

要掌握战争的主动权，在新形势下，我军必须走科技强军之路，把国防和军队建设纳入以科技进步和提高质量为主的轨道，做好充分的军事斗争准备，围绕在未来战争中"致人而不致于人"来加强军队和国防建设。在现代化战争条件下，虽然技术条件和物质基础比以往更突出地影响着战略战役计划的实施和成败，但赢得国内外大多数人的拥护及广大人民群众的支持，仍然是我军战胜敌人的坚强后盾。要在军事斗争中打赢信息化战争，必须集中全军的智慧和人民群众的智慧，制定出正确的应对新军事变革的国防战略，抓紧各种新式武器的研制、新奇战法的探索，发明创造一些世界一流的高效能武器和能制敌于死命的"杀手锏"及能出奇制胜的秘密武器，千方百计把武器装备搞上去，

通过提高军队的高科技含量来增强其战斗力和国防实力，以国防建设的卓越成就使国际敌对势力对中国不敢轻举妄动，为中国的和平崛起，为中华民族的伟大复兴提供坚强有力的国防保障！

后　记

本书由（河南农业大学）王云兰女士（负责撰写第一章至第七章）与（河南工程学院）邱琳女士（负责撰写第八章至第十章）和（河南工程学院）孙寅生（负责撰写第十一章至第十三章和绪论）在认真学习潜心研究党的十七大报告和相关文件及调研科学发展观的实践基础上分工负责共同撰写而成。本书的出版得到教育部高等学校社会科学发展研究中心的部分资助和支持，得以由光明日报出版社予以出版，在此一并表示衷心的感谢。本书受研究条件和作者水平的限制，不足之处在所难免，还望读者、学界专家批评指正。